Der UnFaire Handel

Belinda Coote

Der UnFaire Handel

Die «3. Welt» in der Handelsfalle und mögliche Auswege

Oxfam (Hg.)

Schmetterling Verlag

Die Deutsche Bibliothek – CIP-Einheitsaufnahme

Coote, Belinda:
Der unfaire Handel: die »3. Welt« in der Handelsfalle und
mögliche Auswege / Belinda Coote. – 1. Aufl. – Stuttgart:
Schmetterling-Verl., 1994
Einheitssacht.: The trade trap <dt.>
ISBN 3-926369-94-9

Schmetterling Verlag
GbR Jörg Hunger und Paul Sandner
Rotebühlstr. 90
70178 Stuttgart

ISBN 3-926369-94-9
Printed in Germany
1. Auflage 1994

Erstveröffentlichung in Großbritannien und Irland 1992 von Oxfam, Oxford,
unter dem Titel «The Trade Trap»
Übertragen aus dem Englischen von Dr. Wolfgang G.A. Schmidt
unter Mitarbeit von Thomas J. Gemmecke, Jörg Hunger und Paul Sandner
Satz und Reproduktionen: Schmetterling Verlag
Druck: GuS-Druck GmbH, Stuttgart
Binden: IDUPA, Owen

Inhalt

Vielen Dank

Ein großer Teil der Nachforschungen für dieses Buch fanden in Übersee statt, mit der unbezahlbaren Unterstützung der Kollegen und Projektpartner der Hilfsorganisation Oxfam. Vor allen Dingen möchte all jenen danken, die ihre persönlichen Erfahrungen in dieses Buch eingebracht haben, besonders denen in Bangladesch, Bolivien, Tschad, Chile, Tanzania, auf den Philippinen und in der Dominikanischen Republik.

Meinen Kollegen Richard Hartill, Iain Gray und Sharon Thompson bin ich für ihre Nachforschungen über Fischereiwesen und Holzindustrie in Chile zu Dank verpflichtet. Auch Luz Lagarrigue gilt mein Dank, der viel Geduld aufbrachte, um mir die Verwicklungen der chilenischen Wirtschaft darzulegen. Ohne meine Führer und Dolmetscher Valerie Black und Imar Mealla sowie meine Kollegen Juan Vargas und Ann Chaplin wäre meine Arbeit zu Bolivien nicht möglich geworden. Dank gebührt zudem Jim Monan für seine Erkenntnisse über die Garnelenindustrie in Bangladesch. Alfred Safaku hat mich an seinen Erkenntnissen über die Wirtschaft und Baumwollindustrie Tanzanias teilhaben lassen.

Besonderen Dank schulde ich Francis Rolt, dessen Mitarbeit in der Anfangsphase das Projekt seine Struktur verdankt. Als unschätzbar erwies sich Andrew Powells Wissen über die Rohstoffmärkte. Dank schulde ich auch Andrew Brewer für seine Arbeit zum Tee und zur Pflanzenölindustrie. Unsere ehrenamtlichen Mitarbeiter, Rachel Stringfellow und Piers Cazalet, waren im richtigen Moment zur Stelle und brachten viel Zeit und Fähigkeiten ein. Dankbar bin ich auch meinen Kollegen von der Abteilung für Öffentlichkeitsarbeit, insbesondere Dianna Melrose, Dorothy Myers, Sara Grundy und Ann Simpson. Ihre Unterstützung habe ich über die ganze Zeit zu schätzen gelernt, besonders jedoch in der Endphase des Projektes.

Recherche und Schreiben dieses Buches haben auf vielfältige Weise von Kritik und Anregungen kompetenter Zeitgenossen profitiert. Ihnen allen, besonders den kritischsten, gilt mein aufrichtiger Dank. Besonders erwähnen möchte ich Michael Barrat Brown, Alison Barret, John Clark, Jo Feingold, Tony Hill, Ian Legget, Neil MacDonald, Edward Millard, Catherine Robinson, Christopher Stevens, Paul Valentin, Kevin Watkins, Christine Whitehead und Steven Wiggins. Schließlich wäre dieses Buch wohl nie geschrieben worden, hätten mich meine Familie und Freunde nicht durch Kinderbetreuung so großzügig unterstützt. Euch allen vielen Dank.

Belinda Coote

Einleitung

*D*ie junge Bäuerin Kabula lebt im Westen Tansanias. Mit der Baumwollernte verdient sie pro Jahr nur wenig mehr als den Kaufpreis eines Kangas, das traditionelle Gewand der Frauen und Männer Tansanias. Doch bei jeder Ernte erhält sie genug Baumwolle, um 720 Kangas zu produzieren. «Hier in der Gegend ist Baumwolle das einzige verkäufliche Gewächs. Und wir müssen etwas anbauen, das Geld bringt. Schließlich müssen wir Steuern zahlen, muß ich Schulbücher für meine Geschwister kaufen und lebensnotwendige Dinge, wie Salz, Schuhe und Bekleidung.»

Kabula ist eine Gefangene der Handelsfalle. Sie braucht die Baumwolle, um Geld zu verdienen. Und das, obwohl sie daran sowenig verdient, daß sie ein Leben in ländlicher Armut führen muß.

Die Baumwolle ist ein bedeutendes landwirtschaftliches Exportprodukt Tansanias. Sie macht ungefähr 15 Prozent der Exporteinnahmen des Landes aus. Dabei lag der Weltmarktpreis in den letzten Jahren ziemlich niedrig. Um dies auszugleichen, mußte Tansania die Baumwollproduktion steigern, hat aber damit seinen Teil zum weltweiten Preisverfall beigetragen. Die übrigen Baumwollproduzenten, auf Deviseneinnahmen angewiesen, um ihre Entwicklungspläne voranzutreiben und ihrem internationalen Schuldendienst nachzukommen, machen das gleiche. Dies führt zu einem weltweiten Überangebot, das die Preise immer tiefer in den Keller treibt.

Baumwolle ist nicht das einzige Produkt, das unter dem Preisverfall der vergangenen Jahre gelitten hat. Dieser ist vielmehr für internationale Rohstoffmärkte – für Zucker, Kaffee, Zinn, Tee, Kupfer – charakteristisch geworden. Überall in der Dritten Welt leben Menschen wie Kabula. Menschen, die versuchen, im Teufelskreis von Überproduktion und Preisverfall, die so tiefgreifend die Entwicklungsvorhaben der Menschen und Länder untergraben, zu überleben.

Gründe und Auswirkungen der Armut sind von Land zu Land sehr unterschiedlich. Gemeinsam bleibt jedoch die für Entwicklungsländer typische Abhängigkeit von den internationalen Rohstoffmärkten. «Der UnFaire Handel» möchte aufzeigen, wie die Bedingungen des Nord/Süd-Handels die Armen benachteiligen und für strukturelle Veränderungen eintreten.

Am Anfang dieses Buches steht die Frage nach dem Grad der Abhängigkeit der Entwicklungsländer von Rohstoffen und der verheerenden Auswirkung eines plötzlichen Preisverfalls an den internationalen Märkten auf die Lebenssituation der produzierenden Menschen. Das Buch betrachtet die Hintergründe des Preiskarussells und zeigt, wie sich Stabilisierungsversuche durch internationale Rohstoffabkommen als weitgehend untauglich erwiesen haben.

Selbst bei hohen Marktpreisen, bleibt dem Produzenten nur ein Bruchteil dessen, was der Endverbraucher in den reichen Industrieländern bezahlt. Um aufzuzeigen, warum das so ist, verfolgt «Der UnFaire Handel» den jeweiligen Weg zweier Rohstoffe, Tee und Kokosnüsse, vom Produzenten zum Konsumenten. Dabei zieht es die zentrale Rolle internationaler Konzerne im Rohstoffhandel in Betracht und erklärt die Funktionsweise der Warenterminmärkte.

Die Rohstoffproduzenten der Dritten Welt benötigen dringend Märkte für ihre Waren. Doch sehen sie sich einer entmutigenden Reihe von Handelsbarrieren gegenüber, die ihnen oft den Zutritt zu den Märkten der reichen Welt verstellen. Die Verhandlungen über das «Allgemeine Zoll- und Handelsabkommen», kurz GATT genannt, haben nur unterstrichen, wie sehr die Interessen der entwickelten Länder über jene der Entwicklungsländer dominieren. Der anhaltende Trend zu regionalen Freihandelszonen in Europa, Ostasien und Nordamerika, dürfte den Niedergang der armen Rohstoffproduzenten nur fördern.

«Der UnFaire Handel» kommt zu dem Schluß, daß, so vorbildlich der sogenannte alternative Handel auch sein mag, die eigentliche Aufgabe aber darin liegt, solche Modelle vom Rand ins Zentrum der westlichen Konsumgesellschaft zu übertragen. Nur dann wird sich der Handel von einer Falle für die armen Produzenten zu einem Mittel zur tragfähigen Entwicklung des Südens wandeln.

Kapitel I: *Die Handelsfalle*

Kabula Mboje hält mir ein Stück ihres bunten Kangas entgegen. «Schauen Sie ihn an», sagt sie, «das ist ein billiger, und der hat mich immerhin 800 Schillinge (ungefähr 12 Mark) gekostet. Viel mehr habe ich in diesem Jahr für die ganze Baumwollernte nicht erhalten.» Es war ein schlechtes Jahr für die Baumwollpflanzer. Und das, obwohl Kabulas zwei Morgen Land genügend Baumwolle für 720 Kangas trugen.[1]

Kabulas Dorf trägt den Namen Mwabuzo, eine Hand voll verstreuter Hütten in der Region Shinyanga, im Westen Zentral-Tansanias. Die Region erstreckt sich über eine ausgedehnte Hochebene, mehr als 1.000 Meter über dem Meeresspiegel und knapp 400 Kilometer südlich des Äquators. Bis in die späten vierziger Jahre war die Gegend dicht bewaldet. Heute besteht die Vegetation nur noch aus einigen wenigen Affenbrotbäumen, die wie Riesenhände aus dem Boden herausragen, und kümmerlichem Dornengestrüpp. Über die Jahre hat der fehlende Bewuchs schwere Erosionen ausgelöst. Tiefe Furchen prägen die Oberfläche.

Es ist spät im August. Die Baumwollernte ist vorüber. Mit Ochsenkarren wurde die Baumwolle in die Lagerschuppen des Dorfes transportiert. Einiges davon blieb an den Dornenhecken entlang der Straße hängen, die nun aussehen, als erlebten sie in der trockenen Glut eine bizarre Blüte. Die Wände der Lagerschuppen sind gebogen, lange Stützbalken sollen an einigen Stellen das Bersten verhindern. Rundherum ist von Landwirtschaft wenig zu spüren. Grau, staubig und hart liegt das Land da. Die Überreste der Baumwollbüsche sind niedergebrannt worden, um Schädlinge zu vernichten. Das Vieh ist auf die Weiden im Süden gebracht worden.

Kabula genießt die wohlverdiente Ruhe nach der harten Arbeit auf den Baumwollfeldern. In ein paar Monaten werden sie und die anderen Einwohner des Dorfes mit den Vorbereitungen für die nächste Ernte beginnen. Das Gesetz verlangt von jedem Erwachsenen der Gemeinde den Anbau mindestens eines Morgens Baumwolle. «Baumwolle ist das einzige verkäufliche Gewächs in dieser Gegend», erklärt Kabula, «und wir müssen etwas Verkäufliches anbauen, damit wir unsere Steuern bezahlen und lebensnotwendige Dinge wie Salz, Kleidung und Schuhe kaufen können.»

Kabula ist über ihre diesjährigen Einkünfte enttäuscht. Doch sie ist auch erleichtert, keinen Verlust gemacht zu haben wie manch anderer. Nach Abzug der Kosten für die Chemikalien, der Miete für den Traktor zum Pflügen und der Transportkosten zu den Lagerschuppen bleibt von den Einkünften aus dem Baumwollverkauf oft wenig oder gar nichts übrig.

Tanzania, Juni 1990: Baumwolle wird von den Feldern in die lokalen Lagerhallen im Dorf Paji im Meatu-Distrikt gebracht. In einem guten Jahr trägt ein Feld durchschnittlich 700 kg pro Morgen, beachtenswert mehr als die mechanisierten Farmen in den USA und Australien. Foto: Geoff Sayer/Oxfam

Mitte der achtziger Jahre hatte eine Gruppe der Bauern beschlossen, ihr Land kollektiv zu bearbeiten, um ihre Mittel zu bündeln und effektiver zu wirtschaften. Vom Erfolg dieser Gruppe ermutigt, fanden sich auch Kabula und ihre Freunde zu einer Kooperative zusammen. Heute ist sie überzeugt, daß dies die bessere Form des Arbeitens ist. «Es ist einfacher, in der Gruppe zu arbeiten. Wir können einander unter die Arme greifen und kommen leichter an Kredite. Auch macht es Sinn, eine zusammenhängende Fläche mit ein und derselben Frucht zu bebauen. So braucht es insgesamt weniger Zeit für das Spritzen, als wenn jeder sein kleines Feld für sich bestellt.»[2]

Doch die fehlende Aussicht auf einen anständigen Lebensunterhalt hat schon viele in die Städte getrieben, wo sie sich oft noch schlimmerer Armut gegenübersehen. Trotz einiger Hilfsprogramme und der Tatkraft und Flexibilität junger Bäuerinnen und Bauern wie Kabula sind die Leute in Mwabuzo seit den frühen achtziger Jahren immer ärmer geworden. Wie viele Bewohner der Dritten Welt sind sie Gefangene der Handelsfalle.

Die Gefahren der Rohstoffabhängigkeit

Kabula will mit Baumwolle ihr Geld verdienen. Für Tansania stellt der Baumwoll-Export eine wichtige Devisenquelle dar. Zwischen zwölf und sechzehn Prozent der Deviseneinnahmen seit Mitte der sechziger Jahre verdankt das Land der Baumwolle.[3] Doch in den letzten Jahren hat Tansania wegen dem Preisverfall an den internationalen Märkten weniger an seiner Baumwollausfuhr verdient. Mehr als siebzig Länder der Erde produzieren Baumwolle, darunter auch Großanbieter wie die Vereinigten Staaten. Als sich die Produktion in diesen Ländern erhöhte, rutschten die Baumwollpreise Mitte der achtziger Jahre abrupt in den Keller. So halbierten sich Tansanias Einnahmen aus dem Baumwollgeschäft von 1984 auf 1985, und das trotz gleichbleibender Produktion.[4]

So wichtig die Baumwolle für Tansania auch sein mag, der Kaffee hat für die Wirtschaft des Landes eine noch höhere Bedeutung. Zwischen 1982 und 1986 sorgte er für vierzig Prozent der Export-Einnahmen, 24 Prozent mehr als noch zwanzig Jahre zuvor.[5] Hohe Preise an den internationalen Kaffeebörsen hätten die Verluste der tansanischen Wirtschaft aus dem Baumwollgeschäft abfedern können. Doch vom Jahr 1986 abgesehen, als die Dotierung ruckartig anzog, durchlief der Kaffeepreis während der gesamten achtziger Jahre eine Talsohle. Aus Abbildung 1 sind die Preise abzulesen, die Tansania zwischen 1972 und 1988 für Kaffee und Baumwolle erzielte. Deutlich werden vor allem

Abbildung 1: Preisschwankungen für tanzanische Baumwolle und Kaffee, 1972-1988

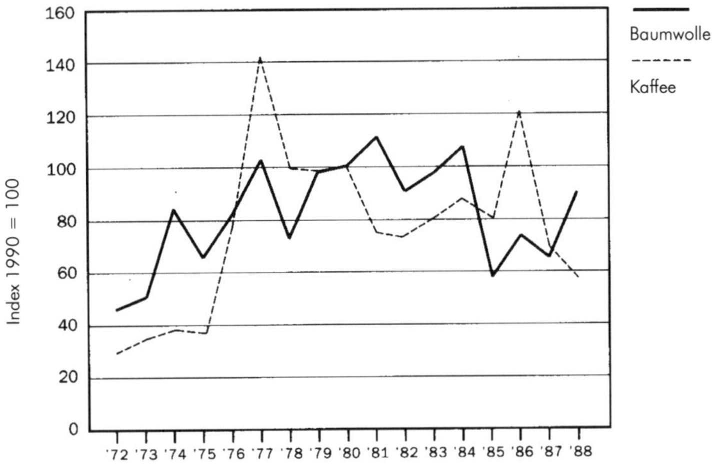

Quelle: UNCTAD Commodity Yearbooks: 1986, 1989 und 1990, New York: Vereinte Nationen

die heftigen Preisschwankungen, die es der Regierung Tansanias unmöglich machten, die Exporteinnahmen für das jeweils folgende Jahr zu kalkulieren.

Kaffee und Baumwolle sind nicht die einzigen Rohstoffe, die während der achtziger Jahre schwankenden Dotierungen und insgesamt relativ niedrigen Preisen ausgesetzt waren. Es war das Jahrzehnt der relativ niedrigsten Durchschnittspreise für Rohstoffe im gesamten Jahrhundert – vielleicht abgesehen von der Weltwirtschaftskrise 1932. Vorausgegangen war eine Phase weitgehend stabiler Rohstoffpreise während der sechziger und frühen siebziger Jahre sowie ein heftiger, unsteter Preisanstieg im Sog der Ölpreise während der Jahre 1972 bis 1980 (siehe Abbildung 2). Für Tansania, das mehr als achtzig Prozent seiner Exporteinnahmen den Rohstoffen verdankt, bedeutet diese Entwicklung einen beharrlichen Rückgang der Erlöse während der achtziger Jahre.

Wie Tansania erzielen viele Länder der Dritten Welt den Großteil ihrer Exporterlöse durch Rohstoffe[6] (siehe Tabelle 1). Diese Abhängigkeit ist in den Ländern südlich der Sahara am stärksten ausgeprägt aber auch für die Karibik und Lateinamerika bezeichnend. Einige Länder können auf eine ganze Palette verschiedenster Rohstoffe verweisen. Auch diese leiden unter dem allgemeinen fortschreitenden Preisverfall, doch die Produktvielfalt hilft, den Kollaps einer einzelnen Rohstoffdotierung leichter zu verdauen. Anders jene große Zahl von Ländern, die nur über ein beschränktes Exportangebot verfügen. Dies trifft zum Beispiel auf die zehn in der Abbildung 3 berücksichtigten afrikanischen Länder zu.

Abbildung 2: Rohstoffpreise (ohne Brennstoffe) im Verhältnis zum US-Großhandelspreis-Index, 1900 bis 1990

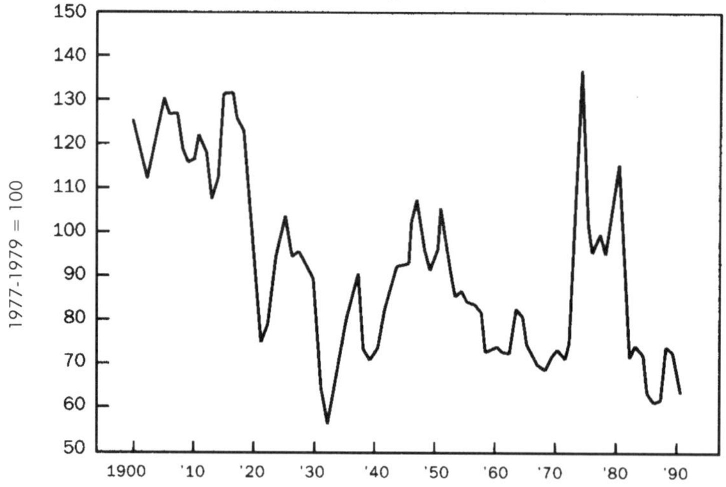

Quelle: Global Economic Prospects and the Developement Countries – 1991, Washington; Weltbank, Mai 1991

Abbildung 3: Tanzanias Exporteinnahmen durch seinen gesamten Warenhandel von 1972 bis 1990

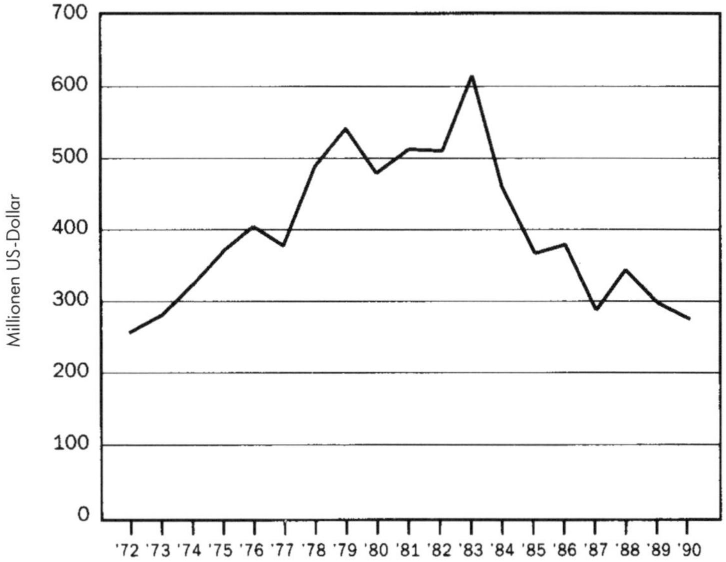

Quelle: UNCTAD Commodity Yearbooks: 1986, 1989 und 1990, New York; Vereinte Nationen

Abbildung 4: Ausgewählte Oxfam-Länder südlich der Sahara: Rohstoffabhängigkeit in Prozent der Gesamtexporte

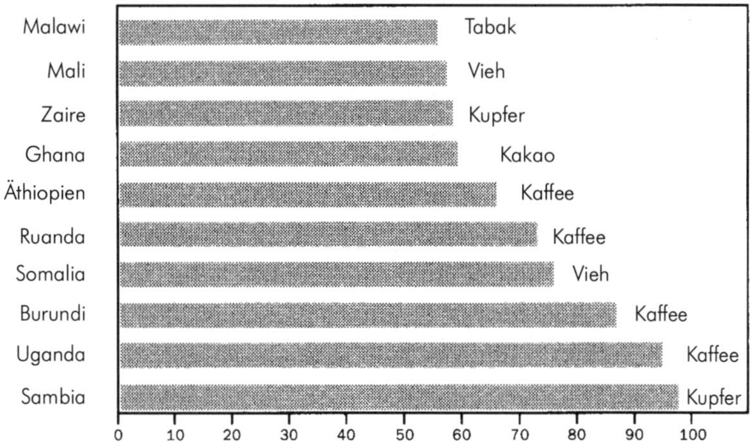

Quelle: Africa's Commodity Problems: Towards a Solution, UNCTAD/EDM/ATF/1 Tabelle 2; Zahlen für den Zeitraum 1982-1986

Tabelle 1: Rohstoffabhängigkeit einzelner Länder, in denen Oxfam arbeitet

Primäre Rohstoffe außer Treibstoffe, als Prozentanteil an den gesamten Exporten von 1982-1986 (der prozentuale Anteil eines einzelnen Rohstoffes wird angegeben, falls er 20 Prozent vom Export übersteigt).

Rohstoffe in Prozent der gesamten Export-einnahmen	*Land*	*Anteil einzelner Rohstoffe in Prozent der Gesamtexporte*
Afrika		
99,9	Mauritius	Eisenerz: 45,0 / Fisch 42,0
99,7	Sambia	Kupfer: 98,0
97,9	Ruanda	Kaffee: 73,0
97,9	Niger	Uran: 85,0
95,1	Burundi	Kaffee: 87,0
95,0	Uganda	Kaffee: 95,0
95,0	Namibia	Diamanten: 40,0 / Uran: 24,0
94,7	Somalia	Lebende Tiere: 76,0
93,4	Malawi	Tabak: 55,0 / Tee: 20,0
90,0	Äthiopien	Kaffee: 66,0
88,9	Burkina Faso	Baumwolle: 48,0
88,5	Sudan	Baumwolle: 42,0
84,3	Mali	Lebende Tiere 58,0 / Baumwolle: 29,0
83,3	Togo*	Phosphate: 47,0
82,0	Guinea-Bissau	Cashew Nüsse: 29,0 / Erdnüsse: 23,0
79,3	Tanzania	Kaffee: 40,0
76,3	Mozambique	Fisch: 27,0 / Garnelen: 16,0
72,0	Tschad*	Lebende Tiere: 58,0 / Baumwolle: 29,0
71,6	Senegal*	Fisch: 32,0
68,7	Zaire	Kupfer: 58,0
68,5	Ghana*	Kakao: 59,0
63,2	Sierra Leone	Diamanten: 32,0
61,5	Kenia**	Kaffee: 30,0
56,9	Zimbabwe**	Tabak: 20,0
48,0	Gambia	Erdnüsse: 45,0
46,2	Lesotho	Mohairwolle: 24,0
6,5	Angola	95,8 ink. Erdöl
-	Südafrika	
-	Westsahara	
Lateinamerika		
91,0	Chile	Kupfer: 46,3
89,7	Paraguay**	Baumwolle: 30,7 / Soja: 23,6 / Holz: 22,3

69,3	Kolumbien[*]	Kaffee: 51,0
61,5	Peru[*]	
49,4	Brasilien[*]	
46,9	Bolivien	Zinn: 26,0 / Erdgas: 48,5
29,2	Ekuador[*]	Erdöl: 45,5
-	Guyana	

Asien

98,0	Myanmar	Getreide: 37,7 / Holz: 35,4
60,7	Sri Lanka[*]	Tee: 34,8
45,4	Philippinen[*]	
36,7	Indien	
34,1	Pakistan	Baumwolle: 21,1
33,5	Bangladesch	Jute: 51,6
33,1	Nepal[*]	
18,7	Indonesien	Erdöl: 51,9
-	Afghanistan	
-	Bhutan	
-	Kambodscha	
-	China	
-	Korea	
-	Macao	

Zentralamerika und die Karibik

90,8	Nicaragua	Kaffee: 36,0 / Baumwolle: 26,5
86,9	Honduras	Früchte: 34,6 / Kaffee: 25,9
84,8	Jamaika	Aluminium: 60,5
76,6	El Salvador	Kaffee: 59,5
75,7	Dominika.Rep.[*]	Zucker:30,9
75,6	Panama	Früchte: 26,5 / Fisch: 23,2
72,7	Guatemala	Kaffee: 32,4
69,7	Costa Rica	Früchte: 27,1 / Kaffee: 26,5
64,4	Grenada[*]	Gewürze: 25,7 / Bananen: 13,0
37,0	Haiti[*]	Kaffee: 23,9
12,3	Mexiko	Erdöl: 60,0
-	Belize	
-	Dominica	Bananen: 71,0
-	Puerto Rico	
-	St. Lucia	Bananen: 91,0
-	St. Vincent	Bananen: 28,0

Mittlerer Osten

47,9	Jordanien[*]	Phosphate: 23,2
26,0	Ägypten[**]	87,5 inkl. Erdöl
-	Israel	
-	Libanon	
-	Yemen	

* Länder mit geringerer Rohstoffabhängigkeit im Vergleich zum Zeitraum 1967-1971

** Länder mit gestiegener Rohstoffabhängigkeit im Vergleich zum Zeitraum 1967-1971

Kein Sternchen: Die Abhängigkeit hat sich kaum verändert.

Anmerkung: Die aufgeführten Länder sind jene, in denen Oxfam von 1989 bis 1990 Unterstützung leistete. Länder ohne Angaben sind in der UNCTAD-Quelle nicht enthalten.

Quelle: Nach UNCTAD Report on Diversification, Anhang II, TD/B/C.1AC/7, Juli 1989. Angaben für die Windward Islands über deren Abhängigkeit von Bananen nach B. Borell und M-C. Yang (1990): EC Bananadrama 1992, Weltbank-Arbeitspapier über Internationalen Handel WPS, Tabelle 2

Auch die geringsten Preisschwankungen führen bei diesen Ländern zu drastischen Veränderungen der Exporteinnahmen, was selbst kurzfristige ökonomische Planungen extrem erschwert.

Meist stark vom Rohstoffexport abhängig, mußten viele Länder der Dritten Welt während der achtziger Jahre einen schmerzhaften Rückgang der Exporteinnahmen hinnehmen. Für den Zeitraum 1981 bis 1985 werden die Einbußen auf insgesamt 553 Milliarden US-Dollar geschätzt. Das entspricht 122 Prozent des Wertes der Rohstoffexporte aller Entwicklungsländer im Jahre 1980.

Der größte Teil des Schadens kam durch den Wertverlust der Treibstoffexporte, was die Folge des besonders in den Jahren 1982 und 1983 herrschenden Ölpreisverfalls war. Doch selbst wenn man die Ölexporte außer acht läßt, ergibt sich eine drastische Gesamteinbuße bei den Exporterlösen der Entwicklungsländer: 57 Milliarden US-Dollar, ein Rückgang von 54 Prozent im Vergleich zum Jahre 1980.[7] Doch nicht nur mit geringeren Exporteinnahmen, sondern auch mit einer unerbittlichen Verschlechterung ihrer Terms of Trade sehen sich die rohstoffabhängigen Länder konfrontiert.

Vereinfacht ausgedrückt, kann man Terms of Trade als die Kaufkraft der Exporte erklären. Wenn mit den Einnahmen aus dem gleichen Volumen von Exporten eines Landes nur noch ein geringerer Teil der Importe finanziert werden kann, darf man von der Verschlechterung der Terms of Trade reden. Dieses Problem drückt viele rohstoffabhängige Länder der Dritten Welt. Die Preise für Fertigwaren, die sie importieren müssen, sind relativ zu den Preisen der Rohstoffe, die sie exportieren können, gestiegen.

Neu ist dieses Phänomen nicht. Seit den zwanziger Jahren hält die Talfahrt der Terms of Trade für Rohstoffe an. Wie aus Abbildung 2 ersichtlich, wurden seit Beginn des Jahrhunderts immer wieder heftige Preisschwankungen verzeichnet. Jedem Höhepunkt folgte ein Tiefstand. Generell muß aber ein Abwärtstrend der Terms of Trade festgestellt werden.[8] Der gravierendste Einbruch steht für die erste Hälfte der achtziger Jahre zu Buche, als für die Länder der Sahelzone die Kaufkraft ihrer Exporte um fünfzig Prozent absank.[9] Trotz einer gewissen Erholung zum Ende des Jahrzehnts lag die Kaufkraft der Rohstoffexporte letztlich doch um 22 Prozent niedriger als im Jahre 1980.[10]

Seit vielen Jahren fordern Experten[11] von den Entwicklungsländern, ihre Rohstoffabhängigkeit abzubauen. Denn zahlreiche strukturelle Faktoren weisen darauf hin, daß sich deren Kaufkraft weiter verschlechtern wird.

Der erste Faktor betrifft die Rohstoffe selbst, die mangelnde Einkommenselastizität in bezug auf die Nachfrage und das Aufkommen etwaiger Ersatzprodukte. Die langfristige Nachfrage nach vielen Rohstoffen in den Industrieländern ist wenig «einkommenselastisch». Soll heißen, daß höhere Einkünfte kaum zu einer spürbar höheren Nachfrage führen. Ein Beispiel: Wenn das Einkommen der Bevölkerung in den Industrieländern steigt, ist es unwahrscheinlich, daß deswegen mehr Kaffee getrunken wird.

Der zweite Faktor hebt auf die Eigenschaften rohstoffproduzierender Länder ab. Internationale Konzerne können die Weltmärkte weit stärker beherrschen und bestimmen als die kleinen, nicht organisierten Rohstoffproduzenten der Dritten Welt. So bleibt diesen der volle Lohn ihrer Handelsaktivitäten versagt.[12]

Der Aufbau einer weiterverarbeitenden Industrie wäre ein Weg, den strukturellen Problemen verschlechterter Terms of Trade entgegenzutreten. Ein Weg, den viele Länder beschritten haben. Zwischen 1980 und 1989 haben verarbeitete Waren im Welthandel um durchschnittliche 4,9 Prozent zugenonnen. Bei den Rohstoffen war lediglich ein Zuwachs von 1,7 Prozent zu verzeichnen. Und doch, diese Zuwächse haben in erster Linie in den sogenannten Schwellenländern Ostasiens, etwa in Taiwan, Korea oder Singapur sowie in einigen anderen Entwicklungsländern, wie etwa Mauritius, stattgefunden. Zwar kam es in all diesen Ländern zu einem hohen Wirtschaftswachstum, andere Länder aber produzieren und exportieren heute noch weniger verarbeitete Produkte als Mitte der siebziger Jahre.

Viele davon stufen die Vereinten Nationen in die Kategorie «am wenigsten entwickelte Länder/LDCs» ein. Ein Kriterium für die Einstufung als LDC ist ein Anteil verarbeiteter Güter am Bruttoinlandsprodukt von nicht mehr als zehn Prozent. Fielen 1971 noch 24 Länder in die Kategorie LDC, war ihre Zahl 1989 auf 42 angestiegen.[13] Die Produktion ist fast ausschließlich auf niedrigem technologischem Niveau (ungefähr 70 Prozent) angesiedelt wie etwa in der Textilindustrie und mit der Weiterverarbeitung von im Land gewonnenen Rohstoffen befaßt.[14]

Es gibt vielfältige Gründe, die die ärmeren Entwicklungsländer daran hindern, eine weiterverarbeitende Industrie zu etablieren. Voraussetzungen wären genügend Kapital für Technologie und Ausbildung sowie geeignete Absatzmärkte. Sinkende Exporterträge und ungünstige Terms of Trade haben für viele Entwicklungländer zu wachsenden Handelsbilanzdefiziten geführt. Diese Defizite mußten durch Kredite und Entwicklungshilfe aus dem Ausland finanziert werden. Daraus resultiert ein durch hohe Zinssätze verschärfter Schuldendienst, der wiederum große Teile der Exporteinnahmen aufsaugt. Während also 1980 noch ein Kapitaltransfer von 37 Milliarden US-Dollar in die Entwicklungsländer zu verzeichnen war, floß 1989 eine Milliarde US-Dollar in die entgegengesetzte Richtung.[15]

Die instabilen Preise auf ihren Absatzmärkten erschweren alle Planungen. Gleichzeitig haben ausländische Direktinvestitionen in Entwicklungsländern nachgelassen. Im Jahre 1970 entfielen dreißig Prozent der weltweiten Direktinvestitionen auf die Entwicklungsländer. 1988 waren es noch 21 Prozent. Davon entfällt der Löwenanteil auf die reicheren Länder Lateinamerikas, der Karibik und Asiens. Nur 2,5 Prozent der Direktinvestitionen gehen nach Afrika.[16]

Jene Länder, denen es gelungen ist, eine weiterverarbeitende Industrie aufzubauen, stehen vor dem Problem, Zugang zu Märkten zu finden. Oft errichten die Industrieländer Zollschranken gegen weiterverarbeitete Produkte. Zum Beispiel Zucker, ein wichtiges Exportprodukt vieler Entwicklungländer: Ist Zucker raffiniert, wird er bei der Einfuhr in die Industriestaaten mit einem Zoll von 20 Prozent belegt. Für die Einfuhr von Rohzucker wird nur ein Prozent verlangt.[17] Darüber hinaus sehen sich die Entwicklungsländer bei ihren Exporten, ob weiterverarbeitet oder nicht, einer abschreckenden Litanei nichttarifärer Handelsbeschränkungen gegenüber, die sie oft von den Märkten der westlichen Hemisphäre fernhalten und den Aufbau industrieller Strukturen als zwecklos erscheinen lassen.

So sieht sie aus, die Handelfalle, die viele ärmere Entwicklungsländer gefangenhält. Ihre Exporte bestehen hauptsächlich aus billigen Rohstoffen, und so finden sie nicht zu produktiveren wirtschaftlichen Aktivitäten. Falls aber doch, werden sie mit den Zolltarifen der Industrienationen bestraft, die als Abwehr gegen weiterverarbeitete Güter dienen.

Wegen der Schuldenkrise und der sinkenden Rohstoffpreise werden die achtziger Jahre in die Geschichte vieler Entwicklungsländer als verlorenes Jahrzehnt eingehen. Am Ende standen sie noch ärmer da als zu Beginn. Wirtschaftliches Wachstum wird gewöhnlich am Bruttoinlandsprodukt pro Kopf festgemacht, definiert als der durchschnittliche Wert der Produktion des betreffenden Landes pro Jahr dividiert durch die Zahl der Einwohner. Gefangen in der Handelsfalle weisen viele Länder, besonders in Lateinamerika und der Sahel-Zone, einen Rückgang des Bruttoinlandsproduktes während der achtziger Jahre auf. Ganz anders die sogenannten Schwellenländer, besonders in Ostasien, denen es dank besonderer historischer, wirtschaftlicher und politischer Umstände gelungen ist, eine weiterverarbeitende Industrie aufzubauen.

Abbildung 5: Prozentuale Änderung der Terms of Trade für ausgewählte Ländergruppen, 1980-1989

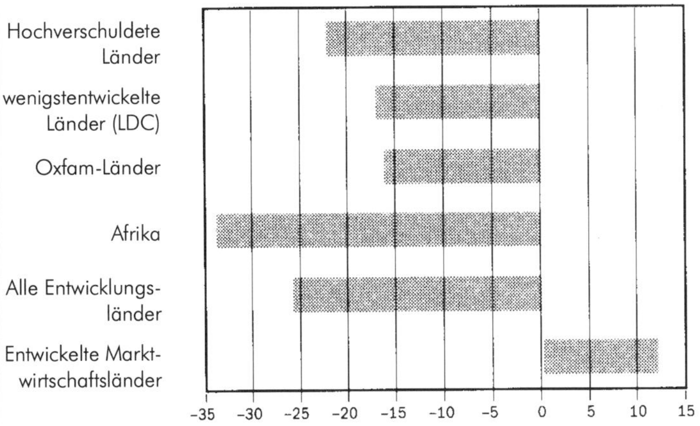

Quelle: Handbook of International Trade and Development Statistics 1989, New York: Vereinte Nationen, 1990

Abbildung 6: Prozentuale Änderung der Terms of Trade in ausgewählten Oxfam-Ländern

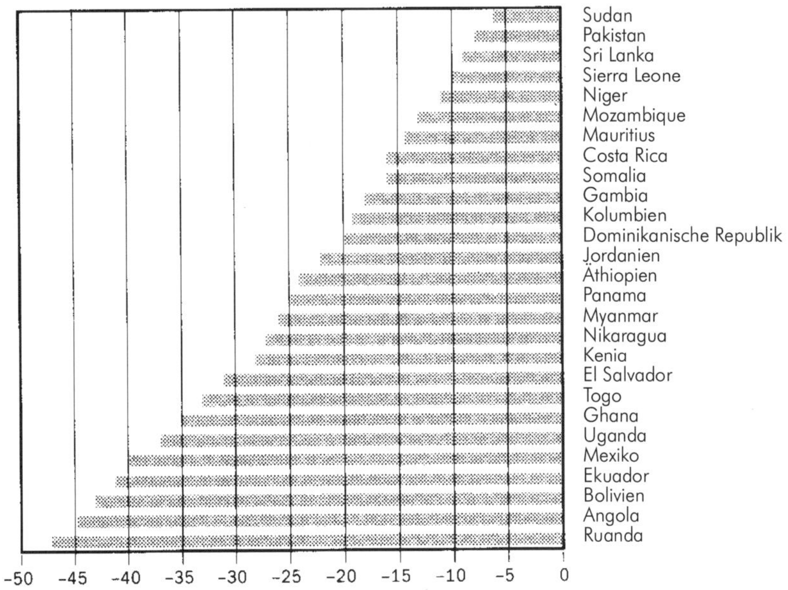

Quelle: Handbook of International Trade and Development Statistics 1989, New York: Vereinte Nationen, 1990

Im Durchschnitt lag ihr Wachstum zwei- bis zweieinhalbmal so hoch wie bei den Industrieländern.[18] Die «vier kleinen Tiger» Ostasiens (Südkorea, Singapur, Taiwan, Hongkong) konnten während der letzten zwanzig Jahre ihren Anteil am weltweiten Exportgeschäft fast vervierfachen.[19]

Von der Verwundbarkeit der armen Produzenten

Für die armen Produzenten, die Kleinbauern in vielen Entwicklungsländern, beschränken sich die Probleme keineswegs auf schwankende oder sinkende Marktpreise. Kabula Mboje in Tansania bekommt die Handelsfalle durch die Schwierigkeiten, denen sie bei der Suche nach Krediten begegnet, zu spüren. Kredite für den Traktor zum Pflügen, für die Pestizide, mit denen sie die Baumwolle spritzt, für das Tuch, das sie als Windschutz um ihr Feld spannt. Auch muß sie mit mangelnden Lagerkapazitäten, mit Transportproblemen auf den holperigen, staubigen Spuren, die hier als Straßen dienen, Zahlungsrückständen ihrer Abnehmer und mit dem allmählichen Auslaugen ihres Bodens kämpfen.

90 Prozent der Baumwolle Tansanias wird in der Seen-Zone angebaut, die die Regionen Mwanza und Shinyanga umfaßt. Hier beschäftigen sich schätzungsweise zwei bis drei Millionen Menschen mit Baumwolle. Sie alle haben mit ähnlichen Problemen zu kämpfen. Zum Beispiel werden die Kredite den Agrar-Genossenschaften zur Verfügung gestellt, die sich ihrerseits das Geld bei den Banken leihen. Doch manchmal haben die Banken gar kein Geld zu verleihen, und den Bauern ist der Kredithahn zugedreht.

Ist die Ernte eingebracht, wird die Baumwolle an die zentrale Ankaufsstelle gebracht und in den Lagerschuppen des Dorfes aufbewahrt. Auch hier müssen die Bauern mit Problemen rechnen. Oft sind die Lagerkapazitäten begrenzt und Teile der Baumwolle werden in die Wohnhäuser gestopft oder draußen gestapelt, wo sie nur zu leicht vom Regen weggespült werden kann. Schließlich wird die Baumwolle per LKW in die Entkörnungsanlage transportiert. Die Benzinkosten sind hoch und Ersatzteile knapp, und so kommt es nicht selten zu schmerzhaften Verzögerungen. Der traurige Zustand der Landstraßen oder «Baumwoll-Pisten» tut sein übriges.

An den Entkörnungsanlagen verkauft die lokale Genossenschaft die Baumwolle an das «Tanzansanische Komitee für Baumwollvermarktung/TCMB». Viele Entkörnungsanlagen arbeiten weit unter ihrer Kapazität. Sie sind veraltet und in schlechtem Zustand. Von der Ernte des Jahres 1987/88 wurden nur schätzungsweise 19 Prozent der vom TCMB aufgekauften Menge entkernt.[20] So reduziert sich deutlich die für den Export geeignete Menge, und die Möglichkeit für Bauern wie Kabula, sich einen ordentlichen Lebensunterhalt mit der Baumwolle zu sichern, rückt weiter in die Ferne.[21]

Zu den Problemen der tanzansanischen Baumwollproduzenten kommen die Umweltschäden. Ein Experte legt dar, wie die Baumwolle selbst die Fruchbarkeit der Äcker von Shinyanga mindert: «Als die Leute mit dem Baumwollanbau anfingen, war das einigermaßen lukrativ. Mit den Erträgen konnten sie Vieh kaufen, was aber zu übermäßigem Abgrasen führte. Fortan wurden Traktoren benutzt, um den Boden für die Baumwolle zu bereiten. Dafür mußten größere Flächen gerodet und Bäume entwurzelt werden. Inzwischen sind die Niederschläge in dieser Region rückläufig. Mais können die Bauern hier nicht mehr anbauen. Sie sind auf Sorghum umgestiegen. Da Brennmaterial knapp geworden ist, benutzen sie jetzt Kuhdung und Baumwollstiele. Damit hätten sie sonst das Land gedüngt. Am Ende bleibt eine schlimme Bodenerosion und die Auslaugung der Äcker.»[22]

Solche Probleme gibt es nicht nur bei der Baumwolle und nicht nur in Tansania. Vielmehr betreffen sie alle Länder, die von einigen wenigen Rohstoffen abhängen. Was das für die Kaffeebauern der Dominikanischen Republik und die Fischer auf den Philippinen bedeutet, zeigen folgende Beispiele.

Kaffeeproduzenten in der Dominikanischen Republik

Rufino Herrera besitzt dreieinhalb Hektar Land im Süden der Dominikanischen Republik. Einen Hektar davon hat er für den Anbau von Nahrungsmitteln reserviert. Den Rest nützt er für den Kaffeeanbau. So ernährt er sich und seine fünfköpfige Familie. Ruffino ist zudem Generalsekretär einer Kaffeepflanzer-Selbstorganisation.

Der Kaffee spielt im Export der Dominikanischen Republik eine Schlüsselrolle. Nach Zucker, Nickel, Edelmetallen (Gold und Silber) und Kakao nimmt er Platz fünf ein.[23] Fast die Hälfte der ökonomisch aktiven Bevölkerung des Landes – die Gesamtbevölkerung beträgt sechseinhalb Millionen – sind in der Landwirtschaft tätig. Davon sind etwa 70.000 Familien dem Kaffee auf Gedeih und Verderb ausgeliefert.

Bis zum Juli 1989 hatte das «Internationale Kaffeeabkommen» den kaffeeproduzierenden Ländern einen Garantiepreis auf dem Weltmarkt verschafft. Dann scheiterten die Neuverhandlungen. Schließlich purzelten die Kaffeepreise an den internationalen Börsen, als die größeren Exportländer wie Brasilien (Anteil an der Weltproduktion 30 Prozent) ihre Lager leerten.

Die Kaffeepreise neigen dazu, sich nach Art einer Berg- und Talbahn am internationalen Markt zu bewegen. Kurze Hochpreisphasen verleiten zu einer Steigerung der Produktion, was dann für längere Zeit die Preise wieder sinken läßt. Doch der Preissturz von 1989 war wohl der gravierendste seit langem. Die kleinen Exportländer wie die Dominikanische Republik leiden am meisten darunter, mehr als die Marktführer Brasilien, Kolumbien oder Indonesien. Länder wie die Dominikanische Republik können keinen Einfluß auf die weltweiten Kaffeepreise ausüben.

Der Kollaps der Kaffeepreise fiel für die Bauern mit dem Höhepunkt der Sparmaßnahmen zusammen, die die Regierung zur Bewältigung ihrer internationalen Schuldenlast ergriff. Subventionen für landwirtschaftlichen Input waren gestrichen worden, woraufhin die Preise z.B. für Düngemittel empfindlich anzogen. Für viele Bauern wurden diese unerschwinglich. Sinkende Erträge waren das Ergebnis. Zur Konsolidierung der staatlichen Einnahmen wurde zudem der Kaffeexport mit hohen Steuern belegt. Diese müssen die Bauern bezahlen, bevor die Ernte verkauft ist, was viele von ihnen in die Schulden trieb.[24]

Mit dem Niedergang der Kaffeepreise konnten Rufino Herrera und die 10.000 Kaffeeproduzenten der von ihm geführten Vereinigung ihre Produktionskosten nicht mehr decken. So erhielten sie an den internationalen Kaffeebörsen etwa 85 US-Dollar pro Quintal, während sich Produktionskosten auf 105 US-Dollar und 110 US-Dollar beliefen. Warum denn die Bauern seiner Organisation überhaupt noch Kaffee anbauen würden, wollen wir wissen. Wenn sie mit dem Anbau aufhören würden, welche bessere Lebensperspektive bliebe ihnen?, gibt Rufino Herrera zu bedenken. Viele haben es versucht und sind in den Barackensiedlungen geendet, haben das Heer der Arbeitslosen im Land weiter anschwellen lassen.[25] Nur durch den Straßenhandel halten sie sich über Wasser.

Fischen auf den Philippinen

Jun lebt in einer kleinen Fischergemeinde auf der südphilippinischen Insel Mindanao. Das «barrio» Santa Rosa erstreckt sich zwischen einem großen Korallenriff und einer Kokosnußplantage im Schatten des höchsten Berges der Philippinen, dem Apo. Viele der kleinen Holzhäuschen sind auf Pfählen errichtet. Unter ihnen plätschert die Flut.

Jun ist in Santa Rosa aufgewachsen. Sein Vater war Fischer. Er erinnert sich daran, wie sein Vater ihn als kleinen Jungen in dem winzigen Boot mitgenommen hat. Er half seinem Vater, die mit Fischen gefüllten Netze an Bord zu ziehen. Die reiche See kannte keinen Mangel an Fischen, und die Familie konnte von den Fängen gut leben. Was sie nicht selbst aßen, verkauften sie auf dem örtlichen Markt.

Jun wurde älter, und es schien, als seien die Fische im Meer weniger geworden. Um die Netze zu füllen, brauchten Jun und sein Vater immer mehr Zeit, und sie mußten immer weiter hinausfahren. An klaren Tagen konnten sie draußen auf dem Meer die großen Trawler erkennen. Es hieß, die kämen aus Japan. Die Leute von Santa Rosa erkannten rasch, daß die Trawler das Meer von den Fischen, ihrer Lebensgrundlage, förmlich leerfegten.

Juns Vater wurde älter und er war den langen Fahrten auf dem Meer nicht länger gewachsen. Jun wurde zum Ernährer der Familie. Jeden Morgen in aller Frühe stach sein kleines Boot in See. An manchem Tag kehrte er tief enttäuscht

In der Provinz Bataan auf den Philippinen: eine weitere Region, in der Fischer durch Wirtschaftsunternehmen bedroht werden. Foto: John Clark/Oxfam

und mit leeren Händen zurück. Seine Familie begann zu hungern. Ein Freund lud ihn eines nachts ein, ihn zum Fischen zu begleiten. Auf dem Wasser holte sein Freund ein Stück Dynamit hervor. Er schlug vor, die Korallen zu sprengen, um die Fischschwärme einzufangen, die sich dort Nahrung suchen und laichen. Sie benützten das Dynamit und kehrten mit vollen Netzen ans Ufer zurück. Juns Vater war sauer. Er warnte davor, die Korallen zu zerstören. Denn mit den Korallen sterbe auch der Fisch. Jun kümmerte das wenig. Er wußte, dies war der einzige Weg, Fische in die Netze zu locken und seine Familie zu ernähren.

Juns Vater brauchte den Unfall seines Sohnes Ende der siebziger Jahre nicht mehr mitzuerleben. Der Vater starb, bevor die Tragödie ihren Lauf nahm. Eines nachts (sie sprengten stets nachts), explodierte das Dynamit in Juns Händen. Die Explosion kostete ihm beide Arme. Er verlor sein Augenlicht und zog sich schwere Verbrennungen im Gesicht und an der Brust zu.

Juns Vater hatte es prophezeit. Aus dem reichen Laichplatz der Fische, jenem Korallenriff, das sich weit hinaus ins Meer erstreckt, ist eine Kette toter, scharfkantiger Felsen geworden. Noch immer gibt es ein paar Fischer in Santa Rosa. Doch die meisten mußten sich nach einem anderen Lebensunterhalt umsehen. Für einige ergab sich eine Möglichkeit, als ein japanisches Unternehmen eine Holzeinschlag-Konzession jenseits des Korallenriffs erwarb. Hier kippen jeden Tag LKWs die Baumstämme aus dem schwindenden Regenwald der Insel ins Wasser, die dort ihren Weg zur Sägemühle im fernen Japan entgegensehen. Die Leute aus dem Dorf schälen die Rinde von den Stämmen und verkaufen diese gebündelt gegen ein paar Centavos als Brennholz in der Stadt.

Dörfer wie dieses übersäen die Philippinen, diesen Archipel aus 7.100 Inseln. Etwa acht Millionen Menschen bestreiten ihren Lebensunterhalt mit Fischfang. Sie alle sehen sich mit ähnlichen Problemen wie das Dorf Santa Rosa konfrontiert und leben meist in extremer Armut.

Die Probleme begannen im Jahre 1973 mit dem «Philippinisch-Japanischen Freundschafts-, Wirtschafts- und Schiffahrtsabkommen». Dieses erlaubt den schwimmenden japanischen Fischfangfabriken den unbegrenzten Zugriff auf den Fischbestand in philippinischen Gewässern. Dann folgte das Präsidenten-Dekret 704, das den Export von Fischerei-Produkten durch die Privatwirtschaft fördert. Die Fischwirtschaft wird als lukratives Betätigungsfeld ausländischer Investoren angesehen.

Diese Entscheidungen setzten die Plünderung der philippinischen Gewässer, die einst zu den reichsten Fischgründen der Welt zählten, in Gang. Als das Land in die internationale Schuldenkrise rutschte, wurden um der dringend benötigten Devisen willen weitere Investoren gelockt. Somit verschärfte sich die Situation weiter. Die kleinen Fischer wie Jun stehen machtlos einer industriellen Fischfangflotte, mit riesigen Netzen und hohem technologischem Know-how, gegenüber. So gehen sie zu verwerflichen Methoden des Fischfangs über.

Kommerzielle Fischfarmen, die sich in vielen Gegenden der Philippinen breit machen, haben die Fischer in bislang unberührte Gebiete verdrängt. Das hat erhebliche Umweltschäden hervorgerufen. Drei Viertel der Mangrovenwälder entlang der philippinischen Küsten, wichtige Brut-, Futter- und Zufluchtsstätten für Fische, sind zerstört. Nur ein Viertel der philippinischen Korallenriffe ist in gutem Zustand, und etwa die Hälfte gilt als hochgradig geschädigt.[26]

Auf lokaler Ebene schließen sich die Fischer zusammen, um ihre Situation konkret zu verbessern, um praktische Lösungen für ihre Probleme zu finden. Ein nationaler Zusammenschluß der Fischer setzt sich für eine Reform der Fischereigesetzgebung ein, welche die Umwelt stark geschädigt und viel zur Verdrängung und Verarmung der Fischergemeinden beigetragen hat.[27]

Die Regierungen des Südens tragen Mitschuld an vielen Problemen, denen sich die kleinen Produzenten gegenübersehen. So etwa an den niedrigen Preisen, ineffizienter Vermarktung, mangelnden Krediten, dürftigen Verkehrsstrukturen und Lagerkapazitäten, schädlicher Gesetzgebung und umweltzerstörenden Entwicklungsstrategien. Doch stehen alle Herrschenden der Dritten Welt auch vor vergleichbaren Schwierigkeiten. Auf die Weltmarktpreise ihrer Exportprodukte haben sie wenig Einfluß. Die Preisschwankungen unterbinden eine Modernisierung alter Industrien oder die Ansiedelung neuer. Zu den mangelnden Ressourcen kommen die Zollhemmnisse der Märkte des Nordens, die eine Loslösung von der Rohstoffabhängigkeit erschweren.

Kapitel II: *Von den Zinnbaronen zur Drogenmafia*

Rohstoffabhängigkeit in Bolivien

*H*och oben in einem entfernten Winkel der Anden Ostboliviens fahren jeden Tag 5.000 Männer tief in den Berg hinein. Dort verdienen sie ihren Lebensunterhalt im Zinn-Bergbau. Es gibt weder Schutzkleidung, Maschinen, Lagepläne noch eine durchdachte Arbeitsorganisation. Jeder arbeitet für sich allein, bewegt sich Schritt für Schritt durch das tausend Kilometer lange, enge Schacht-Labyrinth. In unerträglicher Hitze wühlen sie sich immer weiter in die scheinbar endlose Tiefe des Bergmassivs. Nur Meißel, Hammer, Dynamitstangen und kleine Taschen mit Kokablättern, die betäuben und das Hungergefühl verdrängen sollen, tragen sie bei sich. So brechen sie sich ihren Weg durch die Gesteinsschichten auf der verzweifelten Suche nach den Zinnadern.

Sie leben von einen Tag auf den anderen. Für die Zukunft oder auch nur für morgen zu planen, hat wenig Sinn. Der Berg ist ihr Schicksal. Viele werden eines Tages in ihm enden, unter Geröll begraben. Andere werden sich langsam zu Tode husten, Opfer der Bergmannskrankheit Silikose. Keiner kann darauf hoffen, älter als dreißig oder fünfunddreißig Jahre zu werden.

Draußen vor der Mine, im hellen Sonnenlicht der Anden, 4.000 Meter über dem Meeresspiegel, ist die Luft beängstigend dünn. Auch findet man Tausende Frauen, Männer und Kinder mühsam hämmernd, wälzend, waschend, mahlend. Dabei entlocken sie manchmal den Felsen eine Handvoll feinen, grauen Sandes – Zinn. Es ist ihr Lebenselexier, das einzige Mittel zu überleben. Diese kafkaesque Szenerie vor Augen, bemerkt ein kanadischer Priester, der mehr als zwanzig Jahre in dieser Region gelebt und gearbeitet hat: «Es ist nur eine Frage der Zeit, von Monaten, sicher nicht von Jahren, bis dieser Berg einstürzt. Das wird wie der Weltuntergang.» Er ist hilflos und verzweifelt, das ist offensichtlich. Die Siglo Veinte/Catavi-Mine, einst Boliviens größtes Zinnvorkommen, steht dicht vor ihrem Ende. Ausgehöhlt durch ein wirres Netz ungesicherter Stollen, aus denen die von ihnen abhängigen Menschen verzweifelt ihr Auskommen zu ziehen versuchen.[1]

Die Geschichte begann im Jahre 1544, kurz nachdem sich die spanischen Eroberer in Bolivien festgesetzt hatten. Damals wurden reiche Silbervorkommen in den Bergen um Potosi entdeckt. Die Minen waren die rentabelsten der

Weltgeschichte, und ihr Silber bildete für etwa zwei Jahrhunderte das Rückgrat der spanischen Wirtschaft. Die Silbervorkommen erschöpften sich allmählich, als Bolivien 1825 unabhängig wurde. Ende des neunzehnten Jahrhunderts hatte das einst verschmähte Zinn das Silber als wichtigstes Exportprodukt verdrängt.

Der Boom der Rüstungsindustrie in Europa und Nordamerika zu Zeiten der beiden Weltkriege und die Erfindung der Blechdose sorgten zwischenzeitlich für eine reißende Nachfrage nach Zinn. Bolivien steigerte drastisch die Förderung, und 1945 erreichte sein Anteil an der weltweiten Fördermenge die Höchstmarke von 48 Prozent. Bis 1952 wurden Boliviens Zinnminen von einer Handvoll ortsansässiger Geschäftsleute kontrolliert, den sogenannten Zinnbaronen. Mit dem Zinnbergbau in Bolivien konnte man sich in der ersten Hälfte dieses Jahrhunderts eine goldene Nase verdienen. Oft war das Erz in den gleichen Gesteinsschichten zu finden wie einst das Silber. Also ließen sich die alten Silberminen und deren Infrastruktur für die Zinnunternehmen leicht nutzbar machen. Der Zinnanteil war hoch, die Löhne niedrig, die Investitionen minimal. Den Zinnbaronen gelang es, über politischen Einfluß auf alle kommenden und gehenden Regierungen, von Steuererhöhungen verschont zu bleiben.

Im Jahre 1950 betrug der Anteil des Zinns an den Exporterlösen des Landes 75 Prozent. Weitere 20 Prozent entstammten dem Export anderer Mineralien, wie Kupfer, Wolfram, Wismut und Antimon. Doch tat die Industrie wenig für die wirtschaftliche Entwicklung des Landes. Kleidung, Technik, manchmal sogar Lebensmittel – fast alles, was zur Aufrechterhaltung der Produktion nötig war – wurde importiert. Die Löhne waren niedrig. So blieben wirtschaftliche Impulse durch die Kaufkraft der Konsumenten aus. Auch die Entwicklung der Infrastruktur orientierte sich ausschließlich an den Bedürfnissen der Minenindustrie.

An den Arbeitsbedingungen in den Minen hat sich in den letzten 30 Jahren wenig geändert. Auch die Löhne blieben erbärmlich niedrig. Der Protest der Bergleute trug zu geschärftem politischen Bewußtsein der bolivianischen Arbeiter bei und mündete in der Gründung der National-Revolutionären Bewegung «Movimiento Nacional Revolucionario/MNR». Angeführt von Victor Paz Estenssoro, stürzte die MNR im Jahre 1952 die herrschende Militärjunta. Nun trat Boliviens Zinnindustrie in die zweite Phase ihrer Geschichte ein. Die neue Regierung nationalisierte viele Minen der Zinnbarone und hob die staatliche Minengesellschaft COMIBOL aus der Taufe.

Fortan versuchte der Staat, die Abhängigkeit Boliviens vom Zinn zu verringern. Andere Wirtschaftsbereiche sollten für den Export genutzt werden, vornehmlich Feldfrüchte, Rohöl, Erdgas und diverse Mineralien. Folglich nahm der Anteil des Zinns am Exportvolumen zugunsten anderer Produkte ab. Jedoch spiegelt diese Entwicklung auch den Niedergang des Zinnbergbaus selbst wider.

Das zentrale Problem ist geologischer Natur. Bolivianische Erze finden sich in extrem hartem Gestein. Ihre Reinheit ging stark zurück, als die Flöze dünner und dünner wurden. Nachdem die leicht zugänglichen Schichten erschöpft waren, fraßen sich die Minen immer tiefer in den Berg. Heutzutage ist es oft einträglicher, alte Schlackehalden zu durchsuchen als die Felswände zu bearbeiten.

Von Anfang an hat die Industrie unter dem Mangel an Investitionen gelitten – bei der Erkundung des Geländes, bei der Erschließung neuer wie bei der Renovierung bestehender Minen. Hinzu kam, daß die Regierung nach der Revolution von 1952 die Einnahmen aus dem Bergbau zur Entwicklung anderer Exportindustrien zu verwenden trachtete. So gingen diesem traditionellen Wirtschaftssektor wertvolle Ressourcen verloren. Einzig Einsparungen bei Arbeitskräften und Lohn sollten eine höhere Produktivität der Zinnminen sichern.

Ungeachtet dieser Probleme bewirkten die hohen Weltmarktpreise für Mineralien in den siebziger Jahren ein optimistisches Klima. Doch die allgemeinen Bemühungen um eine Steigerung der Produktion versandeten angesicht der tiefverwurzelten Strukturprobleme der Industrie. Im Laufe des Jahrzehnts war sogar ein Produktionsrückgang zu verzeichnen. Verschärft wurden die Probleme durch die Schuldenkrise. Bolivien, ein ölexportierendes Land, galt in den siebziger Jahren als bedenkenlos kreditwürdig. So nahm Bolivien in großem Umfang Fremdkapital auf. Mit den achtziger Jahren begannen die Preise für Mineralien zu fallen. Die Überschüsse durch Erdöl waren rasch aufgebraucht, und die Regierung hatte dem Land eine hohe Auslandsschuld aufgebürdet.

Die Auswirkungen dieser Entwicklung haben den Bergbausektor hart getroffen. Importe wurden drastisch eingeschränkt. Um neue Maschinen oder Ersatzteile zu kaufen, waren keine Mittel vorhanden. COMIBOL machte hohe Verluste, weil es gezwungen wurde, Deviseneinnahmen zu einem deutlich überhöhten Wechselkurs in Pesos einzutauschen. Öffentliche Ausgaben wurden drastisch gekürzt. Preiskontrollen wurden aufgehoben, Löhne eingefroren und Lebensmittelsubventionen gestrichen. Dies führte zu zahlreichen Generalstreiks und langfristigen Produktionsausfällen in den Minen. Zwischen 1981 und 1985 sank die Produktion um 40 Prozent.[2]

Die geplagte Zinnindustrie wurde durch einen beispiellosen Preissturz an den internationalen Märkten vollends in die Krise gestürzt. Im Oktober 1985 fiel der Zinnpreis von etwa 20.000 DM pro Tonne auf weniger als 10.000 DM pro Tonne. Das «International Tin Council», ein Zusammenschluß von 22 zinnexportierenden und -importierenden Ländern mit Sitz in London, erklärte sich außerstande, weiter seiner Funktion, einen stabilen Marktpreis zu sichern, nachzukommen. Zu lange hatte das Angebot die Nachfrage überstiegen, und angesichts der ständigen Kursschwankungen von US-Dollar und Pfund Sterling war der Organisation schlichtweg das Geld ausgegangen.[3] Zinn wird von vielen Ländern produziert. So beispielsweise auch von Großbritannien mit seinen wenigen verbliebenen Minen in Cornwall. Der plötzliche Preissturz war also weltweit spürbar. Doch nirgendwo wirkte er sich so schmerzhaft aus wie in Bolivien, das trotz schwindender Erträge noch immer knapp vierzig Prozent seiner Exporterlöse aus dem Zinngeschäft zog. Andere wichtige Produzenten erwiesen sich als unabhängiger, weil sie mit Erfolg andere Wirtschaftszweige entwickelt haben.

Malaysia beispielsweise, weltweit der größte Produzent, erzielt nur noch drei Prozent seiner Exporterlöse mit Zinn. 1970 waren es noch 19,5 Prozent.[4]

In den Minen leben

Das Leben in und am Rande der bolivianischen Zinnminen ist immer hart gewesen. Dies gilt unabhängig von Weltmarktpreisen, Produktivitätsniveau oder Wirtschaftspolitik.

Im Zusammenhang mit einem Gesundheitsprojekt in der Siglo-Veinte/Catavi-Gegend wurde schon 1979 festgestellt:

- Die Arbeitsbedingungen in den Minen sind weiterhin als extrem gefährlich zu bezeichnen. Zudem bringen sie das hohe Risiko einer Tuberkulose- oder Silikoseinfektion mit sich. Daraus resultiert eine skandalös kurze Lebenserwartung von 37 Jahren für die Bergarbeiter.
- Die alten Barracken sind übervölkert. Zehn- bis dreizehnköpfige Familien sind in zwei winzigen, schlecht beleuchteten und belüfteten Räumen untergebracht. Für eine Reihe von dreißig Häusern steht je eine öffentliche Latrine sowie ein Steigrohr zur Verfügung. Die Wasserversorgung ist häufig unterbrochen. Die Unterbringung erfolgt gratis, allerdings nur solange der Bergarbeiter bei COMIBOL beschäftigt ist. Wird er entlassen oder überschreitet er die Altersgrenze, muß er ausziehen.
- Die werkseigenen Geschäfte bieten eine immer beschränktere Palette subventionierter Lebensmittel an. Hier lassen die Minenarbeiter regelmäßig anschreiben. Zusammen mit anderen Verpflichtungen, die er gegenüber seinem Arbeitgeber eingegangen ist, sorgen diese Außenstände dafür, daß der Arbeiter nur einen Bruchteil seines Lohnes mit nach Hause bringt. Viele Bergleute existieren zeit ihres Lebens von der Hand in den Mund.
- Alles in allem sind die Lebens- und Arbeitsbedingungen der Bergarbeiter und der gesamten Bevölkerung von Llallagua/Siglo-Veinte völlig unzulänglich. Sie bilden den Nährboden für eine ganze Reihe gesundheitlicher Folgeprobleme. Oft werden die Probleme durch die geringen Löhne und die unzureichende Ernährung für die Mehrheit der Bevölkerung verschärft. Auch die *campesinos* im agrarischen Umland leiden an dem üblichen

Nährstoffmangel. Dafür sind Überbevölkerung, Landmangel und ein überkommenes Argarsystem als Gründe anzuführen. Hinzu kommen die typischen strukturellen Defizite wie schlechte Wohnqualität, Wassermangel und unzureichende Kleidung. All dies läßt die Bauern leicht zu Opfern von Unterernährung, Magen- und Atemerkrankungen sowie von damit verknüpften Erscheinungen wie Tuberkulose oder Bronchitis werden.[5]

Mit dem Niedergang der Zinnpreise haben sich die Lebensbedingungen in den Bergbauregionen weiter verschärft. Die Regierung hatte bereits ihren Willen bekundet, die schuldengeplagte Wirtschaft des Landes umzustrukturieren. Die Rezepte dafür hatte der Internationale Währungsfonds geliefert – ein Bündel von Maßnahmen, bekannt unter dem Begriff «Neue Wirtschaftspolitik», das die Exporte steigern und die öffentlichen Ausgaben reduzieren sollte. Die staatlichen Industrieunternehmen, darunter der krisengeschüttelte Bergbausektor, wurden rigorosen Einsparungsmaßnahmen ausgesetzt.

Dann der große Fall der Zinnpreise. Fast alle Minen Boliviens erwiesen sich nun als hoffnungslos unwirtschaftlich. Darum schloß die Regierung zahlreiche staatseigene Minen. 20.000 Bergleute verloren ihre Arbeit. Einige Minen wurden in die Hände der Arbeiter gelegt, so auch die Siglo Veinte-Catavi Mine. Auf der Suche nach Arbeit strömten Hunderte herbei, um den Kooperativen beizutreten. Dieser Zustrom beeinflußte nachhaltig das Leben der gelernten Bergleute und der die Minen umgebenden Gemeinden, wie folgender Bericht deutlich macht.

Doña Zenobia[6]

Doña Zenobia Reynaga de Chavarria lebt in der Stadt Llallagua, die sich am Fuße jenes Berges erstreckt, der die Mine Siglo Veinte umschließt. Seit Mitte 1989 fungiert sie als Generalsekretärin des «Amas de Casas», des Hausfrauenkomitees. Jeder Bergarbeitergewerkschaft in Bolivien ist ein solches Komitee angeschlossen. Wie der Name schon vermuten läßt, handelt es sich um einen Zusammenschluß der Bergarbeiterfrauen. Die Komitees entstanden im Jahre 1961, als es darum ging, die Freilassung der politischen Anführer der Bergarbeiter zu erkämpfen. Anerkennung und Respekt der Gewerkschaften ist ihnen inzwischen gewiß. Jetzt gibt es sogar eine nationale Dachorganisation, die dem Gewerkschaftsverband angegliedert ist.

Als wir im Haus der Chavarrias auftauchen, sind Doña Zenobia und ihre Familie gerade mit dem Essen fertig. Beim Abwasch geht es drunter und drüber, und die Kinder toben sich vor dem Schlafengehen aus. Doña Zenobia begrüßt uns herzlich an der Tür. Sie führt uns durch den Innenhof, der gleichzeitig als Küche genutzt wird, in einen der beiden Räume – eine warme Zuflucht mitten in den bitterkalten Bergen. Im kleinen Wohnzimmer der Chavarrias herrscht eine anheimelnde aber etwas steife Atmosphäre – biedere Holzstühle, Kissenbezüge mit Spitzen und Familienfotos an der Wand. Hier treffen wir auch Don

Jaime, Doña Zenobias Gatten. Doña Zenobias Schwester bringt Tee. Sie lebt mit der siebenköpfigen Familie zusammen. Das sechs Monate alte Baby, der jüngste Sproß der Familie, sitzt geduldig auf Doña Zenobias Schoß.

Diese erzählt von Berichten, nach denen die Regierung die Schließung des Siglo Veinte-Minenkomplexes plane. Meldungen, die von den 5000 Bergleuten mit großer Bestürzung aufgenommen worden sind. Nicht nur ihre Existenz steht auf dem Spiel – auch die Zukunft der ungefähr 60.000 Bewohner der weitläufigen Gebirgsregion von Nord-Potosi, in deren Zentrum die Mine liegt.

Vorschriftsmäßig hat die Regierung den Minenarbeitern Abfindungszahlungen angeboten. Ihnen wurde in Aussicht gestellt, in andere Regionen des Landes umgesiedelt zu werden. Nicht nur mit Zuckerbrot, sondern auch mit der Peitsche sollen die Bergleute gezwungen werden, den Kampf um die Mine aufzugeben. So werden systematisch Lohnzahlungen, Lebensmittellieferungen, Medikamente und anderere soziale Dienste zurückgehalten. Schnell trat ein chronischer Nahrungsmittelengpaß ein. Wegen der Abgeschiedenheit der Region sind die Leute weitgehend vom Angebot der COMIBOL-Läden abhängig. Schon die Streichung von Lebensmittelsubventionen und das Einfrieren der Löhne haben die Region hart getroffen. Der Beinahe-Bankrott von COMIBOL und die Vertreibungspolitik der Regierung haben jetzt dafür gesorgt, daß die Läden wie leergefegt sind. In den Monaten nach dem Zinnpreissturz hat Doña Zenobia oft draußen vor dem COMIBOL-Laden übernachtet, nur um ihre monatliche Ration Brot, überhaupt das einzige verfügbare Nahrungsmittel, zu ergattern. Wenn die Brotration verbraucht war, hat Doña Zenobia alte Kartoffelschalen zu einem Eintopf verkocht.

Unter solchen Bedingungen verwundert es kaum, daß viele der Gegend den Rücken kehrten. Sie akzeptierten die Abfindungen und das Umsiedlungsangebot der Regierung. Ein wahrer Exodus hatte begonnen. Glauben wir Doña Zenobia, verließen täglich zwanzig bis dreißig Lastwagen, beladen mit Menschen und deren Hab und Gut, die Stadt. Die Häuser blieben leer zurück. Die Region drohte auszusterben.

Die Gegenwehr

Doña Zenobia und ihre Familie sind geblieben. Sie war mit manchen anderen davon überzeugt, die Mine könne durchaus wirtschaftlich überleben. Die angestrebte Schließung der Mine zielt nach ihrer Überzeugung nur auf die Zerstörung der militanten Bergarbeitergewerkschaft. Sie sind davon überzeugt, daß die beste Perspektive für sich und ihre Kinder darin besteht, in der Mine auszuharren und dort für ihr Recht auf Arbeit zu kämpfen. Über die Alternativen wissen sie sehr genau Bescheid. Viele Familien, die die Region verlassen haben, endeten obdachlos in den Straßen von La Paz oder in der Kokaanbau-Region Chapare. In dieser Gegend läßt sich mit der Herstellung von Kokainpaste gutes Geld verdienen. Aber angesichts der Bemühungen der US-Regie-

rung, Kokapflanzern und Weiterverarbeitern einen Riegel vorzuschieben, bleibt die Zukunft ungewiß.[7]

Denen, die geblieben sind, war klar, daß sie ohne gesicherte Nahrungsmittelversorgung niemals durchhalten würden. Ihre Einkommen waren drastisch gesenkt worden und die Vorräte in den COMIBOL-Läden aufgebraucht. Unter Federführung des «Hausfrauen-Komitees» wurde das PAM (Programa de Abastecimiento Minero) in Angriff genommen. Sein Ziel lag im Aufbau eines alternativen, unabhängigen Versorgungssystems für die Region. Mit Hilfe ausländischer Hilfsorganisationen wie Oxfam wurden für Bergleute Versorgungsstellen eingerichtet, die Lebensmittel zum Selbstkostenpreis abgeben. Ergänzend unterstützte PAM Bemühungen des Hausfrauen-Komitees, den Anbau von Gemüse zu verwirklichen. Er wurden mehrere Gewächshäuer errichtet, mit Klarsichtfolie überspannte Ziegelsteinbauten. In einem Projektbericht von Oxfam aus dem Jahre 1988 ist zu lesen: «Alle Beteiligten schwärmen von der knochenharten Arbeit. Um den Boden zu bereiten, müssen manchmal Felsen gesprengt werden. Mühsam müssen die Steine zusammengetragen werden. Viele Stunden arbeiten Männer, Frauen und Kinder zusammen. Suppenküchen wurden eingerichtet, während die Bauarbeiten weitergingen. So haben sich die Leute besser kennengelernt, auch wenn sie zuvor im selben Stollen gearbeitet haben. Die Früchte ihrer Arbeit zu betrachten, bereitet den Menschen große Freude und liefert ihnen einen weiteren Grund, hier auszuharren. Die Männer begrüßen, daß auch die Frauen etwas zum Lebensunterhalt beitragen.»[8]

Trotzdem geht der Exodus weiter. Bis 1986 waren von 5000 Bergleuten nur 1000 übriggeblieben. Fest entschlossen, die Mine in Betrieb zu halten, unterbreiteten die Anführer der Regierung Pläne für eine wirtschaftliche Sanierung. Im August des gleichen Jahres begaben sich 900 Leute aus den Siglo Veinte/Catavi-Minen und viele andere Bergarbeiter auf den 300 Kilometer langen Marsch nach La Paz, um die Regierung mit den Vorschlägen zu konfrontieren. Doña Zenobia mit ihren drei jüngsten Kindern und andere Mitglieder des Hausfrauen-Komitees marschierten damals mit. Bevor sie die Stadt erreichten, wurden sie von der Armee angehalten. Schließlich jedoch erklärte sich die Regierung zu einigen Konzessionen bereit. Dessenungeachtet wurde weiterhin die Schließung der Mine vorangetrieben. Durch eine schrittweise Reduzierung der Zahlungen sorgten die Verantwortlichen dafür, daß Ende 1987 nur noch 380 Bergleute auf der Lohnliste standen. Die Mine wurde an Kooperativen verpachtet, die die Weiterverarbeitungsanlage in Betrieb hielten und ihre Verhandlungen über eine Wiedereröffnung mit der Regierung fortführten.

(Links) In Bolivien: Doña Graciella, Mitglied in einer Genossenschaft von entlassenen Minenarbeitern, zerschlägt außerhalb der Mine Siglo Veinte Felsen, aus denen sie Zinn gewinnen will. Foto: Jenny Matthews/Oxfam

Es war schon paradox. Als die Bergarbeiter der Gegend davongingen, strömten andere herbei. Nachdem die Regierung die Konzession an die Kooperativen übergeben hatte, mangelte es nicht an Arbeitslosen, die in den Genossenschaften Aufnahme suchten. Viele dieser Bergleute hatten einst Abfindungszahlungen akzeptiert. Jetzt bleibt ihnen keine andere Wahl, als zu den Bergwerken zurückzukehren. Ihre einstigen Vergünstigungen, so mager sie auch immer gewesen sein mögen, wie Arbeitnehmerstatus, Risikozuschläge, Gewerkschaftsmitgliedschaft und Werkswohungen finden sie nicht mehr vor.

So endet die Geschichte wie sie begonnen hat: Mit 5000 Männern, die Tag für Tag in einen Berg ein- und ausfahren, und denen mit ziemlicher Sicherheit eine Katastrophe bevorsteht.

Vom Zinn zu den Drogen

Wegen des Niederganges der Weltmarktpreise für Zinn, basieren Boliviens Exporteinnahmen nicht mehr hauptsächlich auf diesem Rohstoff. 1990 resultierten nur noch zwölf Prozent der Einnahmen aus dem Zinnexport. 1985 sind es noch mehr als dreimal soviel gewesen.[9]

Mineralien bleiben jedoch die wichtigsten Exportgüter des Landes. Gegenwärtig versucht man, ausländische Kapitalgeber zu Investitionen im Zink-, Silber- und Gold-Bergbau zu ermutigen. Zink ist zum wichtigsten Mineral Boliviens aufgestiegen und sorgte 1990 für 17 Prozent der Exporteinnahmen. Erdgas gilt als Exportartikel Nr. 1 des Landes, mit einem Anteil von 32 Prozent an den Exporteinnahmen.[10] Nicht-traditionelle Agrarexporte wie Paranüsse, Angorawolle, Blumen, Koschenille und ätherische Öle werden gefördert, um die rückläufigen Ergebnisse im Bergbausektor auszugleichen.[11] Die Diversifikationsbemühungen zeigen Wirkung. Erstmals seit Beginn der achtziger Jahre hatte Bolivien in den Jahren 1989 und 1990 Exportüberschüsse zu verzeichnen.[12]

Doch offizielle Statistiken geben nur eine Seite der bolivianischen Ökonomie wieder. Die andere Seite trägt den Namen Koka. An dem Grundstoff für Kokain verdient Bolivien fast soviel wie an den gesamten anderen Exporten. Dieser sogenannte informelle Wirtschaftssektor wird auf etwa 600 Millionen US-Dollar geschätzt, während die legalen Exporte insgesamt 860 Millionen US-Dollar ausmachen.[13] Es gab Jahre, in denen die Einnahmen aus der Koka-Pflanze sogar die legalen Exporte übertroffen haben. Die einseitige Exportabhängigkeit des Landes wechselte lediglich von einem Rohstoff zum anderen.

Dabei existieren Zusammenhänge zwischen dem Niedergang des Zinns und dem Siegeszug der Kokapflanze. Der Verfall der Zinnpreise ging mit einer gewaltigen Nachfragewelle nach Kokain in den USA einher. Dort wird die Zahl der Konsumenten heute auf zehn Millionen geschätzt. Auch in Europa, besonders in Spanien und Italien, stieg die Nachfrage.[14] Seit Jahrhunderten pflanzen und kauen die Ureinwohner des bolivianischen Hochlandes Koka. Koka ist auch ein Bestandteil religiöser Zeremonien. Anders als viele Nutzpflanzen gedeiht die Koka auch auf nährstoffarmen Böden. Sie trägt vier- oder fünfmal im Jahr und ist gegen Schädlinge weitgehend resistent. Als die Menschen 1985 von den Zinnminen wegdrängten, war die rapide anwachsende Koka-Industrie der einzige Wirtschaftszweig, der die Arbeitssuchenden aufnehmen konnte. Sein oder Nichtsein – vor diese schlichte Frage sahen sich die ehemaligen Bergleute gestellt. Nach Peru darf sicherlich Bolivien heute als der zweitgrößte Koka-Erzeuger gelten. Ein Viertel der Produktionsmenge wird im traditionellen Sinne genutzt, der Rest fließt in den Drogenhandel.[15] In den letzten Jahren hat sich Bolivien hinter Kolumbien zum weltweit zweitgrößten Produzenten von Kokain entwickelt. Einst nur Kolumbiens Lieferant von Kokablättern, verarbeitet es inzwischen dreißig Prozent des gesamten Ausstosses zum Endprodukt.[16]

Dies alles schafft Arbeitsplätze. Schätzungsweise 70.000 Familien, also 300.000 der 7,6 Millionen Bolivianer, bestreiten ihren Lebensunterhalt mit Koka. Die einen im Anbau, die anderen in den Laboratorien, in denen die Koka zu Paste und später zu Kokain verarbeitet wird. Viele andere profitieren indirekt von den Dollarmillionen dieses Gewerbezweiges, die einen Binnenmarkt für Restaurants, Dienstleistungen, Bautechnik und Fahrzeuge usw. geschaffen haben.[17] Ohne die Arbeitsplätze und Einnahmen durch die Kokapflanze wäre Boliviens Wirtschaft zum Untergang verdammt.

Das heißt noch lange nicht, daß die große Masse der von der Kokaindustrie abhängigen Bolivianer in Saus und Braus lebt. Genau wie die Bergleute sind sie die Ausgebeuteten am Rande einer riesigen und einträglichen Industrie. Fünfzig Kilo Kokablätter werden zu einem Preis von etwa 25 DM gehandelt. Davon bleibt dem Landarbeiter kaum genug, um seine Familie zu ernähren.[18] In der illegalen Weiterverarbeitungsindustrie sind die Löhne niedrig, die Arbeitsbedingungen miserabel. Der gesamte Wirtschaftszweig steht unter der Knute der Drogenkartelle. Es sind einige wenige, die sogenannten Drogenbarone, die, wie einst die Zinnbarone, ungeheuere Gewinne einstreichen.

Die Bergleute waren abhängig von der Investitionspolitik der Unternehmen, der Beschäftigungspolitik und vom Preis am internationalen Zinnmarkt. Kokapflanzer- und anbauer sind abhängig von der internationalen Drogenpolitik.

Lange Jahre hat sich der Kampf gegen den Kokainhandel auf die kolumbianische Drogenmafia konzentriert. Doch in letzter Zeit hat sich die US-Drogenpolitik darauf verlegt, die Flut an ihrer Quelle auszutrocknen. Mit US-Dollars finanzierte Militäraktionen sollen jetzt die bolivianischen Bauern zwingen, ihre Kokasträucher zu vernichten und durch andere Gewächse zu ersetzen.

Die Koka gehört zu Bolivien wie der Tee zu England oder der Wein zu Frankreich. Aber heute wird ihre Produktion nicht mehr hingenommen. «Was würden wohl die Franzosen sagen, wenn den Weintrauben plötzlich eine narkotisierende Wirkung, die von verkorksten Teenagern in New York City mißbraucht wird, zugeschrieben würde? Die französischen Bauern müßten alle Weinberge umgraben und etwas anderes darauf anpflanzen», skizzierte einmal ein landwirtschaftlicher Berater die Situation. «Aber das eigentliche Problem» fügte er hinzu, «besteht nicht darin, daß die Koka vernichtet wird, sondern einen anderen Lebensunterhalt zu finden.»[19]

Der intensivste Kokaanbau findet in der Region Chapare statt. Hier ist der Großteil der Ernte für den Drogenhandel bestimmt. Aber auch nördlich von La Paz, in den sogenannten Yungas, wird Koka angebaut. Angebaut wird auf Terrassen, die in die Steilhänge des Tals eingelassen wurden und das Bild dieser Region seit Jahr und Tag prägen. Traditionell ist die hier angebaute Koka für den heimischen Markt bestimmt. Aber auch die Yungas wurden von der Drogenpolizei ins Visier genommen. Ein durch die Vereinten Nationen finanziertes Projekt, genannt Agro-Yungas, geht in dieser Region der Koka-Zerstörung voraus. Glaubt man den Betroffenen, bietet es den örtlichen Bauern allerhand Anreize, sich von der Koka loszusagen. Agrarkredite und technische Hilfe sollen den Kaffeeanbau in dieser Gegend fördern. Doch der internationale Kaffeepreis ist in letzter Zeit so niedrig, daß jene Bauern, die den Vorschlägen gefolgt sind, keinen einigermaßen akzeptablen Preis für ihre Ernte erzielen. Folglich bleiben sie auf ihren Schulden sitzen. Ohne Rückgriff auf die Koka müssen sie fürchten, ihr Land zu verlieren.[20] «Davon einmal abgesehen», bemerkt ein Bauer und weist auf seine verkrüppelten Kaffeesträucher, «selbst wenn wir einen Markt für unseren Kaffee finden würden, ist Kaffee für diese Gegend einfach nicht geeignet. Aber die Koka wächst hier wie Unkraut.»[21]

Viele Bauern der Region haben hocheffiziente Produktions- und Vermarktungsstrukturen für ihre Ernten entwickelt, oftmals mit gewerkschaftlicher Hilfe. Über viele Jahre haben sie versucht, ihre Produktionspalette zu erweitern, um die Abhängigkeit von der Koka zu reduzieren. Doch auch sie sehen sich ernsthaften Problemen gegenüber. Ein Bauer beschreibt, wie er sein Land aufgeteilt hat. Drei Hektar stehen unter Zitrusfrüchten und Kaffee, weiterer Boden ist mit Gemüse bebaut, hauptsächlich Mais, Erdnüsse und Kartoffeln für den Eigenverbrauch. Aber er baut auch Koka an. Koka ist seine Lebensversicherung. Auf dem heimischen Markt liegen die Preise für Zitrusfrüchte ziemlich niedrig, und der Kaffeepreis ist heftigen Schwankungen unterworfen. «Viele Leute hier in der Gegend bauen Kaffee an. Wenn die Weltmarktpreise fallen, trifft es sie hart. Ihre Einnahmen sinken rapide und sie kriegen nicht einmal mehr ihre Familie satt. Dann verlieren sie die Nerven und hauen ab, um ihr Glück in La Paz zu versuchen. Das ist in letzter Zeit oft geschehen. Wir brauchen dringend faire Preise und stabile Märkte für unsere Produkte. Erst dann können wir überhaupt daran denken, mit dem Koka-Anbau Schluß zu machen», gibt der Bauer zu bedenken.[22]

Einigen Bauernorganisationen ist es gelungen, einen Fuß auf die Exportmärkte zu setzen. Ein Verband macht mit einer alternativen Handelsorganisation aus der Schweiz Geschäfte, ein anderer kooperiert mit einer deutschen Gesellschaft. Doch das sind die Ausnahmen. Das Bedürfnis nach geeigneten Märkten ist bei weitem nicht befriedigt. Dabei müßte doch die Schaffung einer tragbaren Alternative zur Koka gleichermaßen im Interesse von Nord und Süd liegen.

Kapitel 3: *Mit der Achterbahn in den Keller*
Warum Rohstoffpreise schwanken

*D*er Preissturz an den Weltmärkten im Jahre 1985 hat das Schicksal der bolivianischen Zinn-Industrie besiegelt und die bolivianische Wirtschaft wohl unwiderruflich in neue Bahnen gelenkt. Zumindest hat er eine unterschwellig bereits vorhandene Entwicklung rapide beschleunigt. Menschen, deren Leben vom Zinn abhängt, so hat sich erwiesen, sind dem Weltmarktpreis bedingungslos ausgeliefert.

Die Zinnkrise war spektakulär. Doch war Zinn bei weitem nicht der einzige Rohstoff, der vom Preisverfall der achtziger Jahre betroffen war. Generelle Aussagen zu treffen ist nicht leicht, denn jeder Rohstoffpreis zeichnet seine eigene Kurve. Im Jahre 1984 beispielsweise wurden hohe Preise für Tee und Kopra verzeichnet, dafür lag der Zuckerpreis sehr niedrig. Jeder Rohstoff wird durch verschiedene Kräfte beeinflußt, die auf Angebot und Nachfrage einwirken, die sich ihrerseits wieder als Ergebnis verschiedenster politischer und wirtschaftlicher Gegebenheiten erweisen. Oft handelt es sich um ein komplexes Zusammenspiel, das die Preisschwankungen hervorruft.

Im folgenden werden einige Faktoren für Angebot und Nachfrage bei Rohstoffpreisen vorgestellt. Auch wird die Frage gestellt, ob uns die gegenwärtigen Niedrigpreise erhalten bleiben, oder ob es sich um ein zeitlich begrenztes Phänomen handelt.

Die Nachfrage nach Rohstoffen

66 Prozent der Exporte der Entwicklungsländer sind für die Märkte der entwickelten Länder bestimmt. Dabei entfallen 22 Prozent auf die Europäische Gemeinschaft, 25 Prozent auf die Vereinigten Staaten und 12 Prozent auf Japan. 26 Prozent der Exporte wandern in Länder der Dritten Welt. Noch im Jahre 1970 haben die Industrieländer 72 Prozent der Exporte abgenommen. Damals lag der Anteil der Dritte-Welt-Länder noch bei 20 Prozent.[1] Diese Zahlen belegen, daß sich heute die Entwicklungsländer weniger auf die Märkte der nördlichen Hemisphäre verlassen als vor zwanzig Jahren. Tatsache bleibt jedoch, daß die Industrieländer, und hier besonders die Vereinigten Staaten, die Europäische Gemeinschaft und Japan, den Bärenanteil der Exporte aus der Dritten Welt schlucken. Folglich ist es die Nachfrage in diesen Ländern, die den nachhaltigsten Einfluß auf die Preise für Exporte aus den Entwicklungsländern ausübt.

Der Einfluß der weltweiten Rezession

Die Nachfrage nach Rohstoffen, besonders nach Mineralien, wird in hohem Maße von der wirtschaftlichen Gesamtlage in den industrialisierten Ländern des Nordens bestimmt.[2] Schließlich ist wirtschaftliches Wachstum eng mit der industriellen Produktion verknüpft, die ihrerseits weitgehend die Nachfrage nach Rohstoffen bestimmt. In Zeiten der Rezession sinkt die Produktion. Die Schließung von Automobilfabriken und die Verringerung der Fahrzeugproduktion lassen beispielsweise die Nachfrage nach den entsprechenden Rohmaterialien sinken. Trotzdem werden die Entwicklungsländer diese Rohstoffe fleißig weiter produzieren, erstens, weil es ihnen an einer anderen Einkommensquelle fehlt, zweitens, wegen der mit einer Verringerung der Produktion verbundenen Probleme. Die gleichbleibende Menge muß somit auf dem schrumpfenden Markt abgesetzt werden. Der Niedergang der Preise ist die logische Folge.

Der Einfluß der weltweiten Rezession auf die Rohstoffpreise wird in einer Studie des Internationalen Währungsfonds wie folgt beschrieben: «1975 erlebte die Weltwirtschaft eine merkliche Rezession, die teilweise auf den Ölpreisschock zurückgeführt werden mußte. Dabei sanken die Rohstoffpreise nach dem Rekordhoch des Vorjahres um 16 Prozent. In der Phase der wirtschaftlichen Erholung bis 1980 kletterten die Rohstoffpreise auf einen neuerlichen Höchststand, in absoluten Zahlen 30 Prozent höher als 1974. 1981 wurde die Welt von einer weiteren Rezession heimgesucht. Dabei fielen die nominellen Preise für Rohstoffe wieder um zehn Prozent zurück, wozu alle wichtigen Waren-Kategorien einen Beitrag geleistet haben. Auch 1982 hielt die Rezession an und die Preise ließen um weitere zehn Prozent nach.»[3]

Tatsächlich markierte das Jahr 1981 den Auftakt einer schleichenden, weltweiten Rezession, die sich bis heute fortsetzt. Die Industrieproduktion der führenden Wirtschaftsnationen wuchs in der ersten Hälfte der achtziger Jahre um durchschnittlich zwei Prozent pro Jahr. In den siebziger Jahren war noch eine Steigerung von 3,4 Prozent zu verzeichnen gewesen.[4] Eine darauffolgende Phase der wirtschaftlichen Erholung fand am Ende des Jahrzehnts ihr Ende. Das Wachstum ging von 3,25 Prozent im Jahre 1989 auf zwei Prozent im Jahre 1990 zurück.[5] Dementsprechend fiel die Steigerungsrate für Importe in die Industrienationen aus. 1989 lag diese bei 7,5 Prozent, 1990 bei sechs Prozent.[6]

Abkehr von der Industriegesellschaft

Die wirtschaftlichen Eckdaten ändern sich von Jahr zu Jahr. Langfristige Probleme für die Rohstoffexporteure ergeben sich hingegen aus strukturellen Veränderungen. Davon gab es in den letzten Jahren eine ganze Menge. Die Tendenz weg von industrieller Produktion, hin zu den Dienstleistungen dürfte dabei die wohl wichtigste sein. Beispiel Großbritannien: 1977 hielten die Dienstleistungen (Tourismus, Banken, Werbung, Kommunikation, Versicherungen etc.) einen Anteil von 53,8 Prozent am Bruttoinlandsprodukt.[7] 1987 war der Anteil auf 61,8 Prozent gestiegen. Die Finanz- und Versicherungsbranche verzeichnete die bedeutendsten Zuwächse, von 7,8 Prozent 1977 auf 18,1 Prozent 1987.[8] Auch in anderen Ländern expandierte der Dienstleistungssektor.[9] Dienstleistungen benötigen weniger Rohmaterial. Wenn dieser Zweig der nationalen Wirtschaft expandiert, schrumpft der Rest, zumindest relativ. Während der Dienstleistungssektor in Großbritannien beständig gewachsen ist, ging der Anteil der industriellen Fertigung am Bruttoinlandsprodukt von 32,8 Prozent 1970 auf 24,2 Prozent 1987 zurück.[10]

Auch im Industriesektor selbst hat sich ein Wandel vollzogen. Die elektronische Industrie gewinnt gegenüber der metallverarbeitenden Industrie immer mehr an Boden. Der Bedarf nach bestimmten Gütern mit hohem Rohstoffanteil ist in den reicheren Industrieländern beinahe gesättigt. Das betrifft besonders Autos und langlebige Konsumartikel. Neue Märkte für derartige Waren zeichnen sich kaum ab.

Der technologische Wandel

Zweifellos begünstigt durch die hohen Rohstoffpreise der siebziger Jahre hat sich ein weltweiter technologischer Wandel vollzogen. An dessen Ende stand eine Verringerung der Anteils traditioneller Rohstoffe bei zahlreichen Fertigprodukten. Diese Entwicklung vollzog sich sowohl durch Substitution bestimmter Materialien durch Ersatzstoffe als auch durch Materialeinsparung.[11]

Der Ersatz natürlicher Rohstoffe ist keine neue Entwicklung. Sie dürfte sich aber durch das Aufkommen neuer Materialien während der letzten beiden Jahrzehnte beschleunigt haben. In der Textilindustrie wurden Baumwolle und andere Naturfasern bereits in den fünfziger Jahre durch synthetische Fasern zurückgedrängt. Neuerdings halten in einigen Bereichen, besonders in der Telekommunikation, die Glasfasern Einzug und verdrängen Kupfer. Es ließen sich noch zahlreiche weitere Beispiele anführen.[12]

Mit der Substitution ist auch ein Grund für den Niedergang der Zinnpreise genannt. Die traditionelle Endverarbeitungsstufe für Zinn ist das Weißblech. 1963 lag sein Zinngehalt bei 42 Prozent. Bis 1988 ging der Anteil auf 26 Prozent zurück.[13] Annähernd 90 Prozent des Weißblechs wird von der Verpackungsindustrie genutzt. Doch der Wettbewerbsvorteil des Zinns in diesem Bereich wird immer mehr in Frage gestellt. Erstens durch die technologische Fortentwicklung anderer Materialien und zweitens durch Veränderungen im Konsumverhalten. So war einst der Gebrauch des Aluminiums auf die Verpackung von Produkten beschränkt, die unter permanentem Druck stehen wie beispielsweise Getränke mit Kohlensäure. Heute ist bekannt, daß durch das Einführen von flüssigem Stickstoff in Aluminium während seiner Produktion die Dosen stabil gehalten werden können. Somit ist Aluminium im Verpackungsgeschäft zum direkten Konkurrenten des Weißblechs geworden. Technologische Fortschritte haben Kunststoff zum bevorzugten Verpackungsmittel für Farben werden lassen. Die Plastikeimer bestehen aus Polyäthylen und sind somit transparent, wodurch der Käufer die Farbe des Produkts leicht erkennen kann. Plastikeimer können außerdem quadratisch und nicht nur zylindrisch geliefert werden, was Vorteile in Lagerung und Handhabung mit sich bringt. Auch hat Glas bei vielen Nahrungsmitteln das Weißblech verdrängt. Es wirkt optisch angenehmer und wird somit von den Konsumenten bevorzugt.[14]

Die Materialeinsparungen haben in der Fabrikation am offensichtlichsten um sich gegriffen. Elektronisch gesteuerte Produktionsabläufe schaffen höhere Präzision, geringeren Ausschuß bei der Herstellung und leichtere, handlichere Produkte. Somit verringert sich die eingesetzte Rohmaterialmenge.[15]

Protektionismus bei Agrarprodukten

Die oben angeführten Entwicklungen haben besonders die mineralischen Rohstoffe getroffen. Die landwirtschaftlichen Rohstoffe hingegen wurden stark durch den wachsenden Handelsprotektionismus beeinflußt.

Alle wichtigen Industrienationen schützen die weite Palette ihrer Rohstoffe, insbesondere die agrarischen Rohstoffe. Das ist kein neues Phänomen. Erstmals konnte es in den USA der dreißiger Jahre verzeichnet werden. Damals, in der Zeit der Großen Depression, war die ländliche Bevölkerung in eine schwere Existenzkrise geraten. In den folgenden Jahren sahen sich viele westliche Regierungen hohem politischen Druck gegenüber, die Einkommen ihrer Landwirte zu stützen, durch die Notwendigkeit, nach dem II. Weltkrieg wieder eine solide Lebensmittelversorgung in den Industrieländern aufzubauen. Daher rührt auch die Gemeinsame Europäische Agrarpolitik.[16]

Die Ziele dieser Subventionspolitik erscheinen begrüßenswert. Die landwirtschaftliche Produktion soll gefördert und die Nahrungsmittelversorgung gesichert werden. Seit Anfang der siebziger Jahre ist dieses System jedoch stark ausgewuchert und hat so zu hohen Kosten für die Konsumenten und fallenden Weltmarktpreisen geführt. Nach Schätzungen der OECD aus dem Jahre 1989 lagen in ihren 24 Mitgliedsländern die Kosten für den Agrarprotektionismus bei 228 Milliarden ECU. Dabei entfielen auf die Europäische Gemeinschaft 88,5 Milliarden ECU, auf die Vereinigten Staaten 60,9 Milliarden ECU und auf Japan 52,4 Milliarden ECU. Steuerzahler und Verbraucher zahlen also die Zeche. Eine vierköpfige Familie in der Europäischen Gemeinschaft unterstützt dieses System mit etwa 40 DM pro Woche.[17] Das ist etwas weniger als der Betrag, den die US-Milchindustrie an wöchentlichen Subventionen pro Kuh einstreicht.[18]

Je mehr Landwirte subventioniert werden, desto mehr wird produziert. So wundert es wenig, daß die Subventionspolitik zu gewaltigen Produktionssteigerungen geführt hat. Industrieländer, die einst als wichtige Importeure von landwirtschaftlichen Rohstoffen auftraten, sind inzwischen zu Selbstversorgern geworden. In einigen Fällen sind sie sogar zu nennenswerten Rohstoffexporteuren geworden. Die Europäische Gemeinschaft war noch bis Mitte der siebziger Jahre Nettoimporteur von Rohzucker. 1988 verzeichnete sie einen Nettoexport von 4,1 Millionen Tonnen.[19] Diese Entwicklung trifft auf eine breite Palette von Rohstoffen zu: Getreide, Fleisch, Milchprodukte, Ölsamen, Pflanzenöle und Zucker. Sie alle werden aber auch von Entwicklungsländern produziert und in Industrieländer exportiert. Als der landwirtschaftliche Protektionismus der entwickelten Länder immer weiter um sich griff und gleichzeitig die Produktion boomte, ließ die Nachfrage nach Exporten aus der Dritten Welt drastisch nach. Dies wiederum bewirkte einen Niedergang der Weltmarktpreise für landwirtschaftliche Rohstoffe. Von 1980 bis 1987 fielen die Preise für diese Waren im Durchschnitt um die Hälfte.[20]

Rohstoffmengen

Die Nachfrage ist nur eine Seite der Gleichung. Auch die angebotene Menge spielt eine wichtige Rolle bei der Preisbildung für Rohstoffe. Diese wiederum wird von verschiedensten Faktoren beeinflußt, welche politischer, klimatischer und wirtschaftlicher Natur sein können. Ein Volksaufstand in einem wichtigen Erzeugerland, und schon kann die damit verbundene Aussicht auf Produktionsausfälle die Preise an den internationalen Märkten in die Höhe schnellen lassen. Derartige Ereignisse werden auch weiterhin zu unvermuteten Preisschwankungen führen. Doch die eher strukturellen Veränderungen auf der Angebotsseite während der achtziger Jahre wurden durch andere Faktoren bestimmt.

Es ließe sich vermuten, daß angesichts der Preisstürze der achtziger Jahre die Erzeugerländer Produktionsanreize aufgehoben hätten, um das Gleichgewicht zwischen Angebot und Nachfrage wieder herzustellen. Jedoch war oft das Gegenteil der Fall. Die Produktion vieler Rohstoffe stieg in den achtziger Jahren kräftig an, ohne daß dem eine entsprechend erhöhte Nachfrage gegenüberstand.

Die Nachfrage nach Kaffee, Tee und Kakao blieb beispielsweise über die achtziger Jahre relativ stabil. Doch am Ende des Jahrzehnts wurden deutlich höhere Lagerbestände vermeldet als zu dessen Beginn. In den meisten Jahren überstieg die Produktion die Nachfrage, was für ein ständiges Anschwellen der Überschüsse sorgte.[21] Für alle drei Rohstoffe wurden an den internationalen Märkten Niedrigstpreise verzeichnet.

Die Einwirkung der Schuldenkrise

Die internationale Schuldenkrise wird als eine Erklärung für die allgemeine Angebotsschwemme angeführt. Sie zwingt die Entwicklungsländer dazu – direkt oder indirekt –, ihre Rohstoffproduktion zu steigern. Die Frage der

Schuldenkrise wird von vielen als der kritischste Punkt in der Entwicklung der achtziger Jahre betrachtet. Schon allein deshalb, weil die Auswirkungen der Schuldenlast auf die Ökonomien der Dritten Welt die Armen treffen. Die zur Sicherung von IWF-Krediten durchgeführten Strukturanpassungen bekommen hauptsächlich die schwächsten Bevölkerungsschichten zu spüren. Die Streichung von Lebensmittelsubventionen beispielsweise kann die Preise für Grundnahrungsmittel eklatant in die Höhe treiben. Die Reduzierung öffentlicher Ausgaben gefährdet die Grundversorgung, etwa in den Bereichen Bildung und Gesundheit. Die hohen ökologischen und sozialen Kosten der Schuldenkrise sind von Entwicklungshilfe-Organisationen mannigfach dokumentiert worden.[22]

Die Schuldenkrise ist mit dem Problem der Rohstoffabhängigkeit der Entwicklungsländer eng verknüpft. Häufig sehen sich die Rohstoffproduzenten mit Preischwankungen am Weltmarkt konfrontiert. Ein längerfristigeres Problem erwächst jedoch aus dem unerbittlichen Verfall ihrer Terms of Trade. Dieser Verfall hat wesentlich zur Schuldenkrise beigetragen. Und andersherum hat die Schuldenkrise wiederum die Terms of Trade für die armen Länder verschlechtert.

Das Aufkommen der Verschuldung kann seinerseits teilweise auf die Verschlechterung der Terms of Trade zurückgeführt werden – und das in mancherlei Hinsicht. Erstens geht die Schuldenkrise – jedenfalls zum Teil – auf die Ölpreissteigerungen zwischen 1973 und 1979 zurück. Im Jahre 1973 vervierfachten die dreizehn größten ölexportierenden Länder der OPEC den Ölpreis. Dadurch sahen sie sich plötzlich überschüssigen Geldressourcen gegenüber. Diese sogenannten Petrodollars legten sie bei den großen US-amerikanischen, europäischen und japanischen Geschäftsbanken an.

Geld, das nicht arbeitet, wirft keinen Gewinn ab, ja, es verliert wegen der Inflation sogar an Wert. So suchten die Banken händeringend nach Abnehmern für die besagten Geldeinlagen. Sie ermunterten besonders größere und scheinbar stabilere Entwicklungsländer, in großem Umfang Kredite aufzunehmen. Die größten Summen flossen nach Brasilien, Mexiko, Argentinien, Chile, Venezuela, Nigeria, Sambia, Südkorea, die Philippinen und Indonesien. Einige dieser Länder gehören zu den ölimportierenden Ländern und sahen sich gleichzeitig weit höheren Importrechnungen gegenüber. Der zeitweilige Boom der Rohstoffpreise, von denen viele dieser Länder abhingen, war – vom Rohöl abgesehen – beendet. In anderen Worten: Die Terms of Trade dieser Länder verfielen.

Bei den ölexportierenden Ländern, wie Venezuela und Mexiko, muß der Einfluß der Terms of Trade auf den Schuldenberg anders beurteilt werden. Doch selbst hier spielten die Terms of Trade eine wesentliche, wenn auch indirekte, Rolle. Die Terms of Trade dieser Länder hatten sich günstig entwickelt. Dies machte sie optimistisch hinsichtlich Investitionen, Wachstum und Schuldenlast. Besonders diesen Ländern haben die Geschäftsbanken die Darlehen aufgedrängt, da sie als kreditwürdiger einschätzt wurden als nichtölexportierende Länder.

Für die Jahre 1973 bis 1982 wurde die Schuldenlast der Entwicklungsländer auf 500 Milliarden US-Dollar geschätzt, wobei 260 Milliarden, also knapp über die Hälfte, direkt auf die Steigerung der Ölpreise zurückzuführen sein dürften.[23]

Die fallenden Rohstoffpreise und die verschlechterten Terms of Trade haben die Länder in die Schuldenkrise getrieben. Doch auch der Umkehrschluß ist zulässig. Die Schuldenkrise beschleunigte den Niedergang der Rohstoffpreise und trug somit ihren Teil zur Verschiebung der Terms of Trade zuungunsten der Entwicklungsländer bei. Ständig unterlagen diese Länder dem Druck ihres Schuldendienstes, so daß sie Außenhandelsüberschüsse benötigten, um in Besitz der nötigen Devisen zu gelangen. Dies setzt logischerweise entweder eine Reduzierung der Importe oder eine Steigerung der Exporte voraus. Die meisten Länder taten beides. Zwischen 1980 und 1988 reduzierten sich die Importe in lateinamerikanische Länder um insgesamt 24 Prozent.[24] Die ausbleibenden Importe wurden auch nicht durch heimische Produkte ersetzt, so daß Wachstum und Entwicklung dieser Länder erheblich litten. Unter dem Motto der Weltmarktorientierung, das den Strukturanpassungsprogrammen von IWF und Weltbank zugrundeliegt, steigerten die Länder gleichzeitig ihre Exporte.

IWF und Weltbank förderten die Ausweitung der Exporte auf vielfältige Weise. Die wichtigste Maßnahme blieb dabei die Abwertung der Währung, die sich in den achtziger Jahren wie ein roter Faden durch die Programme des IWFs zieht. Eine Währungsabwertung bewirkt immer eine Verteuerung der Importe für das betreffende Land, denn mehr einheimische Währung ist nötig, um die gleiche Menge Waren einzuführen. Gleichzeitig wird der Export angekurbelt, denn – in heimischer Währung gerechnet – steigen die Einkünfte aus dem Exportgeschäft. So können die Exportprodukte billiger produziert und angeboten werden, und die Konkurrenzfähigkeit auf dem Weltmarkt verbessert sich.

Kritiker sehen in der Absolutheit, mit der die Abwertung verordnet wird, die wesentliche Schwäche dieser Maßnahme. Sowohl der IWF als auch die Weltbank behaupten, ihre Strukturanpassungsmaßnahmen an den individuellen Gegebenheiten der betroffenen Länder auszurichten. Tatsächlich gleichen die Maßnahmenkataloge sich fast wie ein Ei dem anderen. Auf etwaige Auswirkungen der Maßnahmen auf andere Entwicklungsländer wird wenig Rücksicht genommen. Dies kommt besonders dann zum Tragen, wenn die betreffenden Länder auf dem Weltmarkt mit dem gleichen Rohstoff konkurrieren. Wenn beispielsweise Chile seine Währung abwertet und seinen Anteil am Weltkupfermarkt ausweitet, kann dies nicht ohne Einfluß auf andere wichtige Produzenten der Dritten Welt wie Sambia oder Zaire bleiben. Sollten diese Länder ebenfalls abwerten und größere Mengen produzieren, wird zwangsläufig der Kupferpreis weltweit fallen.[25]

Genau dies ist auch geschehen. Um zehn Prozent stieg die von den Entwicklungsländern exportierte Menge an Kupfererz zwischen 1980 und 1985. Die Einnahmen aus diesen Exporten jedoch gingen um 35 Prozent zurück. Der Wert der Ausfuhren ging somit um 28 Prozent zurück.[26] Die Exporteinkünfte auf dem Niveau von 1980 zu halten, hätte vorausgesetzt, die Produktion um 55 Prozent zu steigern, was jedoch im Gegenzug zu zusätzlichem Druck auf die Preise geführt hätte.

Der Zusammenhang zwischen dem Verfall der Terms of Trade und der von den Strukturanpassungsprogrammen verursachten Steigerung der Exporte ist augenfällig. Von der Weltbank veröffentlichtes Zahlenmaterial zeigt eine deutliche Steigerung der Ausfuhren bei von den Strukturanpassungsmaßnahmen betroffenen Ländern, die jedoch durch den Verfall der Terms of Trade fast völlig um die Früchte ihrer Bemühungen gebracht werden. Länder, die sich dem Maßnahmenkatalog nicht unterworfen haben, haben ihre Exporte nicht gesteigert und gleichzeitig eine Verbesserung ihrer Terms of Trade erfahren.[27]

Die Auswirkungen der Biotechnologie

Die Fortentwicklung der Biotechnologie verändert ebenfalls das Gleichgewicht zwischen Angebot und Nachfrage. Sie verspricht den Entwicklungsländern sowohl neue Chancen als auch neue Gefahren. Biotechnologie ist ein Sammelbegriff für Fortschritte, die die Biologie in jüngster Zeit gemacht hat. Diese beginnen, sich auf Landwirtschaft, Medizin und Industrie auszuwirken, mit weitreichenden sozialen, ethischen und wirtschaftlichen Begleiterscheinungen. Soweit es um die Landwirtschaft geht, stehen drei verschiedene, tiefgreifende Entwicklungen zur Diskussion.

Erstens die Gentechnologie mit verbesserten Möglichkeiten, Pflanzen mit erwünschten Charakteristiken wie beispielsweise Schädlingsresistenz, zu versehen. Zweitens die Zellkulturen, die es ermöglichen, mit der Mutterpflanze völlig identische Abkömmlinge zu erzeugen. Drittens ist die Enzymtechnologie zu nennen, mit der Stoffe nach Wunsch verändert werden können.

Vorausgesetzt, daß die armen Rohstoffproduzenten diese auch nutzen können, eröffnet die Biotechnologie vielversprechende Möglichkeiten. Allerdings läßt der gegenwärtige Stand der Dinge befürchten, daß letztlich die Nachteile überwiegen werden. Die Bedrohung der Dritte-Welt-Produzentenländer durch die Biotechnologie kann am besten anhand der Nachfrageentwicklung bei Rohrzucker dargestellt werden. Die Enzymtechnologie macht es möglich, Süßstoffe aus jeder Kohlenhydrate enthaltenden Substanz zu extrahieren. So eröffnete die US-amerikanische Forschung und Entwicklung einen auch wirtschaftlich gangbaren Weg, «Zucker» aus Mais zu gewinnen. Der Fructose-Getreide-Sirup wird heute von US-amerikanischen Nahrungsmittel- und Getränkeherstellern massiv eingesetzt und bietet eine billige Alternative zum Zucker. Er nimmt den zuckerexportierenden Entwicklungsländern den Zugang auf den

US-Markt und hat maßgeblich zum Verfall des internationalen Zuckerpreises während der achtziger Jahre beigetragen. Dieser wiederum brachte die kleinen Zuckerproduzenten in den am schlimmsten betroffenen Entwicklungsländern in arge Bedrängnis.[28]

Daß ein Großteil der biotechnologischen Forschung in den Industrieländern, hauptsächlich von Privatunternehmen zu deren eigenem Nutzen, durchgeführt wird, stellt für die Entwicklungsländer ein Problem dar. Die Biotechnologieprogramme der Europäischen Gemeinschaft verfolgen zum Beispiel das erklärte Ziel, die internationale Wettbewerbsfähigkeit der europäischen Landwirtschaft zu verbessern. Wenig Aufmerksamkeit wird hingegen den möglichen Auswirkungen auf die Länder der Dritten Welt geschenkt, wenn die Handelsbeziehungen infolge der Programme verändert werden. Eines dieser Forschungsprogramme soll dazu dienen, die Sojapflanze besser an die klimatischen Verhältnisse in Europa anzupassen und somit die Abhängigkeit der Europäischen Gemeinschaft von Importen zurückzuschrauben.[29] Das Resultat könnte für die wichtigsten Sojaexporteure, besonders für Brasilien und Argentinien, zur Katastrophe werden.

Gleichzeitig bietet die Biotechnologie durchaus Aussicht auf Steigerung von Qualität und Quantität und somit auf Verbesserungen für die Landwirtschaft der Dritten Welt. Neueste Entwicklungen beim Kaffee, eine lebenswichtige Exportpflanze für Millionen kleiner Bauern in den Entwicklungsländern, sollen es beispielsweise möglich machen, schädlingsresistente Pflanzen mit gemindertem Koffeingehalt zu züchten. Durch sie würde der Einsatz kostspieliger und umweltschädlicher Pestizide eingeschränkt, dem Konsumverhalten in der nördlichen Hemisphäre Rechnung getragen und den Empfehlungen von Ärzten und Krankenkassen entsprochen.[30]

Wenn sich die kleinen Erzeuger diese Entwicklungen zunutze machen könnten, wären diese sicher als Wohltat zu bewerten. Die Bauern müßten weniger in die Ernte investieren und würden sich neuen Marktchancen gegenübersehen. Doch für die Kleinproduzenten sind diese Pflanzen unerschwinglich. Somit werden sie auf dem Weltmarkt einen noch schwereren Stand haben, denn die biotechnologischen Neuerungen dienen nur den Großproduzenten.

Diese Entwicklungen machen rasante Fortschritte. In einigen Fällen haben sie sich schon auf die Rohstoffproduktion in den Entwicklungsländern ausgewirkt. Ein Beispiel bietet die Palmöl-Industrie. Durch den Einsatz von Zellkulturen hat Unilever einen Weg gefunden, das Wachstum der Ölpalmen zu beschleunigen und den Ertrag um etwa dreißig Prozent zu steigern.[31] Dies bringt den Großproduzenten wie Malaysia Gewinne. Die Produzenten anderer Basisprodukte wie Kokosnüsse, Erdnüsse oder Ölsaaten, darunter viele Kleinbauern aus armen Ländern, bekommen schon jetzt die Flut des billigen Palmöls zu spüren. In vielen anderen Produktgruppen sind ähnliche Entwicklungen zu verzeichnen. Sicherzustellen, daß die Wohltaten der neuen Technologien über die Industriestaaten hinaus auch die ungeschütztesten Produzenten in der Dritten Welt erreichen, wird die Herausforderung der neunziger Jahre werden.

Die Sache mit dem Zucker

Der Zuckerpreis auf dem Weltmarkt fiel im Jahre 1985 um etwa fünf Pfennig pro Pfund. Für viele Entwicklungsländer stellt Rohrzucker ein wichtiges Exportgut dar. Ihre Deviseneinkünfte sind davon weitgehend abhängig. Schätzungsweise zwölf Millionen Menschen finden in diesem Sektor Arbeit. Doch selbst für extreme Billigproduzenten ist ein Preis deutlich unter zwanzig Pfennig pro Pfund nicht rentabel. So erwiesen sich die Auswirkungen des Preissturzes als verheerend.

Unausweichlich kam es zu massiven Einbrüchen bei den Deviseneinnahmen verschiedener Länder, wie Guatemala, den Fidschi-Inseln, Malawi und der Dominikanischen Republik. Um die Ausfälle auszugleichen, mußten die betroffenen Regierungen entweder die Importe einschränken oder von weiteren Krediten der internationalen Banken Gebrauch machen. Beide Vorgehensweisen bringen spürbare Auswirkungen für die Bevölkerung mit sich. Die Beschränkung der Importe führt in der Regel zu einer Lebensmittelverknappung und zum Mangel an landwirtschaftlichem Input. Die Kreditaufnahme zieht Austeritätsprogramme nach sich. Auf der Tagesordnung steht die Streichung von Lebensmittelsubventionen und die Reduzierung öffentlicher Dienstleistungen, um dem Schuldendienst nachkommen zu können.

Aber auch unmittelbare, oft tragische Konsequenzen hat der Preisverfall für die in der Zuckerproduktion Beschäftigten mit sich gebracht. Die Zuckerarbeiterfamilien auf der philippinischen Insel Negros wurden am härtesten getroffen. Die Insel Negros gehört zu den größeren Inseln des philippinischen Archipels. Während der Zucker für die Philippinen eine wichtige Devisenquelle darstellt, die etwa acht Prozent der jährlichen Exporterlöse ausmacht, ist er für Negros das Lebenselexier. Bis zum Preiskollaps hielt die Insel einen Anteil von etwa 70 Prozent an der Zuckerproduktion des Landes. Kaum etwas anderes wurde auf dieser Insel angebaut, und das gesamte Wirtschaftsleben drehte sich um den Zucker.

Die Produktion war mehr oder weniger feudal organisiert. Viele Plantagen, im Volksmund Haciendas genannt, maßen mehrere hundert Hektar und gehörten zum Besitz der wohlhabendsten Familien der Philippinen. Zu den meisten Haciendas gehörte eine kleine Schar fest engagierter Arbeiter, die auf den Plantagen lebten. Niedrig waren die Löhne, primitiv die Arbeitsbedingungen. Während der Ernteperiode wurden oft zusätzliche Arbeitskräfte benötigt. Diese kamen als Wanderarbeiter von den benachbarten Inseln. Nach dem Preissturz erachteten es viele Plantagenbesitzer als unwirtschaftlich, die jährliche Ernte

Auf den Philippinen: Er erntet Zuckerrohr auf der Insel Negros.
Foto: Belinda Coote/Oxfam

einzubringen. Das bedeutete für eine Viertelmillion Zuckerarbeiter die Arbeitslosigkeit. Sie hatten keine Rechte, keine Rücklagen, keine soziale Sicherheit – und, noch schlimmer, kein Land, um Nahrungsmittel anzubauen.

Als die Nachricht von der verzweifelten Lage der Leute von der Insel Negros um die Welt ging, liefen gerade die Hilfsaktionen für das dürregeplagte Äthopien auf vollen Touren. So fiel es manchen schwer zu glauben, daß eine vergleichbar weitverbreitete Hungersnot auf einer fruchtbaren Tropeninsel ausgebrochen sein sollte. Internationale Hilfsorganisationen begegneten dem akuten Bedarf nach Nahrung und Medizin. Doch setzte sich auch die allgemeine Erkenntnis durch, daß nur eine radikale Veränderung von Landbesitz und -nutzung die Bewohner langfristig vor derartigen Heimsuchungen schützen kann.

Der dramatische Niedergang der Zuckerpreise und das daraus erwachsende Massenelend resultiert aus der Kombination mehrerer, bereits an anderer Stelle beschriebener Faktoren. Wesentlichen Anteil hatten dabei die protektionistische Landwirtschaftspolitik der Vereinigten Staaten und der Europäischen Gemeinschaft sowie die technologischen Veränderungen bei der Produktion von Süßstoffen.

Produktion und Handel mit Zucker weisen ganz spezifische Eigenarten auf. Rohrzucker wird in tropischem Klima geerntet, während Zuckerrüben in beträchtlichem Ausmaß in Westeuropa, Nordamerika und der ehemaligen Sowjetunion angebaut werden. Doch seit Beginn der achtziger Jahre sieht sich der Zucker der Konkurrenz anderer Süßstoffe ausgesetzt, besonders des aus Mais gewonnenen Fructose-Getreide-Sirups. Der Handel mit Zucker spielt sich traditionell zwischen den tropischen Billiglohnländern und den entwickelten Zonen Westeuropas, Nordamerika und Japan ab.

Spitzenreiter unter den Zuckerimporteuren waren bis zu Beginn der siebziger Jahre die Vereinigten Staaten. Durch Garantiepreise für die einheimischen Produzenten und Importquoten wurde dort der Preis für den Endverbraucher relativ hoch gehalten. Der relativ hohe Preis für Zucker führte sowohl zur Erhöhung der produzierten Mengen wie auch zu einem verstärkten Zurückgreifen auf den preislich günstigeren Getreidesirup durch die Nahrungsmittelindustrie. Somit konnten die Vereinigten Staaten ihre Importe während der ersten Hälfte der achtziger Jahre halbieren. Betroffen waren hauptsächlich Süd- und Mittelamerika, die Karibik und die Philippinen.

Ein ähnlicher Trend war in der Europäischen Gemeinschaft zu verzeichnen. Im Jahre 1967 schlugen die zwölf Länder, die heute die EG bilden, mit einem Nettoimport von knapp vier Millionen Tonnen Zucker zu Buche. Verschiedene Mechanismen der Gemeinsamen Europäischen Agrarpolitik wie Garantiepreise, Interventionskäufe und variable Importschranken führten zur erheblichen Steigerung der heimischen Produktion. Mitte der achtziger Jahre konnte die EG auf einen *Nettoexport* von viereinhalb Millionen Tonnen Zucker verweisen.

Die Folgen dieser Entwicklungen für einige Produzenten der Dritten Welt sind nur als verheerend zu bezeichnen. Nicht genug damit, daß Länder wie die Philippinen ihre traditionellen Märkte verloren haben – nein, sie sahen sich zudem Weltmarktpreisen gegenüber, die nur einen Bruchteil ihrer Produktionskosten von etwas 20 Pfennig pro Pfund decken. Im Dezember 1984 fiel der Preis auf dem Weltzuckermarkt auf etwa fünf Pfennig pro Pfund. Gleichzeitig galt damals für die Landwirtschaft in Nordamerika und der Europäischen Gemeinschaft ein Preis zwischen 30 und 40 Pfennig.

Perspektiven für die rohstoffabhängigen Länder

Die anhaltende, weltweite Rezession wird die Preise für manche Rohstoffe niedrig halten. Die erhoffte Abschwächung protektionistischer Tendenzen (siehe auch Kapitel 9) wird möglicherweise den landwirtschaftlichen Produkten zugute kommen. Ein zukünftiger Wandel in den Handelstrukturen der industrialisierten Welt sowie Tempo und Auswirkungen des technologischen Fortschritts gelten als wichtige, jedoch schwer abzuschätzende Faktoren. Noch immer bleibt viel Spielraum für den Einsatz künstlicher Ersatzstoffe. Die biotechnologische Revolution der Industrieländer wird höchstwahrscheinlich bisherige internationale Handelsbeziehungen zerreißen.

Seit den neunziger Jahren muß noch ein weiterer Punkt in die Überlegungen einbezogen werden: das Wetter. Schon immer hat sich das Wetter maßgeblich auf die Erträge ausgewirkt. Eine Frostperiode zur ungünstigen Zeit kann beispielsweise einen Großteil der Ernte Brasiliens zunichte machen und die Preise an den internationalen Märkten in die Höhe schnellen lassen. Häufig sorgen Wirbelstürme für heftige Einbrüche bei der Bananenernte auf den Windward Islands – mit vergleichbaren Auswirkungen auf das internationale Preisgefüge. Perfekte Wetterbedingungen können den Kakaoproduzenten Westafrikas Rekordernten bescheren, doch die so entstandene Überproduktion kann zu einem Preissturz führen.

So galt bis vor kurzem der Einfluß des Wetters auf die Erntemengen als ein Unsicherheitsfaktor der gemäßigten Art. Doch mit der einsetzenden Erwärmung der Erdatmosphäre sind die Wetterbedingungen weit unberechenbarer geworden. Daß die Erderwärmung stattfindet, wird inzwischen allgemein anerkannt. Umstritten sind bisher die Auswirkungen der daraus resultierenden Klimaveränderungen auf die Landwirtschaft. Ziemlich sicher ist nur, daß sie vernichtend sein werden. Besonders treffen wird es Entwicklungsländer, die in hohem Maße für ihre Ernährung und den Export auf agrarische Rohstoffe angewiesen sind. Ein dauerhafter Anstieg der Temperaturen könnte zum Beispiel die gesamte Kaffee-Ernte Tansanias zum Erliegen bringen und somit die wichtigste Devisenquelle des Landes. Der für die Mitte der neunziger Jahre vorhergesagte Anstieg des Meeresspiegels um einen Meter könnte zwei wichtige Exportgüter Bangladeschs, nämlich Garnelen und Jute, ausrotten bzw. verdrängen und damit die ohnehin zaghaften Ansätze einer wirtschaftlichen Entwicklung ausmerzen.

Besonders sorgen sich die Experten um die Auswirkungen der Erderwärmung auf die sogenannten semiariden – die halbtrockenen, unfruchtbaren – Zonen. Dazu zählen die an die Sahara grenzende Sahelzone, der Nordosten Brasiliens sowie bestimmte Gegenden Indiens und Pakistans. In diesen Gebieten hängt die Landwirtschaft besonders intensiv mit Niederschlägen zusammen. Hier wartet man nicht nur auf heftige Wolkenbrüche während der Regenperiode, sondern ist vom passenden Eintreffen bestimmter Niederschlagsmengen über das ganze Jahr hinweg abhängig. Der Lauf der Dinge wird auf das Genaueste von den Niederschlägen diktiert, und selbst die kleinsten klimatischen Veränderungen führen zu großen Auswirkungen auf die landwirtschaftlicher Erträge.[33]

Die prophezeite weltweite Klimaverschiebung unterstreicht die Verwundbarkeit der rohstoffabhängigen Länder gegenüber Veränderungen, die weit außerhalb ihrer Einflußmöglichkeit liegen. Das folgende Kapitel beleuchtet die bisherigen Bemühungen um eine Preisregulierung bei Rohstoffen zum Schutz produzierender und komsumierender Länder vor unvorhersagbaren Preisschwankungen.

Kapitel 4: *«Man kann den Doktor doch nicht mit Hirse bezahlen!»* Die Kontrolle internationaler Rohstoffpreise

Der zentralafrikanische Binnenstaat Tschad wird von der Weltbank als das drittärmste Land der Welt, nach Moçambique und Äthiopien, eingestuft. Seine Wirtschaft ist überwiegend durch den Anbau landwirtschaftlicher Produkte und Viehhaltung gekennzeichnet. Das macht zusammen fast 50 % des nationalen Bruttosozialprodukts aus. Baumwolle ist der hauptsächlichste Anbaustoff und wird als Rückgrat der nationalen Wirtschaft angesehen. Neueste Schätzungen gehen davon aus, daß Viehhaltung und Baumwolle 80 % der Deviseneinnahmen des Tschad ausmachen.[1]

Der Baumwollanbau erfolgte auf Initiative der französischen Kolonialmacht in den zwanziger Jahren dieses Jahrhunderts, um ihre rückständige und zunächst nur kostenintensive Aschenputtelkolonie zu einem lohnenden Einnahmegebiet zu machen. Der südliche Teil des Landes, in dem Baumwolle angebaut wird, wurde so als *le Tchad utile* («der lohnende Tschad») bekannt im Unterschied zum unprofitablen nördlichen Landesteil, der etwa zwei Drittel des Landes ausmacht. In diesem Teil des «lohnenden Tschad» hielt die französische Kolonialverwaltung die Bauern zur Produktion von großen Mengen von Baumwolle an, die für den Export nach Europa bestimmt waren. Und dies nicht nur in der Absicht, die dortige Textilindustrie mit diesem Rohmaterial zu versorgen, sondern auch in der Hoffnung, in Afrika selbst einen Markt für fertige Textilprodukte zu schaffen. Und so war es üblich, die Baumwollproduzenten zu veranlassen, jedes Jahr einen bestimmten Anteil des von ihnen bewirtschafteten Bodens für den Anbau von Baumwolle zur Verfügung zu stellen und einen bestimmten Anteil ihrer Produkte an französische Händler weiterzugeben. Die Preise dafür waren jedoch so niedrig angesetzt, daß die Baumwollproduzenten kaum in der Lage waren, für die Transportkosten aufzukommen. Und so brachte ihnen der Baumwollanbau jedes Jahr Verluste ein, und es stand schließlich immer weniger Land für den Anbau von Nahrungsmitteln zur Verfügung. Und so machte der Rückgang in der Nahrungsmittelproduktion große Teile der Bevölkerung anfällig für die Dürre, die in Abständen das Land heimsuchte.[2]

Heute bauen schätzungsweise 350.000 Bauern Baumwolle im Tschad an. Einschließlich ihrer Familien sind dies mehr als zwei Millionen Menschen, also die Hälfte der Bevölkerung des Tschad, die von der Baumwollproduktion leben und wirtschaftlich abhängig sind. Sie sind der Baumwollproduktion genau in derselben Weise ausgeliefert wie seinerzeit die Bauern unter der französischen Kolonialherrschaft, allerdings mit dem Unterschied, daß sie jetzt aus finanziellen Gründen dazu genötigt sind, während früher die Anweisungen der französischen Kolonialmacht dafür ausschlaggebend waren.

Der Anbau und die Vermarktung von Baumwolle wird heute von der Gesellschaft Cotonchad kontrolliert, die sich zu 75 % in Staatsbesitz befindet, zu 19 % von Frankreich und zu 3 % von örtlichen Bankgesellschaften kontrolliert wird. Cotonchad ist im besten Sinne des Wortes mit allen Bereichen dieser Branche befaßt – von der Ausgabe der Saatmittel und anderem landwirtschaftlichen Input an die Produzenten, dem Ankauf, Transport, Entkernung, Vermarktung bis hin zur Produktion von Baumwollsamenöl und -seife. 1986 stand Cotonchad kurz vor dem Ruin auf Grund des extremen Preisverfalls für Baumwolle auf dem internationalen Markt in der Saison 1985-1986 (obwohl auch Mißmanagement und innere Unruhen dafür mit ausschlaggebend waren). Der Ruin konnte durch ein Kredit- und Anpassungspaket, das von einem Konsortium vergeben wurde, in dem u.a. die Weltbank und der Entwicklungsfonds der Europäischen Gemeinschaft vertreten waren, gerade noch abgewendet werden. Dennoch blieben die internationalen Marktpreise für Baumwolle weiterhin instabil, und die finanziellen Schwierigkeiten von Cotonchad bestehen weiterhin fort. Cotonchad versucht, mit diesen Problemen dadurch fertig zu werden, indem es die Preise, die sie den Produzenten bezahlt, einfach herabsetzt – so, wie es das schon immer angesichts solcher Probleme getan hat. So wurden für die Saison 1988-1989 neunzig CFA pro Kilo Baumwolle bezahlt, was einen Preisabschlag von 10 % auf den Kilopreis im Vorjahr ausmacht.[3]

Bendei Patrice baut seit 1957 Baumwolle an. Mit seinen beiden Frauen und zehn Kindern bewirtschaftet er ein Stück Land von zweieinhalb Hektar. Meistens hat er die Anbaufläche zwischen Baumwolle und Nahrungsmittel aufgeteilt, wobei etwa ein Hektar zum Anbau von Baumwolle, der Rest zum Anbau von Erdnüssen, Hirse und Gemüse verwendet wird. Er kümmert sich dabei um den Baumwollanbau, während die Frauen für den Anbau von Nahrungsmitteln zuständig sind.[4]

Das Problem für solche Produzenten wie Bendei Patrice besteht nun darin, daß ihre Einnahmen aus der von ihnen angebauten Baumwolle sehr gering sind, aber gleichzeitig die einzige finanzielle Einnahmequelle darstellen. Niedrige Baumwollpreise beinhalten ein entsprechend niedriges finanzielles Einkommen, das entweder für den persönlichen Bedarf oder für Investitionen zur Verfügung steht. Es gibt einen Mangel an so grundlegenden Dingen wie Wasser, es gibt keine örtlichen Gesundheitszentren mit ambulanter Versorgung der

Bevölkerung, keine Beihilfen für die Bauern, um die für den Anbau notwendige Ausrüstung anzuschaffen. Seit einigen Jahren fördert Oxfam Kredit- und Sparprogramme, die von der Dorfbevölkerung im Wege der Selbsthilfe initiiert wurden.[5] Sie unterstützen sowohl einzelne als auch die Gesamtheit der Dorfbevölkerung, aber sie bewahren die Bauern nicht vor extremen Preisschwankungen auf dem internationalen Markt wie z.B. dem Verfall der Baumwollpreise im Jahre 1986. In jenem Jahr betrug das Nettoeinkommen von Bendei Patrice CFA 84.000 (circa 420 DM) für seinen Hektar Land nach Abzug aller Ausgaben für Saatmittel, Miete für Zugtier, Pflug und Saisonarbeiter.[6] Von diesem Nettoeinkommen gingen noch einmal CFA 3.000 (15 DM) für Steuern ab und in gleicher Höhe ein Beitrag an seine politische Partei. Seine Familie mußte über das Jahr hinweg mit dem wenigen zurechtkommen, das letztendlich noch verblieben war, und davon Schulgeld, Ausgaben für Kleidung und die medizinische Versorgung aufbringen.

Der Baumwollanbau ist äußerst arbeitsintensiv. Bei einem so geringem Einkommen daraus stellt sich die Frage, warum Bendei Patrice sich dessen ungeachtet vorzugsweise um den Anbau von Baumwolle gekümmert hat und sich nicht stattdessen um den Anbau von Nahrungsmitteln. Er antwortet darauf gelassen mit: «Man kann doch den Doktor nicht in Hirse bezahlen!» Aber im folgenden Jahr war Hirse alles, was er besaß. Bei solch niedrigen Preisen hatte er kein Geld mehr übrig zum Einkauf von Baumwollsamen oder anderen Mitteln für den Boden. Stattdessen mußte er noch hinzuverdienen, was er konnte, indem er auf dem Land anderer Leute mithalf.[7]

Versuche zur Kontrolle internationaler Rohstoffpreise

Baumwolle wird in mehr als 75 Ländern der tropischen und gemäßigteren Zone angebaut, davon kommen über 50 % auf den Weltmarkt. Sie wird einerseits in vielen Ländern der Dritten Welt angebaut, andererseits sind es gerade die ärmsten Länder Afrikas, die von der Baumwollproduktion abhängig sind – insbesondere der Tschad, Mali, der Sudan und Burkina Faso. Der niedrige Baumwollpreis stellt daher einen starken Behinderungsfaktor für die Bemühungen um die eigene nationale Entwicklung dieser Länder dar. Ebenso wie andere rohstoffproduzierende Länder haben solche Baumwollökonomien ein starkes Interesse an der Stabilisierung der Marktpreise auf allen Ebenen zugunsten einer angemessenen Kompensation für die Produktionskosten und eines angemessenen Lebensstandards.

Die Notwendigkeit einer internationalen Rohstoffpreiskontrolle ist schon lange sowohl von Anbau- als auch Abnahmeländern, allerdings aus unterschiedlichen Gründen, erkannt worden. Die entwickelten Länder als die Hauptimporteure sind gegen allzu starke Preiserhöhungen, weil diese zur Inflation

Im Tschad: Daniel Kada und seine Frau warten darauf, daß ihre Baumwolle auf dem Markt in Bissi Mafou gewogen wird. Foto: Sarah Westcott/Oxfam

im eigenen Land beitragen. Die Entwicklungsländer, die durch den Rohstoffexport ihre Deviseneinnahmen erwirtschaften müssen, haben einen schweren Stand bei solchen Preisfluktuationen, da sie für ausländische Investoren wenig attraktiv erscheinen, und den Ländern eine planbare Zukunft erschwert wird.

Im allgemeinen hat es zwei Ansätze zur internationalen Kontrolle von Rohstoffpreisen gegeben: die mit Kartellen und die mit internationalen Rohstoffabkommen. Sie unterscheiden sich dadurch, daß internationale Rohstoffabkommen zwischen Produzenten und Konsumenten ausgehandelt werden, während Kartelle Abkommen unter den Produzenten allein darstellen und in der Regel geheim gehalten werden.[8]

Kartelle

Das wohl eindrucksvollste Beispiel eines solchen Kartells ist die OPEC (Organisation erdölexportierender Länder), dessen Aktivitäten massive Ölpreiserhöhungen in den Jahren 1973/74 und 1979 mit sich brachten. Dies war eine Zeit, in der die Preise für einige andere Rohstoffe wie die für Zucker und tropische Getränke (z.B. Tee, Kaffee und Kakao) schon ziemlich hoch waren. Besorgt war man auch über ein Versiegen der weltweiten Rohstoffquellen. In den entwickelten Ländern wuchs die Befürchtung, daß die Länder der südlichen Hemisphäre zu wirklichen «Rohstoffmächten» aufsteigen könnten und jeden beliebigen Preis für ihre Rohstoffexporte durch solche Produzentenkartelle wie die OPEC diktieren könnten, besonders für Mineralien.[9]

Die Geschichte hat aber gezeigt, daß solche Befürchtungen grundlos waren. Technologische Innovationen machen eine wachsende Nachfrage nach vielen Mineralien weiterhin hinfällig, und die in den siebziger Jahren vorherrschende Befürchtung um das Versiegen der Rohstoffquellen wuchs überwiegend auf dem Boden einer falschen Einschätzung der weltweiten Rohstoffreserven, die tatsächlich viel größer waren, als man zu jener Zeit vermutet hatte.

Die Bedingungen, die zu einer Marktmacht der Produzenten führen und daher auch die Gründung von Kartellen begünstigen, sind ausführlich in der Wirtschaftswissenschaft untersucht worden. Die fünf wichtigsten sind: Zunächst muß der Rohstoff für den Abnehmer wirklich notwendig sein, weiterhin darf es für ihn nur wenige oder gar keine Ersatzstoffe geben. Die Nachfrage darf nicht «preiselastisch» wirken, was im wesentlichen beinhaltet, daß sich die Nachfrage selbst bei Preisänderungen nicht wesentlich ändert. Kaffee ist z.B. ein solch «preisunelastisches» Produkt. Seine nur gering süchtig machenden Substanzen sichern selbst dann ständigen Verbrauch, wenn Preissteigerungen ins Haus stehen, und es wird auch dann nicht mehr getrunken, wenn der Preis fällt. Zweitens: Auch das Angebot muß «preisunelastisch» sein. Das bedeutet, daß ein Preisanstieg keine gesteigerte Produktion beinhalten darf. Wäre dies nämlich der Fall, würde die Wirkung solcher Kartelle unterlaufen. Und so sind denn viele Rohstoffabkommen schließlich gerade deshalb gescheitert, weil einzelne Länder einseitig in dieser Weise auf Preissteigerungen reagiert haben. Eine dritte Voraussetzung betrifft die Einheitlichkeit des Produkts selbst. Unterscheidet sich das Produkt nämlich nicht in Zusammensetzung und Qualität, sind die einzelnen Produzenten dem Wettbewerb eben nur über den Preis ausgesetzt; werden aber z.B. verschiedene Arten von Baumwolle oder Sorten Kaffee angeboten, so ergibt sich für den einzelnen Produzenten ein allzu großer Spielraum, mit anderen Anbietern auf nicht preisbedingtem Wege um Marktanteile zu ringen. Viertens kann ausgeführt werden: Nur eine kleine Gruppe von Anbietern/Lieferanten sollte den Markt beherrschen. Dies ist nicht nur der Koordination untereinander, sondern auch der Abwehr außenstehender Anbieter förderlich, die sonst den Markt hinsichtlich des Angebots und der Preise beeinflussen könnten. Schließlich dürfen fünftens die jeweils beteiligten Regierungen nicht allzusehr auf den betreffenden Rohstoff angewiesen sein. Denn Abhängigkeit beeinträchtigt den Verhandlungsspielraum, da sie sonst zu zögerlich zu einer eventuell nötigen Produktionseinschränkung schreiten würde.[10]

Gerade über dieses Druckmittel verfügen die meisten Rohstoffproduzenten in der Dritten Welt einfach nicht.

Internationale Rohstoffabkommen

In der Zeit vor dem Ersten Weltkrieg wurde eine Rohstoffkontrolle vorwiegend in Form von Kartellen vorgenommen. Erste Ansätze zu einer multilateralen Regulierung des Rohstoffhandels gibt es erst seit 1929, als die Weltwirtschaft in eine tiefe Rezession geriet, die Rohstoffpreise rapide verfielen und eine Tendenz zu protektionistischen Maßnahmen sichtbar wurde. In den frühen dreißiger Jahren fand unter Leitung des Völkerbundes eine Konferenz in London statt, auf der es um die Möglichkeiten einer Krisenbewältigung ging. Auf der Konferenz wurde im Prinzip anerkannt, daß eine Erhöhung der Kaufkraft der wichtigsten Rohstofflieferländer notwendig sei, indem die Exportpreise für Rohstoffe angemessen und kostendeckend anzusetzen seien. Anerkannt wurde auch, daß protektionistische Maßnahmen äußerst schädliche Auswirkungen haben, da sie in der Regel Überproduktion und damit einen Preisverfall zur Folge haben. Als wirksame Gegenmaßnahmen wurde der Abschluß von internationalen Rohstoffabkommen vorgeschlagen, die das Problem der Überproduktion durch eine eindämmende Lagerung in den Griff bekommen würde. Und so wurden internationale Rohstoffabkommen für Zinn, Weizen, Tee, Kautschuk und Zucker abgeschlossen. Alle diese Abkommen waren ohne Bestand, da protektionistische Maßnahmen nach wie vor anhielten.

Der Zweite Weltkrieg unterbrach die Bemühungen um eine Regulierung des Welthandels unerbittlich; große Teile des europäischen Marktes waren abgeschottet, und der Mangel an Nahrungsmitteln führte bei einzelnen Regierungen zu Direkteinkäufen. In dieser Zeit traten auch die von John Maynard Keynes, der damals wirtschaftlicher Berater der britischen Regierung war, vertretenen Thesen in das Blickfeld der Öffentlichkeit. Er war der erste, der sich wirklich für eine internationale und allumfassende Kontrolle von Rohstoffen einsetzte. Er schlug einen umfassenden Plan für die Einführung von internationalen Rohstoffabkommen für eine ganze Reihe von Gütern vor. Gleichzeitig stellte er fest, daß Welthandel, Entwicklung und Geldpolitik ganzheitlich zu betrachten seien. Die Notwendigkeit dazu wurde auf der Konferenz von Bretton Woods 1944 schließlich offiziell anerkannt, die ja auch Ergebnisse für den Wiederaufbau der Weltwirtschaft bringen sollte. Und dennoch hat diese Konferenz, die zur Errichtung des Internationalen Währungsfonds (IWF) und der Weltbank führte, in der Errichtung einer ähnlichen Institution für den Handel versagt, obwohl die Notwendigkeit für eine solche erkannt worden war.[11] Spätere Verhandlungen erbrachten die Satzung einer Internationalen Handelsorganisation im Jahre 1948, die als Charta von Havanna bekannt wurde.

Eine wirkliche Handelsorganisation wurde zwar niemals errichtet, aber einzelne Teile der Satzung traten in Kraft. Jene Teile der Satzung, in denen es um die Beschränkung von Zöllen geht, wurden als eine Handelsübereinkunft umgesetzt, die als das Allgemeine Zoll und Handelsabkommen (General Agreement on Tariffs and Trade, GATT) bekannt wurde. So wurde schließlich GATT zu einem permanenten Forum für Verhandlungen über den Handel (vgl. Kapitel 9). Ein weiterer Bereich dieser Satzung, der sich auf den Warenaustausch bezieht, wurde von dem «Interim Coordinating Committee for International Commodity Agreements» (ICCICA) angenommen, dessen Zweck die Förderung von Verhandlungen zum Abschluß internationaler Handelsabkommen war.

Für den Abschluß eines internationalen Handelsabkommens setzen sich Produzenten- und Abnehmerländer zusammen, um über die Einzelheiten zu beraten. Mag sich jedes Abkommen bezüglich der betreffenden Produkte und Marktumstände unterscheiden, so wird es trotzdem entweder eine Ausgleichslagerhaltung oder Exportkontrollen und manchmal vielleicht auch eine Kombination aus beidem beinhalten. Wie auch immer ein solches Abkommen im einzelnen aussehen mag – zunächst müssen sich Produzenten und Konsumenten über die Preisspanne verständigen. Diese Preisspanne ist ein Bereich mit einer oberen und unteren Grenze, innerhalb dessen sich der Warenpreis bewegen sollte. So legt z.B. das 1977 abgeschlossene Zuckerabkommen einen Tiefstpreis von 11 US-Cents pro Pfund und einen Höchstpreis von 21 US-Cents pro Pfund fest.[12]

Handelsabkommen mit Exportkontrollen kommen besonders dann in Betracht, wenn ein Überangebot einer Ware vorliegt. Es soll ein Ausgleich zwischen Angebot und Nachfrage durch die Kontrolle des Angebots mit der Anwendung von Exportquoten hergestellt werden. Die Produzentenländer müssen sich zunächst auf eine «Globalquote» einlassen: das ist jene Schätzquote, die die stärkeren Partner des Abkommens auf dem freien Markt innerhalb der definierten Preisspanne absetzen können. Diese Globalquote wird unter den einzelnen Produzenten aufgeteilt. Nachdem für jedes Land eine bestimmte Quote festgelegt wurde, muß das betreffende Land nun zusehen, wie es sein Angebot in Übereinstimmung mit dieser Exportquote halten kann. Das kann über eine Rückführung der Produktion oder Vorratshaltung oder eine Vernichtung der Überproduktion geschehen.

Das Hauptanliegen von Abkommen über Ausgleichslager ist die Stabilität von Preisen. Die Ausgleichslager, die in Wirklichkeit nichts anderes als ein Rohstofflager sind, werden zentral verwaltet und finanziert durch eine Besteuerung jeder Tonne der betreffenden Handelsware. Das Internationale Kautschukabkommen ist ein solches Ausgleichslager. Bei einer Übersättigung des Kautschukmarktes, beispielsweise durch einen erhöhten Produktionsausstoß in Thailand, wird der Lagerhaltungsmanager eingreifen und ausreichend Kautschuk für das Ausgleichslager aufkaufen, um damit ein Absinken des Weltmarktpreises unter den Tiefstpreis zu vermeiden. Sollten die Preise dann steigen, kann der Kautschuk vom Ausgleichslager für den Markt freigegeben werden, was den Markt preislich nach oben stabil hält.

Manche Abkommen beinhalten auch Maßnahmen, die den Warenverbrauch betreffen. Eine Reihe internationaler Zuckerabkommen sehen z.B. die Pflicht für die Signatarstaaten vor, sich mit den Auswirkungen von Zuckerersatzstoffen auf den Verbrauch zu befassen. Das Kakao-Abkommen von 1972 ermächtigt die Manager des Ausgleichslagers, überschüssigen Kakao auch für sonst unübliche Einsatzbereiche freizugeben, wenn die maximale Lagerkapazität durch die Menge des zu lagernden Kakaos übertroffen wird.[13]

Wieder andere Abkommen beinhalten entwicklungspolitische Regelungen. So beinhaltet das Kakaoabkommen von 1990 beispielsweise eine Vorschrift über angemessene Arbeitsbedingungen: «Die Mitgliedsstaaten erklären: Um den Lebensstandard der Bevölkerung zu verbessern und Vollbeschäftigung sicherzustellen, werden sie um angemessene Arbeitsbedingungen in den verschiedenen Bereichen der Kakaoproduktion in den betreffenden Ländern bemüht sein, in Übereinstimmung mit dem jeweiligen Entwicklungsstand im landwirtschaftlichen und industriellen Bereich, in dem Arbeitnehmer beschäftigt werden».[14]

Die Entstehung der UNCTAD

In den sechziger Jahren zeigte sich in den Ländern der Dritten Welt erheblicher Widerstand gegen die institutionellen Vorgaben, denen die Nachkriegswirtschaft im Hinblick auf die internationalen wirtschaftlichen Beziehungen unterlag. Insbesondere das Allgemeine Zoll- und Handelsabkommen (GATT) gab

Die UNCTAD-Konferenzen

Datum und Beschlüsse der UNCTAD-Konferenzen

1964	UNCTAD I	Behandlung von Rohstoffen auf Grundlage von Fall-zu-Fall-Beschlüssen und die Errichtung einer Kommission für Rohstoffabkommen und -politik
1968	UNCTAD II	Grundzüge einer Politik über Rohstoffabkommen und Eintreten für eine Stabilisierung internationaler Warenpreise
1972	UNCTAD III	Weitere Verhandlungen zu Fragen des Rohstoffhandels
1976	UNCTAD IV	Annahme des Integrierten Rohstoffprogramms und Abschluß einer Vereinbarung über die Notwendigkeit eines Gemeinsamen Fonds
1979	UNCTAD V	Annahme einer Resolution, die das Sekretariat ermächtigt, Erhebungen zur Vermarktung, zum Vertrieb und Transport von Waren, der Weiterverarbeitung von Grundstoffen und Ausgleichszahlungen durchzuführen
1983	UNCTAD VI	Stillstand des Dialogs zwischen den Ländern der Gruppe der 77 und der Gruppe B über Vorschläge für Stützungsaktionen für Rohstoffen
1987	UNCTAD VII	Wiederaufnahme des Dialogs zwischen den Ländern der Gruppe der 77 und der Gruppe B. Die Sowjetunion und andere Staaten stimmen einem gemeinsamen Fonds zu. Die Konferenz nimmt einen «Endgültigen Beschluß» an
1992	UNCTAD VIII	Thema: «Die Verstärkung nationaler und internatinaler Maßnahmen und multilaterale Zusammenarbeit für eine gesunde, stabile und ausgeglichenere Weltwirtschaft»

Anlaß zur Hoffnungslosigkeit. Denn es stellte sich immer mehr heraus, daß GATT mehr den Interessen der industrialisierten Länder als denen der Entwicklungsländer entsprach. Das veranlaßte die Entwicklungsländer schließlich dazu, auf eine Konferenz über Handel und Entwicklung zu drängen, in denen Fragen zu behandeln waren, die gerade der besonderen Situation dieser Länder und ihren Interessen entsprachen. Diese Konferenz, unter der Bezeichnung *Konferenz der Vereinten Nationen über Handel und Entwicklung* (UNCTAD), fand im März 1964 in Genf statt. Auf dieser Konferenz drängten die Entwicklungsländer auf die Errichtung einer neuen und alle wichtigen Themenbereiche umfassenden Internationalen Handelsorganisation (ITO). In dieser neuen Organisation würde das GATT aufgehen, und durch sie würde ein institutioneller Rahmen für Verhandlungen über den Warenaustausch geschaffen. Es ist nie gelungen, dieses Vorhaben zu realisieren, andererseits hat die auf der Genfer Konferenz von 1964 getroffene Entscheidung, UNCTAD als eine permanente Einrichtung zu etablieren, den Ländern der Dritten Welt ein Gefühl des Sieges und des Durchbruchs mit ihrem Anliegen vermittelt, das in seiner praktischen Auswirkung von grundlegender Bedeutung auf die Politik des Warenaustauschs sein sollte. UNCTAD wurde schließlich am 12. Dezember 1964 etabliert, übernahm alle Funktionen der ICCICA und entwickelte sich zu so einem Zentrum für Verhandlungen über weltweiten Warenaustausch.[15]

Bei UNCTAD kristallisierte sich eine Form zur Entscheidungsfindung heraus, die auch zum Vorbild für andere UN-Organisationen wurde. Diese Form beinhaltet die Darlegung der Positionen von drei genau definierten politischen Lagern: die *Gruppe der 77* (Entwicklungsländer), *Gruppe B* (die entwickelten Länder) und *Gruppe D* (die damaligen kommunistischen Länder Osteuropas). Eine «vierte Gruppe» war China. Seit der ersten UNCTAD-Konferenz hat die Gruppe der B-Länder damit begonnen, ihre jeweiligen politischen Positionen mit denen der *Organisation für Wirtschaftliche Zusammenarbeit und Entwicklung* OECD abzustimmen. Der Gruppe der 77 hat sich auf 128 Länder erweitert, die ihre Maßnahmen kontinentsbezogen untereinander abstimmen. Die Länder der Gruppe D haben seitdem immer wieder die Unterstützerrolle für die Anliegen der Länder der Gruppe der 77 gespielt. Seit 1989 treten sie jedoch nur noch als einzelne Länder auf, als Gruppe nur noch, wenn es um Verfahrensfragen geht.[16]

Das Selbstverständnis von UNCTAD in der ersten Dekade ihres Bestehens wurde im wesentlichen von Paul Prebisch, ihrem ersten Generalsekretär, vorgegeben. Dessen Hauptargument war, daß die Terms of Trade der Entwicklungsländer längerfristig im Rückgang begriffen wären. Seine politischen Vorgaben beinhalteten eine Stützung der Warenpreise, die Umschuldung für Entwicklungsländer, verstärkter Marktzugang für Produkte der Entwicklungsländer sowie finanziellen Ausgleich für Ausfälle bei deren Exporteinnahmen.[17]

Im ersten Jahrzehnt ihres Wirkens war der Marktzugang für Produkte aus den Entwicklungsländern die Grundlage aller Aktivitäten von UNCTAD, die zur Entwicklung des *Allgemeinen Präferenzsystems* führte (vgl. Kapitel 9). Mitte der siebziger Jahre entwickelte sich eine Diskussion um eine *Neue Weltwirtschaftsordnung* NWWO, die allen Problemen der Entwicklungsländer gerecht werden sollte.

Die Neue Weltwirtschaftsordnung NWWO

Die Idee einer neuen Weltwirtschaftsordnung wurde von den Ländern der Gruppe 77 formuliert und während der siebziger Jahre ausführlich diskutiert. Und dies zu einer Zeit, als «die Macht der Rohstoffe» auf ihrem Höhepunkt angelangt zu sein schien. Der Erfolg des OPEC-Kartells machte die Entwicklungsländer recht optimistisch, was deren potentiellen wirtschaftspolitschen Einfluß anging. Die Gruppe der 77 versprach sich eine «Abkehr von den vorhandenen Ungerechtigkeiten» und «die Möglichkeit, die bestehende große Kluft zwischen Entwicklungsländern und den entwickelten Ländern niederzureißen».[18]

Die NWWO sollte in Form eines sieben Punkte umfassenden Maßnahmenkatalogs umgesetzt werden, der ein *Integriertes Rohstoffprogramm* enthielt und dem Ziel dienen sollte, Warenpreise zu stabilisieren und anzuheben und so die Exporterlöse der Entwicklungsländer zu steigern.[19] Dabei sollte sich dieses integrierte Programm für Rohstoffe auf zwei Ansätze konzentrieren: erstens auf die Aushandlung von internationalen Rohstoffabkommen für jene Waren, die als lebenswichtig für die Entwicklungsländer gelten. Darunter fielen 18 verschiedene Rohstoffe, von denen zehn als «Schlüsselrohstoffe» eingestuft wurden, die als für die Entwicklungsländer am wichtigsten betrachtet wurden.[20] Der zweite Ansatz bestand in der Einrichtung eines Gemeinsamen Fonds zur Finanzierung der Ausgleichslager dieser zehn zentralen Rohstoffe.

Die Umsetzung internationaler Rohstoffabkommen

Seit Ende des Zweiten Weltkrieges sind internationale Rohstoffabkommen für fünf Warenarten zur Regulierung ihres Marktes abgeschlossen worden: Zinn, Naturkautschuk, Zucker, Kaffee und Kakao. Solche Abkommen wurden auch für Tee, Baumwolle, Jute und Kupfer angestrebt. Sie sind jedoch alle gescheitert. Von jenen abgeschlossenen fünf Abkommen gab es Ende 1990 nur noch eines, nämlich das Internationale Abkommen über Naturkautschuk (INRA), ein Abkommen über ein Ausgleichslager. Das letzte Internationale Kaffeeabkommen (ICFA), in dem es um Exportquoten ging, wurde im Juli 1989 ausgesetzt. In gleicher Weise läuft das Internationale Kakaoabkommen (ICCA), ein Abkommen über Ausgleichslager, 1992 aus, ohne daß weitere wirtschaftliche Maßnahmen vorgesehen sind.[21] Die Internationalen Abkommen über Zucker (ISA) sehen Exportquoten vor, aber das letzte Abkommen lief im Jahre 1983 aus. Das Internationale Abkommen über Zinn (ITA), das eine kombinierte Form von Regelungen mit Exportquoten und Ausgleichslagerhaltung vorsieht, wurde im Oktober 1985 ausgesetzt.

Die Einschätzung, was solche Abkommen eigentlich gebracht haben, ist unterschiedlich. Zwei dieser Abkommen, nämlich das Zucker- und das Kakaoabkommen, werden in ihrer Auswirkung als erfolglos angesehen, die Abkommen über Zinn, die es 30 Jahre lang gab, waren hingegen erfolgreicher, indem sie die Preise im wesentlichen in den vorgesehenen Spannen hielten. Dem erst seit jüngstem gültigen Kautschukabkommen war auch im wesentlichen Erfolg beschieden, aber die immer wieder neu abgeschlossenen Kaffeeabkommen haben es in vielen Fällen nicht fertiggebracht, die Preise in den vereinbarten Preisspannen zu halten, wenngleich es über die Festlegung von Exportquoten immerhin möglich war, ein zu starkes Abfallen oder Ansteigen der Kaffeepreise zu verhindern.[22]

Im großen und ganzen sind Abkommen dieser Art also eigentlich gescheitert, wofür im wesentlichen der mangelnde politische Wille ausschlaggebend war, diese Abkommen erfolgreich umzusetzen. Mehrere Umstände haben letztendlich dazu beigetragen: Einer davon ist die Ideologie. Viele Industrieländer als Importeure von Rohstoffen sind zwischenstaatlichen Marktregulierungen gegenüber äußerst feindlich eingestellt. Internationale Handelsabkommen werden im Widerspruch zu einer freien Marktwirtschaft gesehen, die allein den Welthandel fördern könne. Dies hat sich auch auf der letzten GATT-Runde gezeigt (vgl. Kapitel 9). Wären also diese Abkommen durch diese potenten Abnehmerländer voll unterstützt worden, wären sie im ganzen sicher erfolgreich gewesen.

Ein anderer Umstand ist in der unterschiedlichen Stärke und Schwäche der Produzenten zu sehen. In jedem beliebigen Warenbereich gibt es immer eine ganz kleine Anzahl von Ländern, die in der Produktion dieser Waren führend sind. So dominieren z.B. Brasilien und Kolumbien schon seit langem den Weltmarkt für Kaffee, und deren Exporte machen immerhin 40 % der gesamten Exporte in diesem Bereich aus. Andererseits ist Malaysia in der Kautschukproduktion führend. Wenn nun eines dieser exportführenden Länder ein solches Abkommen nicht hinreichend unterstützt, ist dieses Abkommen unweigerlich zum Scheitern verurteilt. Entscheidend ist ein Konsens der Produzenten über Marktanteile oder den Umfang der Finanzierung von Ausgleichslagern. Wie schon dargestellt (vgl. Kapitel 3), waren an dem Scheitern solcher Abkommen die verschiedensten Faktoren beteiligt, insbesondere während der achtziger Jahre, als das Verhältnis zwischen Angebot und Nachfrage nicht ausgeglichen war und so unter den jeweiligen Produzenten nur schwerlich ein einheitlicher Konsens herzustellen war.

Aber auch sonstige, eher technische Umstände, haben zum Scheitern internationaler Handelsabkommen beigetragen. Da sind z.B. die Wechselkurse zwischen den verschiedenen Währungen. Die Zugrundelegung des amerikanischen Dollars als Leitwährung anläßlich des Internationalen Zinnabkommens brachte eine Überbewertung der Stützpreise für diesen Markt mit sich. Um derartige Situationen zu vermeiden, wurde eine Stützung der Preise mit Sonderziehungsrechten vorgeschlagen.[23] Ein weiteres Handikap sind aber auch die Entwurfstexte solcher Abkommen, die als im einzelnen zu ungenau kritisiert wurden.[24] Probleme ergaben sich auch aus der Tatsache, daß neue Anbieter auf den Markt drangen, oder wenn Auseinandersetzungen unter den Produzenten über die Zuteilung der Quoten ausbrachen.

Der Gemeinsame Fonds

Der zweite Teil des Integrierten Rohstoffprogramms, der Gemeinsame Fonds, wurde von den meisten Mitgliedern des UNCTAD-Sekretariats sowie von den Ländern der Gruppe der 77 sehr befürwortet. Und dies aus mehreren Gründen: Erstens, weil nach ihrer Auffassung das Scheitern der internationalen Handelsabkommen in der Vergangenheit hauptsächlich durch eine unzureichende Finanzierung der Ausgleichslager bedingt war. Die Einrichtung eines großen Fonds würde es ermöglichen, Kredite für diejenigen zur Verfügung zu stellen, die in Schwierigkeiten geraten waren. Zweitens würde man mehr Geld sparen können durch Einrichtung eines gemeinsamen Finanzierungsinstrumentariums, als wenn man für jede Ware einzeln solche Fonds einrichten würde. Davon ausgehend, daß Warenpreise steigen und fallen können, könnte man die aus dem Absatz einiger Waren erzielten Mittel zum Aufkauf anderer einsetzen. Und schließlich wurde argumentiert, daß die Einrichtung eines Gemeinsamen Fonds das Risiko unter den beteiligten Ländern aufteilen würde, da eine Reihe von Waren beinhaltet seien und eben nicht nur eine oder zwei.

Dieser Plan zur Einrichtung eines Gemeinsamen Fonds wurde von Anfang an durch die Industrieländer vehement abgelehnt. Folglich wurden zwar Beschlußvorlagen zur Einrichtung eines solchen Fonds auf der VI. UNCTAD-Konferenz im Jahre 1976 angenommen, aber eben ohne Unterstützung durch die Industrieländer. Die Diskussion um die konkrete Ausgestaltung eines solchen Fonds war langwierig und zermürbend. Eine Verständigung darüber wurde schließlich im Juni 1980 erzielt. Der Fonds sollte aus zwei Konten bestehen, die man «Fenster» nannte. Das erste Konto oder Fenster sollte zur Finanzierung von Ausgleichslagern und für international koordinierte nationale Lager der zehn zentralen Rohstoffe des Integrierten Rohstoffprogramms dienen. Das zweite Konto oder Fenster war zur Finanzierung anderer Maßnahmen, die nichts mit der Lagerhaltung zu tun haben, gedacht, z.B. Forschung und Entwicklung, Verbesserung der Produktivität und Diversifikation. Jedes dieser Fenster wäre gesondert durch direkte Beiträge der beteiligten Regierungen in Höhe von 400 Millionen US-Dollar für das erste und 350 Millionen US-Dollar für das zweite Konto zu finanzieren.[25]

Nachdem dieses Abkommen abgeschlossen worden war, mußte es unterschrieben und ratifiziert werden. Ratifiziert würde dieses Abkommen nur dann, wenn es von mindestens 90 Ländern unterschrieben war, die dann auch zumindest bis zu zwei Dritteln die Beitragszahlungen aufbringen würden. Im März 1982 hätte dies ursprünglich geschehen sein sollen, aber die Fristen hierfür mußten immer wieder verlängert werden. Erst 1986 war das Abkommen von 90 Ländern endlich ratifiziert worden. Dennoch brachten diese Länder nur etwas weniger als 58 % der Beitragszahlungen auf. Unter den Ländern, die dieses Abkommen nicht ratifiziert hatten, befanden sich die USA und der damalige Ostblock, was 15,71 % bzw. 10,21 % der Beitragszahlungen ausmachte. Auf der VII. UNCTAD-Konferenz im Juli 1987 schließlich erklärte die Sowjetunion als ein Zeichen guten Willens gegenüber den Entwicklungsländern, daß sie das Abkommen ratifizieren und damit das Inkrafttreten des Abkommens – allerdings ohne die USA – sicherstellen würde.

Die erste Jahressitzung des Geschäftsführenden Ausschusses des Gemeinsamen Fonds fand im Juli 1989 statt. Zu diesem Zeitpunkt hatten bereits 104 Länder das Abkommen ratifiziert. Die Geschäftsräume des Gemeinsamen Fonds sollten nach Amsterdam verlagert werden.[26] Um die Mitte des Jahres 1991 betrugen die Beitragszahlungen zu diesem Gemeinsamen Fond zwischen 90 und 100 Millionen US-Dollar. Großbritannien gehört mit zu den Ländern, die ihren Beitragspflichten nachgekommen sind, viele andere aber nicht. Eine weitere Summe von 200 Millionen US-Dollar wurde befürwortet, aber letztendlich nicht gezahlt.[27]

Da sich internationale Waren- und Handelsabkommen in der Praxis nicht bewährt haben, macht das Erste Fenster wenig Sinn. Die Bemühungen des Gemeinsamen Fonds konzentrieren sich daher auf das Zweite Fenster. Für verschiedene Projekte wurden Mittel beantragt, jedoch ist noch keines dieser Projekte angelaufen. Meinungsverschiedenheiten gibt es auch darüber, ob solche Mittel entweder als Zuschüsse oder als Darlehen vergeben werden sollen.[28]

Ausgleichszahlungen

Seit dem Ende des Zweiten Weltkrieges ist es in den meisten Verhandlungen über den Warenaustausch um die Preise für den Markt gegangen, in erster Linie über den Weg internationaler Rohstoffabkommen. Aber es gab auch Verhandlungen über Ausgleichszahlungen, um Verluste im Exportgeschäft auszugleichen, die aus dem Absinken der Rohstoffpreise resultierten. Diese Verhandlungen fanden im Rahmen des Internationalen Währungsfonds und in selteneren Fällen auch bei der UNCTAD statt. Zusätzlich hat die Europäische Gemeinschaft ein ähnliches Programm aufgelegt als Teil seiner im Abkommen von Lomé mit den afrikanischen, karibischen und pazifischen Staaten (AKP-Länder) getroffenen Vereinbarungen.

Die Entwicklungsländer haben immer besonderen Wert auf internationale Rohstoffabkommen gelegt mit der Begründung, daß Ausgleichszahlungen von den ursächlichen Faktoren schwankender Rohstoffpreise auf dem internationalen Markt ablenken würden. Auf der anderen Seite war aus der Sicht der Industrieländer das Instrument der Ausgleichszahlungen ein viel günstigerer

Weg, sich den Handelsproblemen mit den Ländern der Dritten Welt zu stellen als etwa der direkte Eingriff in die Preis- und Angebotsstruktur.[29]

Die Kompensatorische Finanzierungsfazilität des IWFs

Schon 1953 wurde von einer Expertengruppe der Vereinten Nationen vorgeschlagen, daß der IWF nicht nur durch befristete Ausgleichszahlungen bei Zahlungsbilanzdefiziten unterstützend wirken sollte, was dessen eigentliche Aufgabe war, sondern auch bei einem Verfall der Exporterlöse. Bis in die frühen sechziger Jahre hinein ist dieser Vorschlag vom IWF nicht ernsthaft aufgegriffen worden. Zu jener Zeit sahen sich die Entwicklungsländer durch fallende Rohstoffpreise, die sich nachteilig auf die Zahlungsbilanz dieser Länder auswirkten, veranlaßt, beim IWF auf verstärkte Möglichkeiten zur Vergabe von Krediten zu drängen.

Der IWF reagierte darauf 1963 mit der Einrichtung eines Kontos, das den Mitgliedsstaaten eine geringfügig erweiterte Möglichkeit zur Inanspruchnahme von Krediten einräumte. Diese Kompensatorische Finanzierungsfazilität, KFF, räumte den Mitgliedsstaaten also das Recht zur Kreditaufnahme in Höhe von 25 % ihrer Quote beim Rückgang ihrer Exporterlöse ein. Dafür mußte das betreffende Mitgliedsland drei Bedingungen erfüllen. Erstens: Es muß sich um Probleme der Zahlungsbilanz handeln. Zweitens: Der Erlösrückgang muß vorübergehender Art sein und darf sich ursächlich nur aus Umständen ergeben, die außerhalb der Kontrolle des betreffenden Mitgliedsstaates liegen. Schließlich muß der inanspruchnehmende Mitgliedsstaat zur Zusammenarbeit mit dem IWF bereit sein, um angemessene Lösungsansätze für seine kurzfristige Zahlungsbilanz-Probleme zu finden.[30]

Die Länder der Gruppe der 77 kritisierten die KFF wegen deren zu restriktiver Anwendung und deren eingeschränkter praktischer Auswirkung. Vielmehr traten sie für Ausgleichszahlungen in Form von Zuschüssen im Gegensatz zur vorgesehenen Vergabe von Krediten ein, und sie sollten keine Auflagen mit sich bringen. Die Bedingungen für die Kreditvergabe wurden mehrfach verändert, hauptsächlich wurde die Kreditvergabe für ein einzelnes Land ausgeweitet. 1988 wurden die KFF aufgehoben und durch eine Fazilität für Ausgleichszahlungen und Lagerhaltung ersetzt. Diese neue Fazilität ermöglicht den Mitgliedsstaaten einen Gesamtzugang zum Fonds in Höhe von 122 % ihrer jeweiligen IWF-Quote, die Voraussetzung einer Zusammenarbeit mit dem IWF bei Stabilisierungsprogrammen für die Wiederherstellung einer ausgeglichenen Zahlungsbilanz blieb jedoch bestehen.[31]

Das STABEX-Programm im Rahmen von Lomé

Die Diskussion um Ausgleichszahlungen während der siebziger und achtziger Jahre wurde auch durch ein Abkommen beeinflußt, das zwischen der Europäischen Gemeinschaft und den Staaten der afrikanischen, karibischen und pazifischen Region 1975 abgeschlossen wurde. Dieses Abkommen wurde als STABEX-Abkommen (Stabilisierungsfonds für Exporterlöse) bekannt und war als solches Hauptpunkt des 1. Lomé-Abkommens im Jahre 1975 (für weitere Einzelheiten zu den Lomé-Abkommen und eine Auflistung der AKP-Staaten vgl. Kapitel 10).

Nach der STABEX-Vereinbarung leistet die Europäische Gemeinschaft Ausgleichszahlungen an die AKP-Länder für einen Verfall der Erlöse bei Rohstoffexporten in die Länder der Europäischen Gemeinschaft mit dem Ziel «schädigende Auswirkungen der Instabilität von Exporterlösen zu beseitigen und den AKP-Staaten bei der Überwindung von Stabilität, Profitabilität und ständiges Wirtschaftswachstum behindernden Faktoren behilflich zu sein, ihre Entwicklungsbemühungen zu unterstützen und auf diesem Wege wirtschaftlichen und sozialen Fortschritt für die Bevölkerung dieser Länder über den Weg der Sicherung ihrer Handelskraft zu ermöglichen...»[32]

Seiner Natur nach ist STABEX somit ein Unterstützungsprogramm durch Transferleistungen in die AKP-Länder «zum Wohle ihrer Wirtschaftsträger, die Verlusten (von Exporterlösen) ausgesetzt sind, oder, wo geeignet, zu Zwecken der Diversifikation entweder in geeignete Produktivbereiche der Landwirtschaft oder zur Weiterverarbeitung agrarischer Produkte».[33] Bei erstmaliger Auflegung des Programms umfaßte es nur zwölf Produktarten. Seitdem ist es auf 49 erweitert worden und enthält nun eine große Bandbreite natürlicher Rohstoff- und Landwirtschaftsprodukte. Für den Zucker gibt es ein eigenes Stützungsprogramm unter der Bezeichnung Zuckerprotokoll. Mineralien sind im SYSMIN-Abkommen (Sonderfonds für Mineralische Produkte) geregelt, das zwar nicht unter das STABEX-Programm fällt, aber ähnliche Regelungen vorsieht.

Bei der Auflegung des STABEX-Programms 1975 kam man überein, daß die am wenigsten entwickelten Länder der AKP-Gruppe (43 von 69 AKP-Ländern) von der Rückzahlung freigestellt werden sollten, während die anderen Staaten Rückzahlungen zu leisten hätten, sofern sich auf dem Markt eine wirtschaftliche Wiederbelebung abzeichnete, von Zinsen wurde jedoch abgesehen.[34] Die Bestimmungen von STABEX wurden jedoch unter Lomé IV, das 1990 in Kraft trat und Regelungen für eine Laufzeit von zehn Jahren brachte, abgeändert: Alle Transferleistungen werden von nun ab als Zuschüsse gewährt, bedingt durch die geringen Rückzahlungseingänge während der vorherigen Lomé-Abkommen: nur 0,9 % während Lomé I, 1,75 % während Lomé II und 11,6 % in der Laufzeit von Lomé III.

Im Lomé-IV-Abkommen wurden auch die Bestimmungen über die Verwendung von STABEX-Transferleistungen geändert. Danach müssen sie in jenem Bereich eingesetzt werden, für den der Exporterlösrückgang angeführt wurde, oder in anderen Bereichen der landwirtschaftlichen Produktion. Nach den Bestimmungen des Lomé-III-Abkommens konnten solche Zahlungen «in anderen entsprechenden Bereichen» eingesetzt werden. Die Bestimmungen von Lomé IV versuchen, STABEX mit Strukturanpassungsprogrammen zu verbinden. Wo schon entsprechende Anpassungsmaßnahmen zum Umbau der Produktion, der Exporte oder zur Diversifizierung im Gange sind, müssen STABEX-Transferleistungen zu ihrer Unterstützung eingesetzt werden. Auch in Bezug auf den jeweiligen Abhängigkeitsgrad wurden die Bestimmungen geändert: STABEX ist nun auch auf Produkte anwendbar, die nur fünf Prozent des jeweiligen Exportumsatzes eines Landes ausmachen bzw. ein Prozent für die am wenigsten entwickelten Länder ohne Zugang zum Meer oder in einer Insellage. Nach den Bestimmungen des Lomé-III-Abkommens betrugen die festgelegten Abhängigkeitsgrade 6 % bzw. 1,5 % .

Ständig schwankende Warenpreise in den achtziger Jahren beutelten das STABEX-Budget in hohem Maße. Zwischen 1975 und 1988 wurden berechtigte Anträge in Höhe von 3371 Millionen ECU gestellt, was das Zweifache der vorgesehenen Summe von maximal 1723 ECU Millionen ausmachte.[35] Im Jahre 1988 allein fielen 35 % mehr berechtigte Zahlungsersuchen dieser Länder für im Jahre 1987 angefallene Exportumsatzeinbußen an als Mittel vorhanden waren.[36] Die AKP-Länder baten daher um eine Aufstockung des Fondsvolumens. Schließlich nahm die EG eine Fondsaufstockung um weitere 245 Millionen ECU für die Zeit von 1987-1988 vor. Die EG betrachtete dies als ein Zugeständnis auf außergewöhnliche Umstände, die eine solche Aufstockung erforderlich machten, während die AKP-Länder sich in der Folgezeit darauf als einen Präzedenzfall für weitere Aufstockungen beriefen.[37]

STABEX umfaßt 14 % des derzeitigen EG-Entwicklungshilfebudgets für die AKP-Staaten. Jedoch profitiert nur eine ganz kleine Gruppe von Ländern davon. Die Aufteilung der Mittel ist unausgewogen und verzerrt; so sind 1989 63 % der Transferleistungen allein in zwei Länder abgeflossen: die Elfenbeinküste und Kamerun. Weitere 28 % flossen in fünf weitere Länder ab, was im Endeffekt bedeutet, daß 91 % der Transferleistungen in nur sieben Länder der AKP-Gruppe abgeflossen sind. Nur 20 Staaten haben überhaupt solche Transferleistungen erhalten. Und die Aufteilung auf die einzelnen Produkte ist noch unausgewogener und verzerrter: Kaffee umfaßte 70 %, Kakao und Kakaoprodukte 20 % und Holz 6 % der Transferleistungen. Solche Leistungen kamen nur für 13 Produkte insgesamt in Frage.[38]

STABEX wurde manchmal als Juwel in der Krone des Abkommens von Lomé bezeichnet, und gerade in der Frage des Ausgleichs wurde es von den AKP-Staaten als eine grundlegende Neuerung und ein neuer Ansatz im Bereich des Warenaustauschs betrachtet. Dessenungeachtet wurde es aber auch wegen seiner Beschränkungen, vor allem in der Produktpalette kritisiert, denn die aus den Primärprodukten hergestellten Weiterverarbeitungsprodukte bleiben außen vor. Nach Ansicht der britischen Regierung hat es STABEX nicht fertiggebracht, wesentliche positive Impulse für die wirtschaftliche Entwicklung der

Empfängerländer zu liefern: «Eines der Ziele von STABEX ist zwar die Diversifikation, doch trägt STABEX auch zur Einschränkung der Marktkräfte und zu einer verminderten Neigung zur Marktanpassung bei... Bisher hat STABEX für Deviseneinnahmen gesorgt, ohne daß entsprechende Wirtschaftsreformen in Angriff genommen worden wären».[39]

STABEX wurde auch für seine auf einzelne Länder beschränkte Anwendbarkeit kritisiert, weil nur AKP-Länder Anspruchsberechtigte sind. Dennoch gibt es ein kleines Programm unter der Bezeichnung COMPEX (Ausgleich für Erlösverfall im Export für Nicht-AKP-Länder) für die am wenigsten entwickelten Nicht-AKP-Länder. COMPEX wurde 1987 mit einer Laufzeit von fünf Jahren aufgelegt, und es ist ein Zeichen der EG für die Unterstützung des UN-Aktionsprogramms zugunsten der am wenigsten entwickelten Länder, das auf einer Konferenz 1985 beschlossen wurde. Es stellt eine Summe von 50 Millionen ECU zur Stabilisierung der Exporteinnahmen hauptsächlich aus dem Agrarsektor zur Verfügung. Transferleistungen, in Form von Zuschüssen, sollen für Diversifikationsmaßnahmen verwendet werden. So wurden Zahlungen z.B. an Bangladesch für dessen Jute- und Teeindustrie oder an Nepal für dessen Leder-, Fell- und Linsenindustrie geleistet.[40]

Zurück zu Bendei Patrice

Nichts von alledem hat viel für Kleinproduzenten wie Bendei Patrice gebracht, die nach wie vor angesichts schwankender Warenpreise verwundbar sind. Weder internationale Handelsabkommen noch Rohstoffkartelle haben ihm viel geholfen, einen angemessenen Lebensunterhalt aus dem Baumwollanbau zu erwirtschaften.

Denn Baumwolle erfüllt keine der Marktbedingungen zur Bildung von Kartellen. Es ist eine in sich sehr heterogene Ware von unterschiedlicher Zusammensetzung und Qualität. Für Baumwolle gibt es eine Reihe von Ersatzstoffen. Synthetik, mit Baumwolle versetzt, hat während der letzten Jahrzehnte den Anstieg des Baumwollverbrauches verlangsamt. Sie wird in tropischen und gemäßigten Klimazonen und 75 Ländern weltweit angebaut. Unter den Hauptproduzenten finden sich so mächtige Nationen wie die USA, die ehemalige Sowjetunion (das heutige Gebiet der Gemeinschaft Unabhängiger Staaten) und China. Versuche, ein internationales Handelsabkommen für Baumwolle zu schließen, blieben ohne Erfolg. Zwischen den fünfziger und siebziger Jahren blieben die Baumwollpreise relativ stabil, was insbesondere auf die Politik der USA, große Vorratsmengen an Baumwolle anzulegen und die amerikanischen Baumwollproduzenten großzügig zu subventionieren, zurückging. Im Endeffekt war dies wie ein weltweites Ausgleichslager. Diese Vorratspolitik der USA wurde 1965 aufgegeben und die Preisstützungsmaßnahmen eingeschränkt.

Dies geschah zu einer Zeit, als eine ernsthafte Diskussion um den Abschluß von internationalen Handelsabkommen für Baumwolle einsetzte. Ein solches Abkommen wurde aber nie geschlossen, dazu waren sich die Produzentenländer untereinander zu uneinig. Einige von ihnen waren der Ansicht, daß ein solches Abkommen wegen der Konkurrenz mit Synthetikstoffen nicht funktionieren würde, andere argumentierten mit der Heterogenität dieses Materials. Und viele wollten auch einfach keine Reglementierung des Marktes, weil dies die Möglichkeit zur Eroberung weiterer Marktanteile einschränken würde.

Die Preise für Baumwolle stiegen Mitte der siebziger Jahre unter dem Eindruck des Ölpreisschocks nicht unwesentlich an, da dieser zu einer starken Erhöhung der Preise für synthetisch hergestellte Fasern, dem Hauptkonkurrenzstoff für Baumwolle, führte. Die Aussichten auf ein Abkommen waren in dieser Zeit gering, und insbesondere die USA und die Sowjetunion wandten sich gegen eine Intervention auf dem internationalen Baumwollmarkt. Denn als Hauptproduzenten hätten sie erhebliche Summen zur Finanzierung eines Ausgleichslagers beisteuern müssen. Die ärmeren Produzenten unter den Ländern der Dritten Welt wie etwa der Tschad hätten von einem reglementierten Markt Vorteile gehabt, aber ihre Position in den Verhandlungen war ohnehin nicht stark, spielten sie auf dem Weltmarkt doch eher eine Außenseiterrolle.

Der Preissturz Mitte der achtziger Jahre ist allein auf die erhöhte Produktion von Baumwolle in den Hauptproduzentenländern zurückzuführen.[41] Während es für den Tschad nicht möglich war, Vorteile aus einem reglementierten Markt zu ziehen, da es keine Marktsteuerung gab, wurden ihm auf der anderen Seite nach dem Fall der Baumwollpreise Ausgleichszahlungen aus dem STABEX-Programm gewährt. 1987 machten STABEX-Zahlungen an den Tschad 5,4 % des gesamten STABEX-Budgets aus und 1988 2,2 %.[42]

Im nächsten Kapitel geht es um eine andere Art, mit instabilen Preisen fertig zu werden: Versicherungsschutz für Erlöse. Große Unternehmen begegnen dem Problem auf diese Weise. Sie schützen sich selber gegen Preisinstabilität, indem sie Warenterminhandel betreiben.

Kapitel 5: *Sich absichern*

Preisstabilisierung und Termingeschäfte

Patty und George gehen pleite

In der Mitte des 19. Jahrhunderts: Patty und George lebten von der Bewirtschaftung eines 50 Morgen großen Stück Landes in Wisconsin, USA. Es war gutes Land, das ihnen einen zwar bescheidenen, doch angemessenen Lebensstandard sicherte: genug für Essen, Kleidung, die schulische Ausbildung ihrer drei Kinder und für ein Dach über dem Kopf.

In der Hauptsache wurde Weizen angebaut, der einmal im Jahr an den örtlichen Getreidehändler veräußert wurde. In einem dieser Jahre machten sie sich wieder auf, in festlicher Stimmung, um ihr abgeerntetes Getreide in der Stadt zu verkaufen. Die harte Arbeit der Ernte war nun wieder einmal vorüber, und es war ein gutes Jahr. Der Regen kam genau zur richtigen Zeit und auch in dem gewünschten Maß. Das Getreide schoß nach oben, wurde drall und reifte in der goldenen Farbe der sommerlichen Sonne heran, die auch noch während der Erntezeit schien. Und als sie nun bei dem Getreidehändler eintrafen, stellten sie mit großer Freude fest, daß ihre Arbeit und Mühe mit außergewöhnlich hohen Getreidepreisen in diesem Jahr belohnt werden würde. Das Getreide war verkauft, und auf dem Rückweg zur Farm überlegten sie, was sie mit diesem unverhofft hohen Einkommen anstellen sollten. Sie entschieden sich schließlich für einen Ausbau des kleinen Farmhauses in diesem Winter und für die Anschaffung von neuen Maschinen und sonstigen Gerätschaften. Das erzielte Einkommen würde nicht vollständig die zur Anschaffung benötigte Summe abdecken, so entschlossen sie sich zur Aufnahme eines Kredits bei der Bank. Sie waren sich sicher, daß sie diesen Kredit in einigen Jahren zurückzahlen könnten.

Der Winter kam und ging. Das Haus war erweitert, die Maschinen angeschafft, und der Weizen angebaut, und so sahen sie nun der Erntezeit entgegen. Es war wieder eine gute Zeit für den Anbau und der Ernteertrag war hoch, aber als sie diesmal den Getreidehändler aufsuchten, hatte dieser schlechte Nachrichten für sie: Zwei aufeinander folgende Erntejahre hatten eine reiche Ernte erbracht, und die Getreidesilos waren noch von der Ernte des letzten Jahres voll. Es war ganz einfach: Das Angebot übertraf diesmal die Nachfrage. Und so war der Preis, den der Händler ihnen diesmal bot, nur ein Teil dessen, was er im letzten Jahr gezahlt hatte. Geknickt kehrten Patty und George nach Hause zurück. An diesem Abend saßen sie auf der Veranda des Farmhauses und blickten über die weiten abgeernteten Felder und überschlugen, was der Transport ihres Weizens in die Stadt kosten würde und was er ihnen diesmal überhaupt einbringen würde. Und sie brauchten nicht allzu lange, um festzustellen, daß sie diesmal einen Verlust machen würden. Es wäre billiger, das Getreide im Mississipi zu versenken.

Und das taten sie schließlich auch. Die Früchte ihrer Arbeit endeten so an den Ufern des Flusses, die Bank kündigte den Kredit auf, und Patty und George gingen schließlich pleite.

Handelsgeschäfte auf Termin

Ein Todfeind der Farmer – ob des nordamerikanischen Getreideanbauers oder eines kleinen lateinamerikanischen Kaffeeproduzenten – ist die Preisunsicherheit. Preisunsicherheit bedeutet, daß man nicht weiß, wie das erzielte Einkommen von einem Jahr auf's andere tatsächlich aussehen wird. Und so kann man daher weder für die Zukunft planen noch von einer finanziellen Absicherung in der Gegenwart ausgehen.

Die Chicagoer Handelskammer trat für eine Absicherung der Getreidefarmer wie Patty und George gegen solche gewaltigen Preisschwankungen ein, so daß sie sich in der Mitte des 19. Jahrhunderts zu Handelsabschlüssen von Geschäften mit späterer Lieferung entschloß. Tatsächlich war das Vorbild eines Handels auf der Basis von Terminverträgen die Reisbörse von Osaka, die bereits seit 1730 Handelsgeschäftsabschlüsse mit späterer Lieferung kannte.[1] Und man geht sogar davon aus, daß schon im 13. Jahrhundert in England der Warenterminhandel bei der Abtei von Fountains beim Verkauf von Wolle üblich war.[2] Wäre diese Möglichkeit auch im Falle von Patty und George zum Tragen gekommen, als diese ihren Kredit aufnahmen, hätten sie auch den Preis für die Ernte des nächsten Jahres festlegen können. Man hätte entweder nicht neu angebaut oder, für den Fall, daß man es doch getan hätte, wäre eben ein Teil des abgeernteten Getreides zu einem im voraus festgelegten Preis abgesetzt worden. Und das hätte sichergestellt, daß sie ein gewisses Einkommen auch erzielt hätten. Wenn also die Preise in der Zwischenzeit gefallen wären, hätten sie eben nur einen Teil ihrer Ernte zu dem gefallenen Preis abgeben müssen.

Tabelle 2 verdeutlicht, wie sich dieses Prinzip auf einen Kaffeeproduzenten anwenden ließe. In der Tabelle werden zwei Preiskategorien zugrunde gelegt – die eine ist der *Tagespreis* als Ergebnis des täglichen Angebot-Nachfrage-Verhältnisses. Der *Warenterminpreis* ist dann der, zu dem man jetzt kaufen oder verkaufen kann, obwohl die Ware an sich erst in, sagen wir einmal, drei Monaten ausgeliefert wird. Grob gesagt ist der Warenterminpreis der Tagespreis, den man in drei Monaten erwartet.

Tabelle 2 : Einkauf auf der Basis von Vorverträgen

Datum	Kaffeepreis per Tonne*		Farmerumsatz	Bankbilanz des Farmers		
	Tages-preis	Waren-termin-preis		Zahl-ungen	Ein-nahmen	Bilanz
Sept '94	480	500	Absatz von 100 Tonnen Kaffee zum Preis von 500 £/t	—	50.000	50.000
Juni '95	380	400	Kauf von 100 Tonnen Kaffee zu 400 £/t	40.000	—	10.000
			Absatz von 100 t Kaffee zu 380 £/t	—	38.000	48.000

* Preisangaben in Pfund Sterling

Nach Abschluß der Ernte 1994 entscheidet sich der Farmer dafür, daß der gegenwärtige Tagespreis von 480 Pfund pro Tonne Kaffee für einen bestimmten Teil der Kaffeernte des nächsten Jahres gesichert sein soll. Dabei geht er von einer Ernte von 200 Tonnen Kaffee im nächsten Jahr aus. Nicht die gesamte Ernte soll auf der Basis des Vorvertrages abgesetzt werden für den Fall, daß die Ernte aus irgendeinem Grunde mißlingt. Und so entscheidet sich der Produzent, daß nur die Hälfte der Ernte mit einem Warentermingeschäft abgesetzt werden soll. Und folglich werden 100 Tonnen der Kaffeernte des nächsten Jahres schon zum gerade geltenden Terminpreis von 500 £/t verkauft. Obwohl zu diesem Zeitpunkt keine tatsächlichen Gelder fließen, hat er theoretisch ein Guthaben von 50.000 Pfund auf der Bank.[3]

Die Erntezeit 1995 kommt herbei, und die Ernte bringt 200 t Kaffee wie erwartet ein. Aber inzwischen ist der Kaffeepreis gefallen. Als die Kaffee-Ernte verkauft werden soll, beträgt der Tagespreis nur noch 380 Pfund/t. Und so würden die Einnahmen im Vergleich zur Ernte von 1994 20.000 Pfund Sterling weniger betragen. Aber nun ist ja schon die Hälfte der Kaffee-Ernte zu einem ehemaligen Terminpreis von 1994 verkauft worden. Er ist in der Lage, seinen alten Warenterminkontrakt zu einem neuen Preis von 400 Pfund Sterling pro Tonne zurückzukaufen. Jetzt kann er die gesamte Kaffee-Ernte dieses Jahres zum gegenwärtigen Tagespreis von 380 Pfund Sterling pro Tonne absetzen. Der Verlust reduziert sich folglich um die Hälfte. Der Kaffee wird zwar für 380 Pfund/t verkauft, aber gleichzeitig werden 10.000 Pfund durch das Termingeschäft eingenommen. Und so hat sich der Produzent mittels dem Warenterminhandel erfolgreich gegen den Preisverfall für einen Teil der Ernte abgesichert und sich auf diese Weise Einkünfte für das folgende Jahr gesichert. Wäre der Tagespreis 1995 höher als der von 1994 gewesen, hätte er auf dem Tagespreismarkt zusätzliche Einnahmen erzielt, aber Verluste beim Termingeschäft gemacht.

Dieses einfache Muster verdeutlicht zwei Haupfunktionen, die Warenterminmärkte innehaben. Die erste ist die *Preisfeststellung*. Dem Anbauproduzenten war es möglich, den Preis, der im folgenden Jahr für einen Teil der Ernte erzielt werden würde, festzustellen, obwohl unklar war, wie der tatsächliche Tagespreis dann aussehen würde. Auf dieser Basis kann der Farmer die Anbaumenge, die Anschaffung von Gerätschaften, Düngemitteln und anderer Investitionen planen. Die zweite Funktion, *hedging* genannt, ist eine Schutzfunktion, die nach Wörterbuchdefinition in «der Verlustrisiko-Minderung bei Wetteinsätzen, Spekulationen durch ähnliche, aber gegenläufige Transaktionen» besteht.[4] Und genau das ist auch hier der Fall. Die Unsicherheit über die Einkünfte für den Farmer wird gemindert, und diese Funktion spielt auch eine wichtige Rolle in der Garantie eines Preises, der aus dem Anbau erzielt werden kann.

Warenterminhandel

Seit den Tagen von Patty und George und der Handelskammer von Chicago ist das Prinzip des Terminhandels immer weiter verfeinert worden. Die Zeiten des einfachen Kaufs auf Termin, wie oben illustriert, sind im Grunde genommen vorbei, obwohl das Prinzip nach wie vor das gleiche ist. Heutzutage handeln Einzelpersonen und Firmen mit Termingeschäften. Der Hauptunterschied im Gegensatz zu früher ist, daß zunächst einmal eine bestimmte Geldsumme hinterlegt wird, was man auch «Einschußkonto» nennt.

Zurück zu unserem Kaffeeanbauern. Der Kaffee wäre von ihm mit einem Terminvertrag wie bereits beschrieben verkauft worden. Der Kaffeebauer hätte aber eine Kaution auf dem Einschußkonto hinterlegen müssen. Und sobald sich der Kaffeepreis, in der Regel auf Tagesbasis, nach oben oder unten bewegt, wären entsprechende Anpassungen in Bezug auf die hinterlegte Summe fällig, eventuell muß ein Nachschuß geleistet werden. Bei steigendem Preis hätte er zusätzlich einzahlen müssen, bei fallendem Preis würde er einen Ausgleich erhalten haben. Somit wäre der auf dem Einschußkonto geführte Betrag ständigen Änderungen unterworfen. Und das bedeutet, daß der Kaffeebauer immer sehr kreditwürdig sein muß, um die manchmal extrem hohen Hinterlegungssummen aufbringen zu können.

Diese Idee der Chicagoer Handelskammer zum Produzentenschutz durch Getreidehandel auf Termin breitete sich sehr schnell aus. Warenterminhandel findet heute an allen Enden der Welt in den Hauptstädten vieler Länder statt – von Tokio über Hongkong, Djarkarta und Buenos Aires, obwohl die Hauptzentren immer noch in Chicago, Paris, New York und London liegen. Eine breite

Palette von Produkten wird in diesen Zentren vermarktet – Öl, Metalle, Agrarprodukte und Geld. Es gibt sogar Pläne zur Vermarktung von Elektrizität an Terminbörsen in Großbritannien.

Damit ein Rohstoff durch Terminhandel vermarktet werden kann, muß er bestimmten Anforderungen entsprechen. Am wichtigsten ist dabei, daß dieser Rohstoff einem bestimmten Handelsstandard entspricht. Auf Terminmärkten muß Gleiches mit Gleichem gehandelt werden können. Und deshalb werden manche Güter kaum mit Termingeschäften gehandelt. So wird Tee beispielsweise immer noch vorwiegend auf dem Auktionswege abgesetzt, wie dies im nächsten Kapitel noch ausführlicher geschildert wird. Dies ist deswegen so, weil es so viele qualitativ unterschiedliche Teearten gibt, daß die Festsetzung eines einheitlichen Preises schier unmöglich ist.

In London entwickelte sich der Terminhandel aus der öffentlichen Versteigerung von importierter Ware. Im 18. Jahrhundert trafen sich die Händler in den Kaffeehäusern in den kleinen engen Straßen um die Mark and Mincing Lane herum gleich hinter dem bekanntesten Wahrzeichen der Londoner Innenstadt, dem Tower of London. Warenproben von Tee, Kaffee, Kakao wurden öffentlich zur Schau gestellt und verbreiteten in den Straßen und Gassen ein reichhaltiges Aroma. Und der Rest, auf Schiffen angekommen, wurde in den Lagern rund um den Fluß aufbewahrt.

Allerdings deckte der Verkauf dieser Güter oftmals nicht die Kosten der Reeder, besonders dann nicht, wenn noch Kosten für die Versicherung der Fracht dazukamen.

Ihre Schiffe mußten mit der Ware oft lange und auch gefährliche Strecken von Asien und Lateinamerika bis zum Londoner Geschäftszentrum zurücklegen. Und natürlich benötigten sie eine Garantie dafür, daß sie ihre Kosten abdecken und Mannschaften auszahlen könnten, und so begann denn auch der An- und Verkauf auf Termin. Dafür mußten die Händler des Londoner Geschäftszentrums den Terminpreis der Fracht – für Kupfer z. B. drei Monate im voraus also zum Zeitpunkt des erwarteten Frachtankunftsdatums aus Santiago – festlegen. Sie taten dies nach der Einschätzung, ob die Ware pünktlich ankommen würde und der Abschätzung der möglichen Nachfrage. Händler einer bestimmten Ware trafen sich in einem der Kaffeehäuser der Mark Lane, plazierten sich um einen Kreis, der auf dem mit Sägemehl belegten Boden gezeichnet wurde, und riefen ihre Voraussagen – eine Praxis, die als «offener Ausruf» bekannt wurde – bis der Hammer niedersauste und der Preis festgelegt war.[5]

Heute ist das Londoner Geschäfts- und Börsenviertel, die «City», nicht mehr mit dem Duft der Gewürze angefüllt, und so ist es lediglich der aufdringliche Duft der Abgase der Autos, Busse und Taxis, der die Straßen füllt. Viele der eleganten alten Gebäude sind durch moderne Büroblocks ersetzt worden, und der Handel findet schon lange nicht mehr in Kaffeehäusern, Kneipen oder

Weinkellern, sondern in den Büros statt. Das Preissystem jedoch, mit dem die Warenpreise festgelegt werden, und das zugrundeliegende Prinzip sind im wesentlichen gleich geblieben. Es hat sich natürlich über die Jahre hinweg weiterentwickelt und wird es auch weiterhin tun, zumal die Kommunikationsmöglichkeiten immer weiter entwickelt werden und der Computer immer mehr Verbreitung findet.

Hauptsächlich findet die Vermarktung heute an drei Stellen statt. Die eine, die London Future and Option Exchange, FOX (Londoner Warentermin- und Optionsbörse), handelt mit «weichen» Produkten wie Kaffee, Kakao und Zucker. Die Internationale Erdölbörse (International Petroleum Exchange, IPE) vermarktet Öl. Und nur ganz wenige Rohstoffe werden noch über «offenen Ausruf (Gebot)» unter die Leute gebracht. Alles andere wird über die Computer in den einzelnen Firmenbüros der Londoner City abgewickelt. Eine weitere Warenbörse, die Londoner Metallbörse (London Metal Exchange, LME) handelt mit «harten» Produkten – Kupfer, Blei, Nickel, Zink, Blech und Aluminium. Hier wird der Handel noch über «offenen Ausruf» abgewickelt. Für einige dieser Waren ist diese Methode auch auf den Märkten in Chicago und New York üblich.

Für Neueinsteiger ist die Welt des Warenterminhandels, gelinde ausgedrückt, verwirrend und schlimmstenfalls undurchschaubar wie der folgende Bericht von einem Besuch der Londoner Metallbörse zeigt:

«Die Börse befindet sich im Plantation House in der Fenchurch Street. Wenden Sie sich dort an Mr. Sampson, was Ihnen den Zutritt auf das Ausstellungsgelände gestattet. Reden Sie freundlich mit ihm, und er wird Ihnen Zutritt zur Börsenhalle verschaffen. Dann wird es 12.29 Uhr sein, weil er dies auf die sorgfältigste Weise in die Wege geleitet haben wird.

Um 12.30 Uhr ertönt eine Glocke, und Mr. Sampson kündigt an, das hochwertiges Kupfer zum Aufruf kommt, was fünf Minuten in Anspruch nehmen wird. 300 Leute sind dabei anwesend – alles Weiße – in dem sechseckigen Raum. 25 Anwesende sind in einem Kreis in der Mitte placiert und der Rest darum herum. Einige halten sich im Hintergrund des Kreises auf, andere in den mit Schaumstoff ausgestatteten Telefonzellen und hängen an drei oder vier Telefonhörern.

Die Männer in der Mitte gestikulieren herum, schreien und rufen, geben Handzeichen und laufen rot an – und dies alles schon in der Frühphase dieser fünf Minuten. Danach heizt sich die Stimmung erst so richtig auf – warum fuchteln die so in der Gegend herum? Ein kleines Buch von Mr. Sampson ist hier aufschlußreich. Eine leicht geballte Faust mit drei Fingern ausgestreckt bedeutet ‹drei im Angebot›. Zwei Finger in diesem Zusammenhang bedeuten etwas ganz anderes als das gleiche Zeichen, das die Londoner Taxifahrer machen, nämlich: ‹zwei Gebote (auf)...› Zwei zusammengebogene Finger, wie bei Athritris, bedeuten ‹zwei und halb›. Ich muß ehrlich zugeben, daß ich mit all dem wenig anfangen kann. Was schreien die denn nun? Auch darüber bin ich mir nicht im klaren, Wortfetzen wie ‹neun im Angebot... sechs-sieben.. eins-neun-elf... sieben-fünf-sechs› fliegen umher. Fetzen von überall, und in jeder halben Minute oder so bricht jeder Anwesende im Raum in Rufe wie ‹neunzehn im Angebot› aus.

Inzwischen werden weiter Grimassen gezogen, Wortfetzen im Stakkatorhythmus schlängeln sich durch die Mitte des Kreises wie ‹Mel, kannst du zu dem Preis?› oder ‹Stoo, sag' Tel Bescheid, er hat es mit insgesamt 13 Aufträgen›, oder: ‹Doug, was liegt an?›

Die restlichen dreißig Sekunden der fünf Minuten kommen mir wie 30 Sekunden eines Fights mit Frank Bruno vor. Ein fetter Börsenmakler läuft unter Umständen noch roter als seine Kollegen an und schreit über seine Kollegen hinweg: ‹95 zum Verkauf, 95 zum Verkauf›, und dann, als die Glocke ertönt, noch einmal: ‹Ich biete 90›. Und das ist dann der Preis für drei Monate im voraus für 65 % des Kupferweltaufkommens, der somit festgelegt ist.»[6]

Diese hektischen Aktivitäten wurden von Rohstoffmaklern und ihren Angestellten durchgeführt, und die Makler fungieren dabei als Zwischenhändler zwischen Produzenten und Abnehmern. Um in den Hallen der Londoner Metallbörse oder der Londoner FOX mitmischen zu können, müssen die Maklerfirmen als Mitglieder zugelassen sein, wozu sie sich an der Börse einkaufen müssen. Einmal drinnen werden ihnen Telefonanlagen und ein Platz im Kreis zugewiesen, mit einem Plastikschild, auf dem sich der Firmenname findet. Einige Unternehmen statten ihre Makler auch noch besonders aus, und eine ihrer Aufgaben ist es, Absicherungen im Auftrage ihrer Klienten durch Warentermingeschäfte vorzunehmen. Jede Ware wird in standardisierten Mengen umgesetzt, wobei die jeweilige Menge vom jeweiligen Warenwert abhängig ist. So wird Kupfer z.B. per Tonne, Zinn in Mengen von fünf Tonnen verhökert. Den Maklern stehen Angestellte zur Seite, die, während das Handelsgeschäft läuft, die Zeit mit Telefonaten mit dem Firmenbüro verbringen, gleichzeitig Aufträge ihrer Kunden entgegennehmen, die entweder kaufen oder verkaufen wollen. Beim Eingang dieser Aufträge wird das Verhältnis zwischen Angebot und Nachfrage absehbar und somit beide Preise, der Tagespreis und der Terminpreis, für diesen Tag festgelegt.

Nun ist Absicherung nicht die einzige Funktion der Terminmärkte. Denn es gibt auch Spekulation. Warenspekulanten interessieren sich nicht direkt für die Handelsware, sie beabsichtigen z.B. nicht, den Kaffee oder das Kupfer, die sie erwerben, auch als Lieferung entgegenzunehmen. Sie stellen diese Waren auch nicht her; sie betätigen sich lediglich im An- und Verkauf in der Hoffnung, daß sie auf die zukünftigen Preisbewegungen richtig gesetzt haben. Dadurch halten sie die Preisbewegungen ständig in Fluß und sorgen für die ständige Liquidität des Marktes. Spekulanten sind an einigen Terminbörsen durchaus willkommen, besonders in den USA, wo eine über das übliche Maß hinausgehende Liquidität des Marktes als notwendig für ein reibungsloses Marktgeschehen angesehen wird. An anderen Börsen gelten sie hingegen als mit scharfen Argusaugen beobachtete Profiteure und werden folglich entweder behindert oder gar nur toleriert. Diese unterschiedliche Bewertung ihrer Aktivitäten geht auf Meinungsunterschiede bezüglich der Auswirkungen, die dies auf die Märkte haben kann, zurück. Einerseits wird behauptet, daß sich auf diesem Wege auf Preisschwankungen dämpfend einwirken läßt, andererseits betrachtet man Spekulation in ihrer Auswirkung als preisdestabilisierend.

Warenterminmärkte und die Entwicklungsländer

Wären Patty und George in den USA des 20. Jahrhunderts Farmer gewesen, hätten sie ihr Getreide auf Termin direkt bei einem örtlichen Getreidehändler absetzen können, der es seinerseits an einen Großhändler wie Cargill weiterverkauft hätte. Im Gegenzug hätte Cargill die Ware auf den Terminmarkt gebracht, um sich selbst gegen ungünstige Preisbewegungen abzusichern. Dies hätte auch eine gewisse Preisgarantie für Patty und George bedeutet, die auch in den Genuß staatlicher Farmzuschüsse gekommen wären.

Für viele Rohstoffe ist die Welt des Warenterminhandels fast einzig die Welt der transnationalen Unternehmen und der großen staatlichen Unternehmen. Der Grund dafür ist eigentlich ganz einfach: Für den Terminhandel benötigt man Kapital. Für die Unterhaltung eines «Einschußkontos» muß man kreditwürdig sein, und die dafür notwendigen Geldsummen sind hoch. Daher profitieren eben vor allem auch große Unternehmen von solchen Transaktionen und haben den Markt unter Kontrolle. Und die meisten dieser Terminverträge sind besonders auf deren Bedürfnisse abgestellt.

Terminhandel kann ein einfacher und durchaus wirkungsvoller Weg für die Stabilisierung von Produzentenpreisen sein. Die enormen Geldsummen aber, die hierzu eingesetzt werden müssen, haben diejenigen, die am meisten dieser Preisstabilität bedürfen, nicht zur Verfügung und schließen diese daher vom Markt aus. Und so wickeln nur wenige Entwicklungsländer ihren Handel auf Terminbasis ab. Die Verträge haben eine zu kurze Laufzeit für sie; und was sie eigentlich bräuchten, wären Verträge mit einer Laufzeit von zwölf, mindestens aber drei Monaten. Oder die Zwölf-Monats-Terminverträge sind «illiquide», was einfach bedeutet, daß der Handel auf Zwölf-Monats-Vertragsbasis zu gering ist, um den Preis in Bewegung zu halten. Außerdem verfügen Entwicklungsländer nicht über den erforderlichen Kredit. Kurzum: auf dem Markt sind sie benachteiligt, der von den im Norden der Erde angesiedelten und kreditwürdigen Unternehmen kontrolliert wird.

Ein Lösungsvorschlag ist, daß eine internationale Einrichtung wie die Weltbank für solche Einschußzahlungen zeichnen könne, so daß sich die Lage der

Entwicklungsländer auf den Terminmärkten verbessern würde und auch die Entwicklungsländer diese vermehrt in Anspruch nehmen könnten.[7] In dieser Richtung sind jedoch keine entscheidenden Fortschritte erzielt worden. Natürlich könnten sich Entwicklungsländer auch auf andere Weise gegen extreme Preisschwankungen absichern. Banken könnten z.B. Kredite zur Verfügung stellen mit Rückzahlungskonditionen, die sich an den aktuellen Rohstoffpreisen orientieren.

Nicht die Prinzipien des Marktes sind schuld daran, denn: wenn nämlich eben diese Prinzipien auch nur in einem kleinen Bereich zum Tragen kämen, käme dies Millionen von Produzenten in den Entwicklungsländern – zumindest theoretisch – zugute. Ein bengalischer Jutepflanzer z.B. könnte einen Teil seiner Ernte zum Terminpreis des nächsten Jahres absetzen, und es würde schon viel ausmachen, wenn dieser seiner Familie ein- oder zweimal am Tag zu Essen geben könnte. Es würde dazu beitragen, Unsicherheiten über das tatsächlich zu erzielende Einkommen zu beseitigen durch Absicherung gegen Preisfluktuation.

Staatliche Handelskammern in einigen Ländern der Welt garantieren den Anbauproduzenten einen Festpreis für ihr Produkt. Dieser wird oft auf der Grundlage eines flexiblen Durchschnitts des Weltmarktpreises auf eine bestimmte Zeitspanne kalkuliert. Und so kommen die Produzenten zumindest in den Genuß stabilerer Preise im Inland. Einige dieser staatlichen Einrichtungen waren hier durchaus erfolgreich, andere haben sich durch Fälle von Korruption und Unfähigkeit unglaubwürdig gemacht. Wieder andere sind am Mißmanagement zugrunde gegangen oder wurden aufgelöst und überließen ihre Produzenten dem Schicksal schwankender Preise auf dem Markt.

Inländische Terminmärkte werden verschiedentlich als eine mögliche Alternative zu staatlichen Vermarktungseinrichtungen angesehen. So hat etwa Ungarn einen solchen kleinen Termininlandsmarkt geschaffen, auf dem in der nationalen Währung der Handel abgewickelt wird. In Argentinien hat sich ein Terminmarkt auf Dollarbasis entwickelt. Über diese inländischen Terminmärkte wird den Produzenten ein Preis im Vorgriff auf ihr zu verkaufendes Produkt geboten, wodurch sich die Unsicherheit über den Preis vermindern läßt. Inländische Terminmärkte erfüllen damit einen sinnvollen Zweck in der Handhabung des inländischen Preisrisikos. Und die Notwendigkeit dazu hat sich angesichts des Scheiterns traditioneller Preisstabilisierungsmechanismen wie z.B. im Rahmen internationaler Handelsabkommen umso mehr verstärkt.

Kapitel 6: *Der Preis für eine Tasse Tee*

*W*ährend der Sturz der Rohstoffpreise starke Auswirkungen auf die Produzenten in der Dritten Welt hat, wird er von den Konsumenten in den nördlichen Industrieländern kaum gespürt. Als etwa das Internationele Kaffee-Abkommen 1989 zusammenbrach, und die Kaffeepreise auf die Hälfte des Standes von 1980 fielen, gab es keine unmittelbare Veränderung bei den Preisen, die die Konsumenten für den Kaffee zu zahlen hatten. In der Tat, internationale Rohstoffpreise sind nur ein Teil der Summe, die letztendlich für das Produkt vom Konsumenten bezahlt wird. Dies rührt daher, daß die eigentliche Wertschöpfung beim Warenhandel nicht in der Primärproduktion von Zucker, Kaffee oder Zinn, sondern in den folgenden Stufen von Veredelung, Verpakkung, Transport und Vertrieb geschieht, welche während der Reise des Produktes zum Konsumenten erfolgen.

Dieses Kapitel folgt der Spur einer Ware, dem Tee, auf seiner Reise vom Teepflücker zum Teekonsumenten. Es liegt keine besondere Bedeutung in der Wahl des Tees: Wie bei allen Waren sind die Vermarktungsmuster des Tees, zu einem großen Ausmaß von seinen physikalischen Eigenschaften diktiert. Auch wenn jede Ware ihre eigenen Besonderheiten aufweist, erzählen sie alle meist die gleiche Geschichte. Oxfams Erfahrung mit der Teeindustrie kommt von der Zusammenarbeit mit Teearbeitern in einigen Ländern. Genauso wie viele andere Gruppen von Rohstoffproduzenten, etwa die bolivianischen Zinn-Bergleute, arbeiten sie lange Stunden für sehr wenig Geld. Ihnen allen mangelt es an der nötigen Grundversorgung, sie alle leiden an Gesundheitsproblemen und sie sind zudem schlecht ausgebildet. Sie sind in jeder Hinsicht am Ende einer langen und komplizierten Kette, die sie mit dem Konsumenten verbindet.

Der Konsument

Am Ende der achtziger Jahre trank sich die Weltbevölkerung beständig durch einen Berg von etwa 2,2 Millionen Tonnen Tee im Jahr.[1] Jedes Jahr lag die weltweite Zunahme des Teekonsums über dem der Bevölkerung.[2] Kurzum, Tee ist eine Wachstumsbranche. Der Historiker Henry Hobhouse macht die Beliebtheit des Tees an dessen Teeingehalt fest. Teein ist wie Koffein eine mild belebende Droge und harmlos, falls sie in geringen Mengen genommen wird. Tee ist außerdem billig und ein praktisches Getränk in jenen Teilen der Welt, in denen es gefährlich ist, Wasser unabgekocht zu trinken.[3] Abgesehen von dem

Golfstaat Qatar, trinken Briten und Iren mehr Tee als irgendwer irgendwo auf der Welt. In Quatar beträgt die durchschnittlich getrunkene Teemenge pro Person am Tag fünfeinhalb Tassen. In Großbritannien und Irland beläuft sich der Durchschnitt auf etwa vier Tassen pro Person und Tag, dies ist bemerkenswert mehr als im restlichen Europa, wo der Konsum unter einer Tasse am Tag liegt.[4]

Seit Anfang der sechziger Jahre hat sich das Muster des weltweiten Teekonsums bedeutsam verändert. In den Industrieländern trinken die Menschen weniger Tee als vor zwanzig Jahren. Anders als es scheinen mag, führt die britische Gewohnheit, vier Tassen am Tag zu trinken, nur zur Hälfte des Teeverbrauchs, der einmal zu Beginn der sechziger Jahre bestand.[5] Dies kommt teilweise von der zunehmenden Beliebtheit des Kaffees und vom wachsenden Markt für Softdrinks; aber auch von der Einführung des Teebeutels. Teebeutel haben einige deutliche Vorteile gegenüber losem Tee, mit der Folge, daß die Verkäufe von Teebeuteln nun die von abgepacktem Tee weit übertreffen und einige Konfektionierer und Verpacker mit mehr als 75 % ihrer Einkünfte versorgen.[6] Dies erklärt teilweise den Niedergang des Teeverbrauchs, da der Teebeutel, obwohl er teurer ist, wesentlich weniger Tee pro Tasse benötigt als Tee in Form von losen Blättern. Jedoch wird dieser Niedergang mehr als ausgeglichen durch den rapiden Anstieg des Konsums in Mittelost, Nordafrika, Südasien und der GUS. In vielen Ländern dieser Regionen hat ein starkes Wachstum der Bevölkerung und des Einkommens zu einer ständigen Zunahme des Teetrinkens geführt – dies ist eine Entwicklung, die sich in den neunziger Jahren fortzusetzen scheint.[7]

Die Produzenten

Tee kommt von einem immergrünen Busch, der in den feuchten Regionen der Tropen und Subtropen gedeiht. Wie die Tafeln 3 und 4 zeigen, dominiert Asien die Teeindustrie global, alleine Indien und China stellen weltweit mehr als die Hälfte des Tees her und halten fast 40 % der Exporte. Aber Tee ist als Exportpflanze ebenso wichtig für eine Anzahl viel kleinerer Entwicklungsländer. Sri Lanka lieferte zum Beispiel 1989 beinahe ein Fünftel der weltweiten Tee-Exporte, und zudem steuerte Tee mehr als ein Drittel der Deviseneinnahmen der Insel zwischen 1982 und 1986 bei. Tee ist auch für Kenia und Malawi ein wichtiges Exportgut und bedeutsam für die Ökonomien einiger anderer sehr armer Länder, wie Ruanda und Tanzania, entsprechend Tafel 4. Kenianischer Tee stellt als Hauptversorger des britischen und irischen Marktes 49 % bzw. 34 % der Lieferungen. Indischer Tee hält 33 % des irischen Marktes und 18 % des Marktes im Vereinten Königreich besetzt. Andere Lieferanten sind Sri Lanka, Indonesien, Ruanda und Malawi.[8]

Tabelle 3: Wichtigste Teeproduzenten, 1989

Land	Tausend Tonnen	In Prozent der Weltproduktion
Asien		
Indien	684,1	27,8
China	558,9	22,7
Sri Lanka	207,0	8,4
Indonesien	156,0	6,4
Bangladesch	39,1	1,6
Afrika		
Kenia	180,6	7,4
Malawi	39,5	1,6
Zimbabwe	17,9	0,7
Tanzania	16,1	0,7
Ruanda	13,0	0,5
Lateinamerika		
Argentinien	40,0	1,6
Brasilien	14,8	0,6
Andere Länder	493,1	20,0
Zusammen	2460,1	100,0

Quelle: Food and Agriculture Organisation of the United Nations: Tee, New York: FAO, 1990

Drei physikalische Eigenschaften des Tees bestimmen seine Vermarktungsform. Die erste besteht darin, daß Tee sofort nach seiner Ernte verarbeitet werden muß. Dies erfordert einen Verarbeitungsort nahe beim Anbaugebiet. Zweitens kann Tee nur begrenzt gelagert werden und muß schnell verkauft werden. Dies ist ein Grund, warum er gewöhnlich durch Auktionen gehandelt wird. Drittens gibt es wegen der Art seiner Verarbeitung keinen weiteren Spielraum, um den Wert des Tees zu erhöhen. Sind die Blätter erst einmal getrocknet und haltbar gemacht, ist alles, was noch zu tun bleibt, ihn zu mischen und zu verpacken – oder ihn zu granulieren, um die neueste «Innovation» des Teemarktes, den Instant-Tee, zu erhalten.[9]

Es ist die erste Eigenschaft, die Notwendigkeit, ihn sofort nach der Ernte zu verarbeiten, die den größten Einfluß darauf hat, wie die Produktion von Tee organisiert sein muß. Verarbeitung an Ort und Stelle erfordert eine Großflächenproduktion, um den Einsatz teuerer Verarbeitungsmaschinen zu rechtfertigen. Daher wird Tee gewöhnlich auf Plantagen angepflanzt oder auf Ländereien mit angeschlossener Fabrik. In den meisten Ländern wird zumindest ein

Tabelle 4: Wichtigste Tee-Exporteure, 1989

Land	Tausend Tonnen	in % der Weltexporte	in % an den Außenhandelseinnahmen*
Asien			
Indien	220,7	20,0	5,7
China	211,7	19,2	—
Sri Lanka	204,2	18,5	34,8
Indonesien	114,7	10,4	
Bangladesch	23,4	2,1	6,1
Afrika			
Kenia	163,2	14,8	17,1
Malawi	39,0	3,6	20,0
Zimbabwe	14,0	1,3	—
Tanzania	13,0	1,2	5,0
Ruanda	10,8	1,0	8,0
Lateinamerika			
Argentinien	43,3	3,9	—
Brasilien	9,4	0,9	—
Andere Länder	34,3	3,1	—
Zusammen	1101,9	100,0	

* UNCTAD Report vom Sekretariat für Diversifikation, REF: TD/B/C.1/AC/7, Juli 1989; Quelle: siehe Tabelle 3

Teil der Produktion von Kleinbauern gehalten – von Bauern, die nahe einer Teefabrik leben. Ihre Ernte ergänzt gewöhnlich die des zentralen Landbesitzes, obwohl die Kleinbauern gelegentlich die einzigen Lieferanten sind. Das dabei verdiente Einkommen ist wahrscheinlich ihre einzige Geldquelle, um ihre andererseits noch bestehende Subsistenzwirtschaft zu ergänzen. In einigen Ländern wie Indonesien und Sri Lanka sind die Ländereien und Fabriken im Staatsbesitz. In Indien befinden sich die Pflanzungen überwiegend im Privateigentum, während es in Kenia eine große Zahl von Kleinbauern gibt, obwohl die Verarbeitung von einer halbstaatlichen Organisation besorgt wird, der Kenianischen Tee Entwicklungs Agentur (KTEA).

Ein Vermächtnis britischer Kolonialgeschichte ist die ausgedehnte Einbindung britischer Firmen in die Teeindustrie auf allen Stufen der Produktion. Bis die Teeländereien Sri Lankas nationalisiert wurden, befanden sich viele von ihnen im Besitz britischer Firmen. Diese dominieren noch immer die afrikanische Teeindustrie. Booker McConnel, Finlays und Brooke Bond besitzen oder verwalten alle große Ländereien in Malawi und Kenia während die Commonwealth Development Corporation Anteile an der KTEA hat sowie Teeländereien in beiden Ländern.[10]

Während der Teeproduktion ist es der Besitzer der Teefabrik, der die gesamten Kosten der Herstellung bis zum Zeitpunkt des Verkaufes an die Mischer bzw. Verpacker trägt: Bezahlung von Landarbeitern oder Kleinbauern, Verarbeitung, Transport zum Hafen, Verschiffung, Versicherung, Lagerhaltung, Händlergebühren. Die Teefabrik kann sich im Besitz einer halbstaatlichen oder einer privaten Firma oder eines Multis befinden. Letzendlich hängen die Lebens- und Arbeitsbedingungen der Landarbeiter oder der Lebensstandard, den die Kleinbauern genießen, davon ab, wieviel sie vom Besitzer der Firma bezahlt bekommen. Sich am Ende der Vermarktungskette zu befinden, heißt für die meisten, verwundbar von interner Staats- oder Firmenpolitik oder den externen Marktkräften zu sein.

Tee-Arbeiter

Sevanthamma hat ihr ganzes Leben lang Tee gepflückt. Sie lebt mit ihren zwei Kindern und ihrem Ehemann in einer der «Arbeiter-Zeilen» auf dem Landbesitz in Sri Lanka, auf dem sie auch arbeitet. Jede Familie belegt einen kleinen Raum. Sevanthammas Zimmer verfügt weder über Wasser noch Elektrizität. Sie hat eine Ecke abgetrennt, die als Kochbereich dienen soll.

Sevathammas Tag beginnt um 4.00 Uhr in der Nacht, wenn sie aufsteht, Wasser holt und das Frühstück bereitet. Sie muß um 7.00 Uhr morgens bei der Arbeit erschienen sein und zuvor ihre zwei jüngeren Kinder in der zum Landbesitz gehörenden Grundschule abgeliefert haben. An einigen Tagen hat sie einen langen Weg zu dem Platz in der Länderei, wo sie an diesem Tag arbeiten wird. Kommt Sevanthamma zu spät, kann sie einen kompletten Arbeitstag verlieren oder ihren Lohn gekürzt bekommen. Den restlichen Tag verbringt sie mit Teepflücken. Normalerweise arbeitet sie bis vier Uhr nachmittags mit einer Mittagspause. Falls die Ernte besonders ergiebig ist, muß sie länger pflücken, und oft kann sie nicht vor sechs Uhr abends nach Hause gehen. Danach beginnen ihre häuslichen Routinen erneut: Waschen, Kochen, Putzen, und dazu noch auf die Kinder achtgeben.

Sevanthamma erhält ihren Lohn monatlich ausbezahlt, berechnet nach einem Tagessatz von etwa zwei DM. In manchen Wochen wird sie nur drei oder vier Tage Arbeit erhalten, ganz in Abhängigkeit von der erntereifen Teemenge. So neigt ihr Lohn dazu, viel niedriger zu sein als in den meisten anderen Wirtschaftsbereichen.[11] Wie beinahe alle Teearbeiter in Sri Lanka ist Sevanthamma tamilischer Abstammung. 1913 wurde ihre Großmutter im Alter von 13 Jahren nach Sri Lanka gebracht, um Tee zu pflücken. Die Insel stand damals unter britischer Kolonialherrschaft, und als die Singhalesen sich weigerten, in den Plantagen zu arbeiten, rekrutierten die Briten Arbeitskräfte in Südindien. Diese sogenannten «Plantagen-Tamilen» blieben kulturell und ethnisch auf der

In Sri Lanka: «Arbeiter-Zeilen» auf einer großen staatlichen Teepflanzung nahe Kandy.
Foto: Jeff Alderson/Oxfam

Insel isoliert, auf der sie von den singhalesischen Mehrheit als Bürger zweiter Klasse betrachtet werden. Gesundheits- und Ausbildungsmöglichkeiten sind vergleichsweise minderwertig zu jenen, die für die anderen Bevölkerungsteile verfügbar sind; und auch ihre Löhne sind niedriger.

In Bangladesch sind die Bedingungen in den Teepflanzungen ähnlich wie auf Sri Lanka Ziel der Bemühungen von Oxfam. Bereits in den siebziger und frühen achtziger Jahren unterstützte Oxfam eine Kampagne mit dem Ziel, die Bedingungen in den Plantagen zu verbessern, die der britischen Firma James Finlay gehören, dem größten einzelnen Teeproduzenten in Bangladesch. Zu dieser Zeit wurden die Lebensumstände auf diesen Pflanzungen so beschrieben: «Die Tee-Arbeiter als Sklaven zu bezeichnen, würde nicht ganz korrekt sein, seit sie Löhne empfangen. Aber die Ähnlichkeit zwischen ihrer Situation und der von Sklavenarbeitskraft ist bemerkenswert; Einstellungen und Politik ihrer Arbeitgeber beherrschen vollständig jeden Aspekt ihres Lebens. Innerhalb der Pflanzungen leben sie in ‹Arbeiter-Zeilen›, in Häusern, die von der Firma zur Verfügung gestellt werden. Von der Firma werden billige Essensrationen an sie ausgegeben, die sie sich sonst nicht leisten können. Sie hängen von der Firma bei jeglichen auch noch so einfachen Bildungsangeboten oder der Gesundheitsversorgung ab, selbst das Wasser erhalten sie von ihr. Falls nötig, werden sie von den Verwaltern als persönliche Diener angefordert. Im allgemeinen sind sie wegen ihrer kulturellen Isolation und der hohen Arbeitslosigkeit nicht in der Lage, die Pflanzungen zu verlassen und andere Arbeit zu finden.»[12]

Eine jüngere Studie zeigt wie allumfaßend die Lebensbedingungen in der Teeindustrie von Bangladesch extrem bitter geblieben sind.[13] Sie konzentriert sich auf Arbeiterinnen einer Pflanzung in der Sylhet-Region. Wie in Sri Lanka leben die Tee-Arbeiter in «Arbeiter-Zeilen», Reihen von Hütten, die über die gesamte Pflanzung verstreut sind. Seit 1977 besteht für die Teefirmen die gesetzliche Verpflichtung zehn Prozent der Lehm-, Bambus- und Strohhütten durch Zementhäuser mit Zinndächern zu ersetzen. Aber die Studie deckt auf, daß sich nur ein sehr kleiner Teil der Unternehmen daran hält. Noch immer lebt der überwiegende Teil der Arbeiter in der alten Art und Weise: «Diese Einzimmerhütten, im Ausmaß von zweieinhalb auf zweieinhalb Metern, haben keine Türen. Die alten Strohdächer ... sind schwer durchlöchert und verrotten. Der Boden besteht aus Erde, Fenster gibt es nicht, sowenig wie eine abgetrennte Küche. Diese Häuser wurden für höchstens vier Menschen gebaut, aber häufig leben, schlafen, kochen und essen bis zu sechs Erwachsene und vier bis sechs Kinder in ihnen. ... Die Lebensbedingungen in diesen ‹Arbeiter-Zeilen› sind extrem schlecht. In den Pflanzungen sind die Angriffe der Moskitos furchtbar, und die Arbeiter haben nicht einmal Moskitonetze, um sich zu schützen. Viele von ihnen werden von Erkältungen, Grippe und Durchfall befallen. Wegen der mangelhaften Ernährung fehlt es vielen Arbeitern an Abwehrkräften.»

Was die Erziehung angeht, zeigt die Studie, daß weniger als drei Prozent der Frauen auf den Teepflanzungen Lesen und Schreiben konnten. Obwohl eine Grundschule vor kurzem eingerichtet wurde, schicken nur wenige Arbeiterfamilien ihre Kinder dorthin, denn nur wenige können es sich leisten, auf den lebensnotwendigen Beitrag der Kinder zum Familieneinkommen zu verzichten, den diese auf den Pflanzungen verdienen.

Im Vergleich zu anderen Industrien sind die auf den Pflanzungen gezahlten Löhne extrem gering, und die Arbeiter auf den Pflanzungen werden als «ungesund und mager» beschrieben. Um ihren täglichen Grundlohn aufzustocken, machen viele Arbeiter Überstunden und sie werden in Akkord bezahlt. Trotzdem kann sich die «Mehrheit der Landarbeiter, und besonders die Pflückerinnen in den Plantagen, keine zwei Mahlzeiten am Tag leisten. Gerade die allernotwendigsten Dinge können sie sich kaufen.»[14]

In einer Erwiderung erklärt die Firma James Finlay: «Insgesamt ist das Bild keines, auf das wir besonders stolz sind.» Trotzdem fügt sie hinzu, daß «alle unsere Kinder Grundschulen besuchen, wo es ebenso kostenlose Kinderhorte mit Nahrungsmittel- und Milchversorgung für die Kinder gibt ... die Löhne werden im nationalen Rahmen ausgehandelt. Wohnstandards und so weiter unterliegen der Arbeitsgesetzgebung».[15]

Das Unternehmen betont die Schwierigkeiten, die Teefirmen wegen dem niederen Teepreis auf dem Weltmarkt haben. «Wir haben sehr kleine Profite in den letzten Jahren gemacht und es konnte im letzten Jahrzehnt keine Dividende an unsere Aktionäre gezahlt werden. ... Was notwendig ist in Bangladesch, ist eine Erhöhung der Erträge und der Produktivität in den Ländereien auf ein mit der übrigen Welt vergleichbares Niveau. Daran arbeiten wir und haben ein vorrangiges Rodungs- und Wiederanpflanzungsprogramm. Wenn der Erfolg dieser Wiederanpflanzung realisiert wird, werden wir mehr Geld haben, um unsere bereits jetzt bemerkenswerten Ausgaben für die Gesundheit der Arbeiter, Wohlstand, Ausbildung, Wohnen und so weiter zu erhöhen.»

In Malawi befaßt sich Oxfam ebenfalls mit der Teeproduktion. Aber dort geht es mehr um die Einflüsse, die die Industrie auf die örtliche Wirtschaft hat, als um die Lage der Arbeiter. Die Industrie ist im Mulanje-Distrikt im südlichen Malawi konzentriert. Mulanje ist eine der am dichtesten besiedelten Regionen im Land. Dies wird noch durch zwei Faktoren verschärft. Erstens ist ein großer Teil der Gegend unbrauchbar für den Anbau, entweder weil er sehr hügelig ist oder da er aus Marschland besteht. Zweitens steht ein großer Teil dieser Gegend für einen landwirtschaftlichen Anbau nicht zur Verfügung, da 10.000 Hektar davon für den Anbau von Tee verwendet werden. Als Folge gibt es einen enormen Bedarf nach Land, für den Anbau der Kleinbauern. Daher ist der einzelne Landbesitz in dieser Gegend sehr klein. Die Mehrzahl der Landbesitzungen ist kleiner als ein halber Hektar und oft zerteilt, so daß Familien winzige Flecken weit verstreut über die gesamte Gegend bebauen. Weil die kleinen Flecken stark ausgenutzt werden müssen, haben die Böden allmählich Produktivität verloren.

All dies macht es für die Familien so schwierig, genügend Nahrungsmittel anzubauen, um sich durchs ganze Jahr zu bringen. Neunzig Prozent der Haushalte gehen die Nahrungsmittel aus, bevor die nächste Ernte zur Verfügung steht. Die wichtigste Einkommensquelle, um die Subsistenzwirtschaft zu ergänzen, liegt auf den Teepflanzungen. Aber die Löhne in dieser Industrie sind niedrig. Malawische Teearbeiter gehören zu den am schlechtesten bezahlten auf der Welt. Der Tagessatz entspricht etwa 75 Pfennigen – das sind nur 18 % von dem Einkommen eines Teearbeiters in Simbabwe und die Hälfte von dem, was in Sri Lanka bezahlt wird.[16] Somit existiert dort auch ein allgemeiner Mangel an kaufkräftiger Nachfrage, der wiederum zu der extremen Armut in dieser Region beiträgt.[17]

Die Teeproduktion ist nur einer in einer komplexen Kombination von Faktoren, die zur Armut in dieser Region führen. Jedoch veranschaulicht sie, wie diese Art von großangelegter Exportproduktion zur ländlichen Armut beitragen kann: durch niedere Löhne und Verknappung des für die Kleinbauern zur Verfügung stehenden Landes.

Weiterverarbeitung

Tee wird nach seinen Verarbeitungsverfahren unterschieden, die zu drei Klassen von Tee führen: dem Schwarztee, der nach dem Pflücken fermentiert wird, dem unfermentierten grünen Tee und dem halbfermentierten Oolong. Über 90 % aller Exporte bestehen aus Schwarztee. Der meiste grüne Tee kommt aus China.

Die Verarbeitung von Tee ist verhältnismäßig einfach und beginnt unmittelbar nach den Pflücken der Blätter. Die geernteten Blätter gehen zuerst durch ein «Austrocknungs»-Verfahren, um überschüssige Feuchtigkeit zu entfernen. Dann werden die Blätter durch Walzen gepreßt, damit der in ihnen verbliebene Saft im gesamten Blatt verteilt wird. Schließlich werden sie zum Fermentieren gebracht, ein Oxidationsprozeß, in dessen Verlauf das Blatt seine Farbe ändert. Wenn dann Geschmack und Farbe als korrekt erachtet werden, wird die Fermentierung unterbrochen, und die Einteilung in Qualitätsstufen beginnt.

Die besten Qualitäten sind große, lang-blättrige und gut geformte Blätter. Sie sind bekannt als Orange Pekoe. Danach kommen die «Broken»-Qualitäten, mit Namen wie Golden Broken Orange Pekoe. Daneben gibt es noch die «Dusts», die jedoch nicht das Schlußlicht im Teehandel darstellen, wie ihr Name unterstellt. Sie können in Teebeuteln benutzt werden und erreichen oft hohe Preise am Markt. Man kennt sie auch als «orthodoxe» Tees, und sie werden nach ihrer Verarbeitungsmaschine bezeichnet. Da gibt es zum Beispiel den CTC-Tea (Cut, Tear und Curl), der durch die kapitalaufwendige CTC-Maschine verarbeitet wird. Die kleineren Blatt-Bruchstücke, die durch dieses Verfahren entstanden sind, eignen sich ideal für Teebeutel, weil sie sich gut aufgießen lassen.

Nach seiner Verarbeitung wird der Tee in Sperrholz-Kisten verpackt oder – heutzutage üblicher – in fünflagige Gewebesäcke, verkaufsfertig für die Weiterverarbeiter, die in der Teeindustrie als Mischer bzw. Abpacker bezeichnet werden. Einige kaufen durch Terminverträge, aber die überwältigende Mehrheit bezieht dem Tee von den Auktionsmärkten.

Die Auktion

In den wichtigsten Produzentenländern existieren Tee-Auktionszentren, in Indien, Bangladesch, Sri Lanka, Kenia, Kamerun, Singapur und Indonesien. Dort spielen sich 90 % aller Tee-Auktionsverkäufe ab.[18] Der in Großbritannien und der EG gehandelte Tee wird im allgemeinen durch die Londoner Teeauktion verkauft. Diese wurde 1834 eingerichtet und war für viele Jahre die führende Auktion auf der Welt. Ihre Bedeutung verschwand in den siebziger Jahren als der britische Teekonsum fiel und die auktionierten Mengen in den

Produzentenländern zunahmen. Jede Auktion folgt einem einfachen Verkaufs-Verfahren. Bis zum Zeitpunkt des Verkaufes werden alle Kosten vom Hersteller getragen. Wenn der Tee auf der Londoner Auktion verkauft wird, werden die nach der Produktion anfallenden Kosten des Herstellers, der Transport zum Hafen, die Verschiffung nach London, die Versicherung und die gesamten Lagerhaltungskosten, beinhaltet sein. Der Produzent wird dem Agenten in London zudem eine Provision für den Verkauf des Tees zahlen.

Auktionen als Kauf- und Verkaufseinrichtungen werden von Agenten betrieben. Jeder Produzent muß einen Agenten haben, den er mit seinem Tee zum Geschmackstest und der Festlegung eines Marktwertes versorgen wird. Für die Londoner Landed Auction, dies ist die Auktion für den in Großbritannien gelagerten Tee, galt 1988 eine Agentengebühr von 1,75 % aller Brutto-Einnahmen. Für die Verkäufe von Tee in der Offshore-auction, die mit Tee handelt, der sich nicht im Inland befindet, sondern noch in Schiffen auf seiner Route zu seiner Bestimmung, beträgt die Agentengebühr zwei Prozent. Die Makler können zudem noch als Agenten der Verkäufer bei der Abwicklung der Einfuhrpapiere, Lagerhaltung sowie Einziehung und Überweisung der Einnahmen tätig werden. Für diese Dienstleistung wird ein weiteres Prozent der Bruttoeinnahmen aus den Verkäufen berechnet. Zusätzliche 8,50 englische Pfund pro Verkaufseinheit werden als Verkaufsgebühr für den in London auktionierten Tee berechnet.[19]

Nur vier Teeagenten operieren zur Zeit an der Londoner Teeauktion.[20] Die Agenten beziehen Muster von dem für die Auktion eingelagerten Tee, verschmecken ihn als Anhaltspunkt für die Preisfestsetzung im Katalog und senden Muster zu den potentiellen Käufern, für die sie agieren. Die Londoner Auktion findet wöchentlich im Sir-John-Lyon-House statt. Jeder Agent, der an diesem Tag verkauft, hat einen Katalog mit den Mengen und versteigert diese in dem kleinen Auktionssaal von einem Podium aus. Die Käufer sitzen in der Saalmitte, und es wird einem Beobachter schnell offensichtlich, daß die meisten Gebote von nur drei oder vier Seiten kommen. Diese sind die Repräsentanten der sogenannten «Großen Vier» Firmen, die die Teeindustrie in Großbritannien und anderswo beherrschen: Brooke Bond, Premier Brands, Allied Lyons und die Cooperative Wholesale Society.

Der Auktionator ruft eine bestimmte Menge auf, zum Beispiel: Pekoe Dust, 60 Kisten, beginnend bei 95. Dies bedeutet, daß die Mindestbewertung dieser Menge durch den Agenten bei 0,95 Pfund Sterling pro Kilo liegt. Die Bieter werden ausgehend von dieser Marke bieten oder vielleicht auch zu einer niederen Zahl kommen. Falls eine Menge nicht auf ihr kalkuliertes Minimum kommt, zieht sie der Auktionator zurück, und sie kommt auf die «Outlist» für späteren privaten Handel oder wird «re-printed», d.h. sie wird für eine der kommenden Auktionen wieder in einen Katalog aufgenommen.[21] Im Verlauf der Versteigerung, bei der die einzelnen Gebote jeweils um einen Penny pro

Kilogramm steigen, schweifen die Endpreise nie sehr weit von der Einschätzung durch den Agenten ab, außer wenn ein knapper Posten wie ein früher Darjeeling hereinkommt. Es geht schnell von Menge zu Menge voran, und die gesamte Auktion mit den vier Agenten, die in ihren Katalogen den gesamten eingelagerten oder sich noch vor der Küste befindlichen Tee halten, kann in drei oder vier Stunden vorüber sein. Während die Vertreter der «Großen Vier» Firmen die Gebote bei den meisten Mengen beherrschen, fragen andere Käufer im Saal gelegentlich nach Teilen der Mengen, zum Beispiel: «Ich würde gerne zwanzig haben, bitte!» Dies bedeutet, er würde gerne 20 Kisten zu dem Preis, der eben geboten wurde, aus einer Menge haben, die 60 Kisten umfaßt. Diese Praxis ist bei allen Teeauktionen weit verbreitet. Sie setzt kleinere Aufkäufer in die Lage, sich Tee aus einer Menge zu beschaffen, die sonst zu groß für sie wäre. Jedoch kommt der fragende Ruf nach einer Teilmenge häufig von einem der Hauptkäufer. Dies hat zu dem Verdacht geführt, daß bei bestimmten Gelegenheiten die großen Firmen unter einer Decke stecken, um die Preise niedrig zu halten, indem sie die Mengen eher aufteilen, als gegeneinander um sie zu bieten.[22]

Die Agenten nehmen ein weiteres halbes Prozent vom Auktionspreis von den Käufern und kommen damit auf eine Gesamtprovision von 2,25 % von den Bruttoverkäufen – 2,5 % für Geschäfte mit noch nicht im Land befindlichem Tee. 1987 nahmen die Agenten bei den Geschäften nur mit dem «Inlands»-Tee etwa zwei Millionen Pfund Sterling ein.[23]

Teepreise

Die Summe, zu der Tee bei den Auktionen gehandelt wird, ist durch viele Einflüsse bestimmt. Zum Beispiel wurde der starke Anstieg der Teepreise 1984 (vgl. Abbildung 7) in erster Linie durch das Einfrieren aller indischen Ausfuhren von CTC-Tee ausgelöst. In den ersten fünf Monaten des Jahres wollte Indien damit seinen eigenen Markt schützen. Widrige Trockenheit beeinflußte die Produktion in Kenia, Sri Lanka sowie Indien und übte Druck auf das internationale Angebot aus.[24] Durch Trockenheit hervorgerufene niedrige Ernten in Indien waren Ende des Jahrzehnts wiederum Auslöser für einen Preisanstieg. Dies geschah zu einer Zeit politischer Unruhen auf Sri Lanka, die schwere Konsequenzen für die dortige Teeproduktion mit sich brachte. 1989 kostete ein Streik der Teearbeiter um die Erhöhung des Mindestlohnes Sri Lanka schätzungsweise 20 % der Ernte.[25] Mittlerweile hatte in der ehemaligen UdSSR der Fall-out von der nuklearen Katastrophe in Tschernobyl die Teeproduktion ruiniert und die Regierung dazu gezwungen, auf dem Weltmarkt einzukaufen.[26]

Versuche, den Preis mit internationalen Abkommen zu regulieren, haben sich als weitgehend erfolglos erwiesen – meistens, da sich die Produzenten nicht über Marktanteile zu einigen wußten.

Die Mischer und Verpacker

Achtzig Prozent des gesamten in Großbritannien getrunkenen Tees, mit einem jährlichen Marktwert von 600 Millionen Pfund Sterling,[27] wird von einem der «Großen Vier» Unternehmen gemischt und verpackt. Das größte davon ist Brooke Bond Foods Ltd., die zwei Firmen umfaßt: Brooke Bond sowie Liptons. Beide sind Tochtergesellschaften von Unilever PLC und machen Unilever damit zum größten Teeunternehmen der Welt. Unilever unternahm seinen ersten Beutezug im Teemarkt 1872, als es Liptons erwarb, eine Glasgower Firma, die zu dieser Zeit den US-amerikanischen Teemarkt beherrschte. 1984 expandierte Unilever seine Teeaktivitäten durch die Übernahme von Brooke Bond. Brooke Bond war weitaus bedeutender als Liptons und verkaufte, mischte und pflanzte Tee bereits seit 1861.[28] Mit den beliebten Marken von Brooke Bond (PG Tips, Choicest und D) kontrolliert Unilever nun schätzungsweise 30 % des britischen Marktes.[29]

Als zweitgrößter Mischer und Verpacker hält im Vereinigten Königreich Premier Brands Ltd. mit seinen Marken Typhoo, Ridgeways, Melroses und Glengettie 21 % vom Markt.[30] Premier Brands wurde als Nahrungsmittelbereich von Cadbury Schwepppes gehalten – bis zu einem Management-«Buyout» im Mai 1986. Drei Jahre später wurde die Firma von Hillsdown Holdings PLC erworben. Diese hat Tochtergesellschaften in den USA, Frankreich, Irland

Abbildung 7: Preise auf der Londoner Teeauktion von 1978 bis 1989

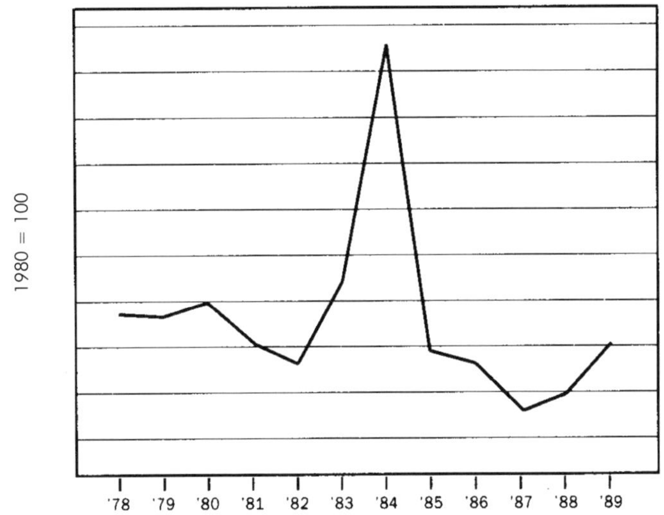

Quelle: UNCTAD: Handbook of International Trade and Development Statistics, 1989, New York: Vereinte Nationen, 1990

und Italien. Als Dritter im Teegeschäft folgt Lyons/Tetly Ltd, eine Tochtergesellschaft von Allied Lyons PLC mit 18 % Marktanteil, der von Marken wie Tetlys und Quick Brew ausgefüllt wird. Allied Lyons weist ausgesprochene Vermarktungsinteressen außerhalb Großbritanniens auf: sie ist der Marktführer in Irland und kontrolliert teilweise den kanadischen und US-Markt, in Australien rangiert sie nach Unilever auf Platz 2. An vierter Stelle kommt die Cooperative Wholesale Society mit zwölf Prozent Marktanteil.[31]

Es sind vor allem die «Großen Vier», die den Einzelhandel im wesentlichen mit ihren Marken versorgen, obwohl nie aufgstellt wurde, welche Company welchen Einzelhändler mit wieviel Tee versorgt. Die «eigenen Marken» des Einzelhandels halten etwa 30 % des gesamten Teemarktes.[32] Der Rest des Marktes wird unter den «Spezial-Tees» aufgeteilt wie z. B. jenen von Ridgeways (einer Tochter von Premier Brands) und Jacksons, die ungefähr 10 % des Marktes belegen. Die übrigen 10 % Marktanteil werden von einer gemischten Gruppe gehalten, die Instant-Tee, wie James Finalys Marke «LIFT» und verschiedene regionale Sorten wie Taylors aus Harrogate umfaßt.

Nach der Anlieferung wird der Tee gemischt. Alle populären Sorten sind ein Verschnitt, der aus 30 verschiedenen Herkünften zusammengesetzt sein kann. Geschickte Mischer können die verschiedenen verfügbaren Tees so zusammenmischen, daß der Geschmack, wenn auch nicht die Herkunft, erhalten bleibt, und die Erfordernisse der Firmen bei Stärke, Geschmack und Farbe des Tees befriedigt werden. Gewöhnlich werden die Tees aus Nordindien, besonders die aus Assam, benutzt, um Stärke zu verleihen; Geschmack geben die Tees aus Sri Lanka, Südindien und Indonesien, während afrikanische Tees die Farbe beisteuern.[33]

Nach dem Mischen wird der Tee verpackt. Die immer mehr zunehmende Beliebtheit des Teebeutels führt dazu, daß in Großbritannien 85 % des Tees in Beutel abgefüllt werden.[34] Für den Konsumenten ist diese wachsende Beliebtheit des Teebeutels gegenüber dem losen Tee eine gute Nachricht, wenn die Kosten gegenüber der Qualität Vorrang haben, ebenso für die Hersteller, die mehr Geld für weniger Tee erhalten. Eine 125-g-Packung losen Tees ergibt durchschnittlich 55 Tassen Tee. Eine 250-g-Packung Teebeutel enthält 80 Beutel, die zwischen 100 und 150 Tassen Tee ergeben.[35] Der Einzelhandelspreis von gewöhnlichen Teebeuteln beläuft sich auf 1,08 £ für 250 g, im Gegensatz zu 0,93 £ für 250 g abgepackten Tee.[36] Der Konsument spart mit jeder getrunkenen Tasse Tee 15 %, während der Produzent insgesamt weniger Tee verkauft.

Ist der Tee gemischt und für den Beutel bestimmt oder auch nicht, bleibt nur noch das Verpacken. Durch die Gestaltung der Verpackung konkurrieren die Firmen am intensivsten um einen Teil des Einzelhandelsmarktes. Jedoch ist der Spielraum für Veränderungen begrenzt. 1989 hatte sich Premier Brands entschlossen, die Teeverkäufe durch eine erneuerte Werbekampagne für ihre beliebteste Teesorte, Typhoo, auszudehnen. Auf der Suche nach neuen Wegen, um dies zu erreichen, kamen sie zu dem Schluß, daß die Mischung bereits nahezu perfekt sei, und es einzig übrig bliebe, der Verpackung eine neue Gestaltung zu verleihen. Das neue Aussehen der Typoo-Teebeutel resultierte in einer Folienverpackung mit Bande zum Aufreißen. Für diese Verpackungsart erforderliche Maschinen kosteten der Firma acht Millionen Pfund. Dann wurde die Werbeagentur Leo Burnett beauftragt, das neue Produkt zu vermarkten. Diese ergänzte mit einem unterstützenden Spruch «OO that's NOO» den alten Werbeslogan «You only get an OO with Typhoo». Die Rechnung für diese werbewirtschaftliche Produktbelebung belief sich auf sechs Millionen Pfund Sterling.[37]

Mischer und Verpacker kommen in den Genuß eines Preisaufschlages von 50 %, der das Geschäft selbst für die kleinen unabhängigen Firmen lukrativ werden läßt. Sie können oft die «Großen Vier» während einer Auktion preislich bei einem angebotenen Tee ausstechen, da sie die genaue Größe ihres Marktes kennen und ihre Verwaltungskosten niedriger sind. Sie sind aber nicht dazu in der Lage, ihren Markt auszudehnen. Die vier Hauptfirmen erhalten ihre Herrschaft über den Markt vor allem auf zwei Arten. Erstens durch massive Werbekampagnen und zweitens durch das Angebot von massiven Rabatten an die Einzelhändler für deren Großeinkäufe für ihre eigenen Markenzeichen.[38] Aber beides erfordert einen hohen Aufwand.[39]

Von den vier Firmen ist Unilever bei weitem die größte. Neben ihrer Dominanz am britischen Teemarkt hält Unilever auch 62 % des australischen Marktes durch Bushells und Lipton, 30 % aller Teeverkäufe in Kanada, 49 % des US-Marktes und verkauft 95 % aller Teebeutel in Indien und Pakistan.[40] Unilevers Tochtergesellschaft Lipton Far East hat seit 1978 Tee in Singapur gemischt, verpackt und von dort aus einen Großteil der südostasiatischen Region mit Schwarztee beliefert. Zudem wurde damit begonnen, den grünen (unverarbeiteten) Tee zu vermarkten, welcher immer noch in weiten Teilen der Region bevorzugt getrunken wird. Unilever ist sich wohl darüber bewußt, daß Südostasien ein dynamisches Wachstumsgebiet ist und konzentriert dort seine Bemühungen mit dem Ziel einer beträchtlichen Marktausdehnung. Es wurden ebenso deutliche Breschen in den rasch wachsenden türkischen Markt geschlagen, und mittlerweile ist Unilever auch dort nicht mehr wegzudenken.

Teatime in der Türkei

Unilevers türkische Aktivitäten sind möglicherweise bezeichnend für den Weg, den das Unternehmen für seine Teeaktivitäten in den Herstellerländern gerne einschlagen würde. Bis 1984 kontrollierte in der Türkei die Regierung mit der halbstaatlichen Caykur die Teeproduktion. Jedoch wurde 1984 der Markt auch privaten Firmen geöffnet. Unilever befand sich schon in den Startlöchern, um von der veränderten Politik durch ihre Tochtergesellschaft Dosan, die Konserven-Nahrungsmittel und Tomatenpaste produziert, Vorteile einzuheimsen.[41]

Dosan setzte eine Fabrik in eine Gegend mit hoher Arbeitslosigkeit am Schwarzen Meer. Ihr Ziel liegt in der Lieferung von 4000 Tonnen der jährlich in der Türkei konsumierten 120.000 Tonnen. Unilever kauft seinen Tee direkt von 61 Handelszentren, die von ihnen in den Hügeln, in denen der Tee gepflanzt wird, eingerichtet wurden. Der Vorteil für die dreitausend registrierten Teepflanzer, von denen die Firma versorgt wird, liegt darin, daß sie nicht die Kosten für Transport, Versicherung und Handelspapiere für ihren Tee tragen müssen. Sie haben sich zudem die Kosten für die Weiterverarbeitung gespart.[42] Indem sie eine andere Dosan-Fabrik im industrialisierten Teil des Landes für das Mischen und Verpacken benutzen, erhält Unilever einen vertikalen Produktionsverbund für Tee, den sich nur wenige türkische Firmen leisten können. Die notwendige Verpackungsmaschinerie wurde von einer Brooke Bond Fabrik in Manchester herangeschifft.

Unilever zielt auf bescheidene 3,5 % des türkischen Teemarktes ab. Aber der Teekonsum in der Türkei wächst schnell. Bei einer Bevölkerung, die im Jahr um eine Million zunimmt, ist der Verbrauch von 1,44 kg pro Kopf auf 2,65 kg zwischen 1980 und 1986 gestiegen. Damit landete die Türkei nur knapp hinter Großbritannien, das zu den größten Teekonsumenten der Welt zählt. Zwischen 1980 und 1987 nahmen in der Türkei die Gebiete, auf denen Tee gepflanzt wird, um ein Drittel zu. Und in der gleichen Zeit gingen die Ausfuhren von 5243 Tonnen auf nur noch 177 Tonnen zurück.[43]

Durch strategische Investitionen war Unilever in der Lage, in die Teeindustrie eines Landes mit einem großen, wachsenden Markt einzudringen. In dem Maße, wie sich die wachsende industrielle Bevölkerung in der Türkei den Fertiggerichten zuwenden wird, nimmt auch der Anteil der Teebeutel am Markt zu. Unilever wird dann in einer starken Position sein, um diesen Sektor beherrschen zu können, vielleicht auch den gesamten Markt.

Großhändler und Einzelhändler

In den meisten Ländern stellt das wichtigste Bindeglied zwischen den Herstellern und Einzelhändlern der Großhändler dar, der große Mengen bei den Produzenten einkauft und diese dann an die Einzelhändler weiterverkauft. Aber während der letzten dreißig Jahre, in denen sich in den industrialisierten Ländern die Macht des Einzelhandels in den Händen einer relativ kleinen Zahl von Supermarktketten konzentriert hat, neigen diese «Mega-Einzelhändler» dazu, direkt bei den Herstellern einzukaufen.

Ein direkt vom Produzenten kaufender Einzelhändler kann eine Handelsspanne von 20 % erwarten. Jacksons Ceylon Teebeutel beispielsweise wurden 1989 zu einem Händlerpreis von 11,78 £ für zwölf Schachteln mit 50 Beuteln eingekauft. Der Einzelhandelspreis lag bei 1,19 £, ein Aufschlag von 21,4 %.[44]

Jedoch können die kleineren Einzelhändler nicht darauf hoffen, mit den Supermärkten über den Preis konkurrieren zu können. So wurden etwa im April 1989 PG Tips in Handelspreislisten mit einem Preis von 0,55 £ geführt, bei Tesco wurden sie aber für 0,48 £ angeboten, zusammen mit einem Gutschein, der beim nächsten Kauf fünf Penny Nachlaß versprochen hat.[45]

Der Preis einer Tasse Tee

Oxfams größte Sorge beim gesamten Weg des Tees besteht über die Art und Weise, in der die Firmen zu der ländlichen Armut in den Produzentenländern beitragen. Die Notwendigkeit verbesserter Zahlungen und Arbeitsbedingungen in vielen Teeländereien liegt auf der Hand. Aber um dies zu erreichen, müssen zwei Faktoren berücksichtigt werden. Der erste ist der Teepreis auf dem Weltmarkt. Einfach gesagt meint dies, daß die Landbesitzer genug an ihren Teeverkäufen verdienen müssen, um annehmbare Löhne zahlen zu können. Der zweite Faktor hängt davon ab, wie diese Einnahmen verteilt werden. Der Nutzen guter Preise muß dann auch die Arbeiter und ihre Familien erreichen. Klar, in vielen Fällen tut er dies nicht.[46]

Entwicklungsländer müssen auch in der Lage sein, die Rückflüsse aus ihren Exporten zu maximieren. Im Oktober 1991 wurde Tee mittlerer Qualität in der Londoner Tee Auktion für 1,10 Pfund Sterling pro Kilo verkauft. Der Einzelhandelspreis war dann fast das Vierfache dieser Summe, obwohl der Tee auf dem Weg von den Auktionsräumen zu den Einzelhändlern nur noch gemischt und verpackt werden mußte.[47] Würden die Produzentenländer in der Lage sein, ihren Tee vor dem Export selbst zu mischen und zu verpacken, könnten sie wesentlich ihren Teil an den Gewinnen in der industriellen Teeverarbeitung erhöhen. Zudem würden sie mehr exportieren, wenn die Konsumenten im Norden überzeugt werden könnten, vom Teebeutel zum losen Tee zurückzukehren.

Jedoch sind die Hindernisse, um eines dieser Ziele zu erreichen, ungeheuer. In den Worten des Unternehmensvorsitzenden James Finlay wird dies deutlich: «Dies ist schlicht etwas, das Brooke Bond, Premier und so weiter nicht akzeptieren würden, aber selbst wenn sie es würden, die sehr hohen Kosten beim Transport des Materials in die Anbauländer und das Zurückbringen des Tees in verpackter Form würden die Vorteile mehr als übertreffen. Die Konfektionsfirmen wie Brooke Bond und Premier würden immer noch ihre Produkte bewerben wollen. Die Preise in den Regalen würden meist dieselben sein, wenn nicht gar höher. Die Produzenten wären nicht besser dran.» In seiner Sichtweise «ist es ein Mythos, daß mehr Tee getrunken würde, wenn er im Päckchen statt im Teebeutel wäre.»[48] Kurzum, es würde bedeuten, die Gewohnheiten der nördlichen Konsumenten zu ändern und die Herrschaft zu brechen, die die großen Teeproduzenten über den Markt haben.

Kapitel 7: *Der Fall der Kokosnuß*

Marktmacht und die Ohnmacht der Kleinproduzenten

Tee kann nur getrunken werden. Die Kokosnuß, aber kann auf viele verschiedene Arten genutzt werden. In Großbritannien taucht die große Nuß in ihrem groben Sackzeug gekleidet häufig auf Märkten auf, aber sie wird nur gelegentlich als Ganzes in Lebensmittelläden gefunden. Wie auch immer, ihr hartes, weißes Fleisch wird vielfältig verwendet, in und außerhalb des Lebensmittelbereiches. In seiner getrockneten Form kann es in Kuchen, Biskuits und Konfekt gefunden werden. Als Öl wird es in künstliche Milchprodukte und Eiscreme gepackt und als glänzender Überzug auf Biskuits aufgetragen. In Non-Food-Produkten findet sich das Öl in einem vielfältigen Spektrum von Waren, das Seife, Geschirrspülmittel und Waschpulver, Zahnpasta, Kosmetika, Klebstoff, Pharmazeutika, Industrieöle und Ausrüstung von Feuerwehrleuten umfaßt. Kokosölkuchen, ein Nebenprodukt des Kokosöls, wird in den europäischen Ländern ausgiebig als Viehfutter verwendet.[1]

Konkurrenz für die Kokosnuß

Aber es hat auch Nachteile, wenn man so vielseitig ist. Kokosöl ist nur eine der Quellen von pflanzlichen Ölen, die auf einem hochkomplexem Markt konkurrieren (vgl. Tabelle 5). Unilever, einer der weltweit größten Produzenten von pflanzlichen Ölen, unterteilt sie grob in drei Gruppen. Die erste besteht aus Ölen, die überwiegend in Nahrungsmitteln eingesetzt werden: Soja, Erdnüsse, Baumwollsaaten, Sonnenblumen, Rapssaaten, Sesam und Oliven. Die zweite Gruppen beinhaltet sowohl genießbare als auch ungenießbare Öle aus der Palmenfruchthülle, dem Palmkern und der Kokosnuß. Schließlich besteht die dritte Gruppen für einen hauptsächlich industriellen Zweck: Leinsamenöl, Rizinusöl.[2]

Hauptkonkurrenten der Kokosnuß sind die Ölpalme und die Sojabohne, welche zusammen über 30 % der weltweiten Pflanzenölexporte halten. Ihr direktester Ersatzstoff ist Palmkernöl. Letzteres, wie auch das Palmöl kommen von derselben Pflanze, der Ölpalme. Die Frucht tritt büschelweise auf. Nahe der äußeren Haut der Nuß findet sich eine Schicht fasrigen Breis, bekannt als

Tabelle 5: Pflanzenölexporte in metrischen Tonnen 1988

I	II	III	IV	V
1	Palmöl	2.590.153	96 %	Malaysia 69 %, Indonesien 13%
2	Sojaöl	1.840.689	44 %	USA 26 %, Argentinien 23 %
3	Sonnenblume	1.080.377	36 %	Argentinien 35 %
4	Olivenöl	95.471	14 %	Westeuropa 86 %
5	Raps- und Senfsaaten	864.919	4 %	
6	Kokosnuß	721.914	91 %	Philippinen 57 %, Indonesien 15 %
7	Palmkernöl	390.025	91 %	Malaysia 67 %
8	Mais	254.002	17 %	Westeuropa 40 %
9	Erdnüsse	211.472	74 %	Afrika 47 %, Argentinien 13 %
10	Baumwollsaaten	174.622	43 %	USA 51 %, Brasilien 25 %
11	Rizinusöl	128.027	3 %	Brasilien 43 %, Indien 21 %, China 18 %
12	Leinsaaten	87.317	60 %	Argentinien 56 %
	gesamt	9.338.995		

I Hauptexportöl in Volumen-Einheiten
II Ölart
III 1988 exportierte metrische Tonnen
IV Anteil der aus der «Dritten Welt» kommenden Exporte in Prozent
V Hauptexporteure und ihr Prozentanteil an Kolumne III

Quelle: FAO: Trade Yearbook, 1988, Volume 42, Rome Tables 118 bis 129 inclusive, New York: Vereinte Nationen, 1990

---

die Fruchthülle. Hieraus wird das gewöhnliche Palmöl gewonnen. Innerhalb der Fruchthülle befindet sich der Samen. Vom inneren Kern kommt das Palmkernöl. Palmöl wird meist in den Gegenden, in denen es hergestellt wird, als Bratöl verwendet. Als Exportware findet es seine häufigste Verwendung als ein Bestandteil von Speisefetten. Palmkernöl ist «härter» und dem Kokosnußöl ähnlicher. Es hat eine gute schaumbildende Eigenschaft, die es für Seifen und Reinigungsmittel verwendbar macht. Ebenso taucht es in Margarinen, Bratölen und Konfekt auf, wie auch das Kokosnußöl und aus meist den gleichen Gründen.

Dominiert wurde das Palmölgeschäft einst von Afrika; Nigeria, Zaire und Benin stellten etwa 70 % der Gesamtmenge her. Gegen Ende der fünfziger Jahre startete die Elfenbeinküste mit dem Anbau von Ölpalmen, und zehn Jahre später, als der synthetische Gummi anfing den Naturgummi zu ersetzen, schenkte Malaysia seine Aufmerksamkeit der Ölpalme.[3] Malaysia beherrscht nun den Palmölmarkt mit fast 70 % aller Ausfuhren (vgl. Tabelle 5). Die

Auf den Philippinen: Kokosnuß-Pflanzer und ihre Familien, die von ihrem Land vertrieben wurden, um kommerziellen Palmölpflanzungen Platz zu machen, suchen Unterschlupf in Slumvororten auf der Insel Mindanao.

Foto: Belinda Coote/Oxfam

Ölpalme ist im Grunde eine Plantagenpflanze – im Gegensatz zur Kokosnuß, die von Kleinbauern angebaut wird. Die Ölpalme hat eine höhere Flächenproduktivität als jede andere Ölsaat und ihre Produktion hat während all der Jahre ständig zugenommen. Vom Blickwinkel heutiger Investitionen und Forschungen aus wird sie zweifelsfrei als die Ölsaat der Zukunft betrachtet. Im Bereich der Biotechnologie hat sie sich für Zellgewebe-Technologien als besonders geeignet erwiesen. Unilever hat Zellgewebe eingesetzt, um die Entwicklung neuer Arten zu beschleunigen, mit dem Erfolg eines um 30 % gesteigerten Ertrages der neuen Bäume. Die Firma erwartet in kürze Ölpalmerträge, die zwei- bis sechsmal größer sein werden als die der alten Arten. Eine Entwicklung, die von anderen Experten als eine «Bedrohung der Position traditioneller Züchter und Produzenten rivalisierender Ölpflanzen wie Erd- und Kokosnüsse» aufgefaßt wird.[4]

Der Kokos konkurriert mit Soja bei Bratöl und -fetten, Nahrungsmitteln wie Margarine und Brotaufstrich und beim großen und lukrativen Viehfuttergeschäft. Bei letzterem ist Soja gegenüber der Kokosnuß im Vorteil, wegen des hohen Eiweißgehaltes im Rückstand, der beim Zermalmen und Mahlen während der Ölproduktion anfällt. Soja ist weit weniger eine «Dritte-Welt-Pflanze» als die Kokosnuß oder die Palme. Über die Hälfte des Sojas kommt aus Nordamerika und Europa. Hauptproduzenten in der Dritten Welt sind Brasilien und Argentinien. Infolge der besonderen Stärke von Soja als Grundstoff für wertvolles Viehfutter und der Neigung der Ölpalme, als williger Kandidat für hochentwickelte Pflanztechniken mit Zellgewebekulturen zu dienen, ist die Kokosnuß die gefährdetste dieser drei Ölquellen. Von den dreien ist sie aber auch die wichtigste Pflanze für den Anbau der Kleinbauern und liefert den Lebensunterhalt für eine große Zahl von Menschen in ländlichen Gebieten, besonders auf den Philippinen.

Der Baum des Lebens: Kokosnüsse auf den Philippinen

Die große, anmutige Kokospalme gedeiht in den tropischen Klimaten besonders auf sandigen Lehmböden und tiefen Schwemmland-Böden knapp über der Meereshöhe. Sie kann in den meisten Teilen der tropischen Welt gefunden werden, wächst aber besonders üppig in Süd- und Südostasien und am Pazifik.

Die Kokosnuß wird in fünf verschiedenen Formen auf den Weltmarkt gebracht. Als unversehrte Frucht oder getrocknet, oder sie wird als Kokos (das trockene weiße Fleisch), als Kokosnußöl (welches vom Kokos stammt) oder als Kokosölkuchen (einem Nebenprodukt des Kokosnußöles) exportiert. Bei weitem ist das Kokosnußöl am wichtigsten, das 65 % zum Wert der gesamten Exporte von Kokosprodukten beiträgt (vgl. Tabelle 6).

Die Philippinen sind der Welthauptlieferant von Kokosprodukten. 1988 steuerten sie 57 % der weltweiten Kokosnußölausfuhren bei und die Hälfte zum Kokos-Ölkuchen- und Trockenkokosmarkt. Indonesien, der nächstgrößte Exporteur, kommt auf 15 % des Kokosnußölmarktes und fast 40 % des Marktes für Kokosölkuchen. Malaysia, Sri Lanka, die Elfenbeinküste, Papua Neuguinea und Vanuatu sind weitere Exporteure.[5]

Während sich die Konsumenten des Nordens weitgehend unbewußt über die außergewöhnliche Vielseitigkeit der Kokosnuß und das weite Feld von Produkten, in dem sie entdeckt werden kann, sind, wissen die Menschen in den Ländern, in denen die Kokosnuß wächst, nur zu gut von ihrer Vielseitigkeit und ihrem Wert. Auf den Philippinen wird die Kokosnuß als «Baum des Lebens» bezeichnet. Er versorgt die Philippinos mit Holz für ihre Häuser und Möbel, mit Stroh von seinen Blättern für die Dächer, mit einem alkoholischen Getränk aus den Blüten, mit Nahrung, mit Getränken und Seife von der Nuß, und schließlich dient die Nußschale noch als Brennmaterial.

Zudem ist die Kokosnuß die wichtigste Exportpflanze, die alleine über sechs Prozent der gesamten Exporteinnahmen bringt. Außerdem sorgt sie, direkt oder indirekt, für den Lebensunterhalt von einem Drittel der Bevölkerung – fast 20

Millionen Menschen hängen von ihr ab.[6] Obwohl es einige große Kokos-Plantagen gibt, findet doch die Produktion überwiegend auf kleinen Einheiten statt; etwa drei Viertel aller dem Kokos gewidmeten Ländereien rangieren in der Größe unter fünf Hektar.

Tabelle 6: Wert der weltweiten Exporte von Kokosprodukten 1988, in US-Dollar

	US-Dollar	
Kokosnußöl	721.914.000	64,90 %
Getrocknete Kokosnuß	145.552.000	13,00 %
Kokosölkuchen	128.633.000	11,60 %
Unverarbeiteter Kokos	91.171.000	8,30 %
Kokosnüsse	24.824.000	2,20 %
Summe	1.112.094.000	100 %

Quelle: FAO: Trade Yearbook, 1988, Volume 42, New York: Vereinte Nationen, 1990

Die Produzenten

In den Regalen mit Handarbeiten, die in manchen Dritte-Welt-Läden stehen, ist es oft möglich, eine Auswahl von kleinen, zart gefärbten Holzpapageien zu finden. Sie kommen von den Philippinen, und man könnte sagen, sie symbolisieren auf diesem Archipel das Glück der Kokosindustrie. Die Männer und Frauen, die so sorgfältig die Papageien schnitzen und bemalen, tun dies, da sie mit der traditionellen Form ihres Einkommens, der Kokosnußproduktion, nicht mehr auskommen können.

Ländliche Armut und die Kokosnußindustrie sind schlicht beide Seiten einer Medaille. Und dafür gibt es zwei wichtige Gründe. Der erste hängt mit der Art des Landbesitzes auf den Philippinen zusammen, und der zweite rührt von der zunehmenden Zurückdrängung von Kokosnußprodukten auf dem Weltmarkt her.

Domingo und Christitia Belleza Sendini haben eine von den 500.000 philippinischen Kokosnußpachten, ein Hektar Land mit einhundert Bäumen darauf. Sie leben zusammen mit ihren sieben Kindern in einem kleinen *barrio* einige Meilen landeinwärts auf der Insel von Marinduque. Die Siedlung erscheint wie ein tropisches Paradies: niedrig, abschüssig, mit bewaldeten Hügeln, bedeckt durch elegante zwanzig Meter hohe Kokospalmen und dazwischen von der Sonne berührte Strohdachhäuser auf Stelzen. In den Talgründen sind gelegentlich Reisfelder zu sehen und unter den Bäumen finden sich Flecken mit kurzem, weichem Gras, auf denen Wasserbüffel umherstreifen.

Die Sendinis ernten ihre Bäume alle 40 bis 45 Tage. Sie tun dies entweder mit einem an einer zwanzig Meter langen Stange befestigtem Messer vom Boden aus, oder sie steigen auf die Bäume, um an die Früchte zu kommen. Verletzungen durch fallende Kokosnüsse sind eine große Gefahr, denn diese schlagen mit einer großen Wucht auf den Boden. Die Kokosnußpflanzer auf den Philippinen versuchen daher immer vor der Zeit zu ernten, zu der die Nüsse vom Baum zu fallen beginnen und dabei einen Vorübergehenden treffen könnten. Sind die Nüsse geerntet, schälen die Sendinis die dicke grüne Außenhaut ab, um die braune Nuß zu enthüllen. Dann schlagen sie die Nuß auf und höhlen das feste, weiße Kokosfleisch heraus. Dieses wird auf einem Gestell über einem mit der überflüssigen Hülse geschürten Feuer getrocknet.

Den Sendinis bringt jede Ernte 300 Pesos (ca. 20 DM), aber sie erhalten davon nur ein Drittel, 100 Pesos. Der Rest geht an den Landbesitzer, wie es auf den Philippinen üblich ist.

So beläuft sich ihr jährliches Einkommen durch die Kokosnuß auf etwa 800 Pesos (ca. 54 DM), etwas weniger als ein Landarbeiter, dem ein Mindestlohn bezahlt wird, in einem Monat verdient.[7] Die Sendinis müssen ihr Einkommen mit Korbflechten und Feuerholzsammeln ergänzen, außerdem arbeiten sie gelegentlich auf den Reisfeldern eines Nachbarn. Zusätzlich könnten sie die Kokosnußschalen zu Holzkohle brennen, aber das bringt wenig ein. Von den zweitausend Kokosnüssen, die sie bei jeder Ernte sammeln, können sie so im gesamten Jahr nur wenig über zehn Mark (160 Pesos) verdienen.

Ihr Landbesitzer erlaubt ihnen keinen Anbau von Gemüse, obwohl die Kokosnußbäume in einer Mischkultur besser gedeihen. Er fürchtet einfach, daß die Sendinis in diesem Fall in die Lage kommen könnten, bei einem umfassenden Landreformprogramm, auf das Land Ansprüche anzumelden. Allerdings haben die Sendinis ein kleines Gemüsefeld in der Nähe ihres Hauses. Dort ist es ihnen erlaubt, Bananen anzubauen, und in den Hügeln pflanzen sie auf ungenutztem Land Maniok. Ihre Nahrung besteht hauptsächlich aus Maniok und Reis – wenn ihn sich die Sendinis leisten können. Ergänzt wird ihr Essen durch ein wenig Gemüse, Schweinefleisch und Fisch. Wenn der Kokospreis fällt, muß das Schweinefleisch und der Fisch vom mageren Speiseplan gestrichen werden. Würden die Sendinis das von ihnen bebaute Land besitzen, könnten sie ihr Einkommen von den Kokosnüssen verdreifachen und deutlich die Menge der Nahrung erhöhen, die sie in Mischkultur mit Kokos anpflanzen könnten. Die Behörde für Agrarreform schätzt, daß über 20 % der landwirtschaftlichen Arbeitskraft Nebenerwerbspflanzer oder Pächter wie die Sendinis sind.[8] Viel schlimmer noch ist es, völlig ohne Land zu sein, wie es auf mindestens die Hälfte der landwirtschaftlichen Arbeiterschaft auf den Philippinen zutrifft.[9]

Nicht weit von den Sendinis entfernt, in einem Tal mit weit steileren Hügeln und ohne Reisfelder, gleich nach einer Gabelung der staubigen Straße, erhebt sich rechter Hand ein kleines Haus. In ihm leben Salvador und Nelda Seco mit ihrer Tochter, die noch ein Säugling ist. Die Secos besitzen kein Land. Salvador verdient seinen Lebensunterhalt bei der Kokosnußernte. Kokosnuß-Erntearbeiter werden pro 100 abgeschnittene Nüsse bezahlt. Die Summe, die sie verdienen, hängt von den internationalen Preisen ab und bewegt sich gewöhnlich zwischen drei und sieben Pesos für das Hundert. Die Zahl der Kokosnüsse, die Salvador schneiden kann, schwankt ebenso, in Abhängigkeit von der Jahreszeit, der Konkurrenz anderer Pflücker und der Nachfrage seitens der Mühlen. An einem außergewöhnlich guten Tag kann er es auf fast tausend Nüsse bringen, für die er zwischen 30 Pesos (2 DM) und 70 Pesos (4,60 DM) erhalten würde.

Die Secos bezahlen im Jahr 20 Pesos (1,30 DM) Miete für ihr Haus. Da sie kein Land haben, haben sie auch keine Möglichkeit ihr Einkommen mit dem Anbau von Nahrungsmitteln zu ergänzen. Stattdessen schnitzen sie Papageien.[10] Die Papageien, die aus einem auf der Insel hochaufwachsenden Weichholz, «Lanete» oder «Deta» genannt, geschnitzt werden, sind anfangs ein unansehnlicher Holzklotz. Aus diesem knapp acht Zentimeter hohen und drei Zentimeter durchmessenden Stück schnitzt Salvador in nur vier Minuten die Grundform des Papageis, welche Nelda dann ausschmirgelt. Die Papageien werden anschließend einer Werkstatt an der Küste verkauft. Dort, wo die Papageien bemalt werden, arbeiten etwa zwanzig Frauen.

Die Höhe der Zahlungen wird von der Anzahl der Bestellungen durch die Händler bestimmt. Je weniger Bestellungen es gibt, um so weniger Arbeit ist vorhanden. In der Jahresmitte 1991 gab es nur für ein Drittel von Marinduques Papageienschnitzern genug Beschäftigung. Die verfügbare Arbeit wird zwischen ihnen aufgeteilt, so daß jeder Schnitzer zu dem Zeitpunkt etwa 15.000 Pesos (1000 DM) im Jahr verdient. Maler können bis zu 100 Pesos (ca. 6,50 DM) für einen Achtstundentag verdienen. Da aber die Bestellungen ungenügend sind, um sie Vollzeit zu beschäftigen, ist ihr durchschnittliches Jahreseinkommen genauso hoch wie bei den Schnitzern.[11] Die Löhne für die Papageienproduktion erscheinen ungünstig im Vergleich zu anderen Bereichen der Wirtschaft. Für Fabrikarbeit in Manila liegt der Mindesttageslohn bei 127,84 Pesos (8,50 DM).[12] Trotzdem sind die Papageien eine Überlebensmöglichkeit für jene Leute von Marinduque, die sich andernfalls für ihr Einkommen von der Kokosnuß abhängig machen müßten. Die Voraussetzung ist allerdings, daß Bestellungen der Endverkäufer wie dem alternativen Dritte-Welt-Handel für den Absatz der Papageien sorgen. Außerdem sind die Menschen bis zu einem gewissen Ausmaß vor den Launen des Weltmarktes und den widrigen Wetterbedingungen geschützt, die ihr Kokosnußeinkommen so dramatisch treffen. Ein Taifun kann die Kokosnüsse und somit ihren Lebensunterhalt für sechs Monate wegwischen – oder noch länger.

Den Kokos verarbeiten

Nach der Ernte werden die Nüsse geschält und das Fleisch getrocknet, um Kokos zu gewinnen. Die erste Stufe der Verarbeitung wird fast immer von den Bauern erledigt. Danach beginnt der Kokos seine lange Reise zu seiner endgültigen Bestimmung im Land: zur Ölmühle oder zum Kokosexporteur. Zunächst verkauft ihn der Bauer an den lokalen Aufkäufer. Dieser verkauft ihn an den Stadtaufkäufer. Dieser verkauft an die Zwischenhändler, die wiederum verkaufen ihn an die Mühlen und Exporteure. Dieses gesamte Verfahren dauert laut der Kokosnußbehörde der Philippinen über zwei Monate.[13]

Solch eine lange Vermarktungskette bringt nur einen kleinen Teil des Endverkaufspreises zu den Bauern. Da die Bauern so wenig für ihren Kokos erhalten und sie daher immer finanziell knapp bleiben, sind sie dazu gezwungen, im voraus an die lokalen Aufkäufer zu verkaufen. Krankheit in der Familie zum Beispiel könnte bedeuten, schon vor der nächsten Vierzigtage-Ernte Bargeld zu benötigen. In diesem Fall sind sie an den lokalen Aufkäufer gebunden, der ihnen den Preis vorgeschossen hat, und sie können an keinen anderen Aufkäufer verkaufen, wodurch ihre Marktposition enorm geschwächt wird.

Die Mühlen

Es gibt 43 Kokosmühlen auf den Philippinen. Einige von ihnen sind im Besitz von multinationalen Unternehmen, unter denen sich Unilever, Proctor and Gamble und Colgate Palmolive befinden. Die größten Mühlen können bis zu 1.000 Tonnen Kokos am Tag zerstoßen. Im philippinischen Besitz ist die San Miguel Corporation's Lucena City Oil Mill Refinery mit einer Kapazität von 400 Tonnen, womit sie zu den mittelgroßen Mühlen zählt. Ihr Herz ist eine 20 Meter hohe Produktionshalle, vollgestopft mit 18 massiven Quetschmühlen. So, wie die Kurbeln und Ketten geräuschvoll herumrasseln, um die Pressen der in den USA gebauten Maschinen anzutreiben, fühlt man sich beim Betrachten ins neunzehnte Jahrhundert versetzt.

Die Fabrik braucht jeden Tag 34 Lastwagenladungen Kokos als Rohmaterial. Während der Kokos außerhalb der Produktionshallen zu großen Stapeln aufgehäuft auf seine Verarbeitung wartet, ist er völlig bedeckt mit schwarzen Kokoskäfern, von denen viele mit dem Kokos in die Pressen wandern. In diesen wird der Kokos gepresst, um das Kokosnußöl herauszuquetschen, welches dann in Kanäle unter Gittern im Boden läuft. Jeden Tag bringen 24 Tankwagen das Öl nach Batangas, einem Hafen etwa hundert Kilometer entfernt, und von dort wird das Öl nach Rotterdam verschifft. An einer anderen Stelle der Maschine wird der Ölkuchen ausgestoßen. Es werden zehn 16-Tonnen-LKWs benötigt, um den Ausstoß von einem Tag nach Batangas zu schaffen.[14]

Der Exportmarkt
Die Philippinen exportieren beinahe 85 % ihrer Kokosnußprodukte, meist als Halbfertigwaren, so wie das unfertig raffinierte Öl. Mehr als 60 % davon geht in die Europäische Gemeinschaft, weitere 25 % in die USA.[15] Etwa 80 % des weltweit vorhandenen Kokosnußöls wird von der EG und den USA eingeführt, wobei jeder ungefähr die Hälfte abnimmt.[16] Ausfuhren von Kokosölkuchen gehen fast alle nach Europa, während 70 % der Exporte von getrocknetem Kokos Europa und die USA erreichen. Wie auch immer, wenn diese Produkte die Philippinen verlassen haben, verschwinden sie schnell in der Verarbeitungskette.

Viel von dem Kokosnußöl wird für Margarinen eingesetzt, in denen es aber mit einer Reihe anderer Öle ausgetauscht werden kann: Palm-, Soja- oder Sonnenblumenöl. In Europa beherrscht Unilever den Margarinemarkt, den es mit geschätzten 60 % aller Öle und Fette beliefert.[17]

Die Menge des in seinen Produkten eingesetzten Kokosnußöls hängt vom Ölpreis und vom Mengenangebot ab. In sehr ähnlicher Weise wie im Falle der Teeindustrie ist Unilever auf allen Stufen in die Kokosnußproduktion verwickelt: eigene Plantagen, eine der größten Mühlen auf den Philippinen und die Raffinierung – Unimills BV in den Niederlanden. Sie stellt alle ihre Endprodukte her, in denen Kokosnußöl enthalten ist. Die Aktivitäten sind in vier Bereiche aufgeteilt: Nahrungsmittelprodukte, Reinigungsmittel, Körperpflege und Spezialchemikalien – in denen überall Kokosprodukte zur Verwendung kommen.[18]

Unternehmen und Waren

Die Kokosnuß ist eine besonders empfindliche Ware. In fast allen ihren kommerziellen Anwendungen kann sie durch andere Quellen, aus denen Pflanzenöle sprudeln, ersetzt werden. Wenn dies geschehen sollte, müßten die Philippinen einen jährlichen Verlust von etwa 650 Millionen US-Dollars durch den Ausfall ihrer Kokosnußeinkünfte verkraften, und ein Drittel der Bevölkerung würde seinen hauptsächlichen Lebensunterhalt verlieren.[19]

Das Überleben der Kokosnuß als Exportfrucht hängt von den wirtschaftlichen Entscheidungen ab, die von der Handvoll transnationaler Unternehmen, die den Pflanzenöl-Markt kontrollieren, gefällt werden. Die zentrale Rolle, die sie und andere Unternehmen im internationalen Handel spielen, wird durch das Beispiel des Tees und der Kokosnuß erhellt. Schätzungen aus den Vereinigten Staaten gehen davon aus, daß die transnationalen Unternehmen an die 90 % des gesamten Handels abwickeln. In Großbritannien werden über 80 % aller Exporte von in- oder ausländischen Multis durchgeführt, in anderen Staaten ist die Situation vergleichbar. Transnationale Unternehmen haben die führende

Rolle in der Entwicklung neuer Technologien, und sie kontrollieren den Hauptteil der Direktinvestitionen im Ausland.[20]

Oxfams Recherchen in der Tee- und Kokosnußproduktion haben zwangsläufig ihren Brennpunkt bei einem transnationalem Unternehmen gefunden: Unilever – zwangsweise, da diese gewaltige holländisch-britische Handelsgesellschaft das größte Nahrungsmittelunternehmen in Europa ist und auf der Weltrangliste größter Unternehmen auf Platz sechs steht. Zudem beherrscht es die Tee- und Pflanzenölmärkte. Wäre Kakao oder Kaffee für die Studie gewählt worden, im Mittelpunkt würde dann das Schweizer Konglomerat Nestlé gestanden haben, das zweitgrößte europäische Nahrungsmittelunternehmen in Europa und weltweit an achter Stelle.[21] Welche Handelsware auch immer gewählt worden wäre, immer hätte ein transnationales Unternehmen die führende Rolle auf allen Stufen seiner Herstellung und Vermarktung gespielt.

Unilever wird als Nahrungsmittelhersteller geführt, obwohl es auch Lachsfarmen und Institute zur Pflanzenaufzucht unterhält. Unilever macht Shampoos, Kosmetika, Waschpulver und Toiletten-Reiniger. Es verkauft Chemikalien, stellt Schwangerschaftstests her und besitzt Textilfabriken und Restaurants. In 19 industrialisierten Ländern und in 37 Entwicklungsländern hat es wichtige Unternehmensgruppen und beschäftigt weltweit über 300.000 Menschen.[22] Durch seine außergewöhnliche Produktpalette und Aktivitäten ist Unilever beinahe in jeden Bereich unseres Lebens eingedrungen. Die schiere Größe seiner Unternehmungen stellt die Wirtschaftskraft der meisten Entwicklungsländer in den Schatten. 1987 war Unilevers Umsatz von 16,5 Milliarden Pfund Sterling größer als das gesamte Bruttosozialprodukt der Philippinen von 15,7 Milliarden Pfund Sterling. Im selben Jahr waren seine Gewinne vor Steuern in Höhe von 1,3 Milliarden Pfund Sterling größer als das gesamte Bruttosozialprodukt von Tanzania (1,2 Milliarden Pfund Sterling), während seine Gewinne nach Steuern von 0,7 Milliarden Pfund Sterling größer waren als das BSP des Tschad (0,6 Milliarden Pfund Sterling).[23]

Das Wachstum von Firmen wie Unilever wurde hauptsächlich durch Firmenübernahmen erreicht. Im letzten Jahrzehnt ist dies mit einer atemberaubenden Geschwindigkeit geschehen, die zu der Vorhersage führte, daß zum Ende dieses Jahrhunderts die weltweite Nahrungsmittelindustrie von nicht mehr als zehn Unternehmen beherrscht sein wird.[24] Hillsdown Holdings plc beispielsweise kam an die führende Stelle im britischen Teemarkt durch den Aufkauf kleinerer Teefirmen. Mitte der achtziger Jahre erwarb sie den Nahrungsmittelbereich von Cadbury Schweppes und benannte ihn in Premier Brands um. Premier Brands fuhr fort, Melroses zu absorbieren, Ridgeways (früher Tate and Lyle), Typhoo (vormals bei Cadbury Schweppes) und Glengettie Tea (zuvor bei Lloyd Piggot Co.). Hillsdown Holdings findet sich auf Platz 191 in der Liste der 500 größten europäischen Firmen, ist aber Europas siebtgrößte Nahrungsmittelgruppe und eine der «Großen Vier» Teefirmen.

Tabelle 7: Marktkonzentrationen in Großbritannien

Produkt	*Muttergesellschaft*	*% Marktanteil*	*Wichtigste Markennamen*
Tee*	Unilever	33	Brooke Bond, PG Tips
	Allied Lyons	22	Tetley, Quick Brew, Red Label
	Cooperative Wholsale Society	10	«99», Rich Leaf Indian Prince
	Hillsdown Holdings	13	Typhoo, Melroses, Ridgeways
	Eigene Marken	16	e.g. Sainsbury's, Tesco's
	Andere	6	
Löslicher Kaffee	Nestlé	54	Nescafé, Gold Blend
	Philip Morris	22	Kenco, Maxwell House, Café HAG
	Unilever	7	Red Mountain, Choice
	Eigene Marken	15	e.g. Sainsbury's, Tesco's
	Andere	2	
Schokolade, Konfekt (Kakao)	Mars	30	Mars Bar
	Hillsdown Holdings	26	Cadbury's Milk Chokolate
	Nestlé	28	Rowntrees, Dairy Box
	United Biscuits Ltd.	3	Terry's
	Philip Morris	2	Jacob Suchard
	Andere	11	

* Eine andere Quelle als in Kapitel 6 wurde für diese Zahlen benutzt, um die Kategorie «Eigene Marken» von den anderen unterscheiden zu können.

Quelle: Nach Mandy Jetter: «Fair Trade Mark – Preliminary Report», November 1990

Am Ende dieser Firmenübernahmen stehen weniger, aber größere Firmen. Zwar mögen dem Konsumenten genauso viele konkurrierende Marken gegenübertreten, aber diese werden von nur einer Handvoll Firmen geführt. In Großbritannien wird gut über die Hälfte des getrunkenen Tees und Kaffees und der gegessenen Schokolade von lediglich drei Firmen hergestellt: Hillsdown Holdings, Unilever sowie Nestlé (siehe Tabelle 7). Um die Erhöhung von Marktanteilen herrscht unter den drei Firmen eine heftige Konkurrenz. Einige dieser großen Unternehmen wurden von Dritte-Welt-Gruppen, darunter auch Oxfam, in einigen Kernfragen kritisiert. Um nur einige anzuführen: Nestlé mußte sich Kritik gefallen lassen wegen ihres Angebotes von Babynahrungsmitteln in Ländern der Dritten Welt; James Finlay für die Arbeitsbedingungen auf ihren Teeplantagen in Bangladesch; Tate and Lyle für die Beschäftigungsverhältnisse in Zuckerländereien auf Jamaika und pharmazeutische Firmen für ihre Vermarktungspolitik in der Dritten Welt. Jedoch würde ohne sie das internationale Handelssystem, so wie wir es heute kennen, zusammenbrechen. Während diese Kampagnen als lebendige Überprüfungen und Gegengewicht zu besonderen Erscheinungen der Firmenpolitik betrachtet werden können, liegt die wirkliche Herausforderung der neunziger Jahre und auch später darin, zu gewährleisten, daß die immense Macht und der Einfluß der multinationalen Unternehmen in einer Art und Weise eingesetzt wird, die einer Entwicklung in Ländern der Dritten Welt wirklich förderlich ist.

Kapitel 8: *1492*

Waren der Dritten Welt und Märkte der Ersten Welt

Als am 3. August 1492 Christoph Kolumbus von Spanien lossegelte, genau nach Süd-West, war er im Begriff, drei Monate später die palmengesäumten Inseln der Karibik zu «entdecken». Auf der Heimreise verfaßte er einen Brief an seine Sponsoren, Ferdinand und Isabella – König und Königin von Spanien –, in dem er die Karibik als eine Region beschrieb, die «ganz und gar pulsiert von großen Versprechungen aller Arten von Reichtum», «großen Handel und Profit», «großen Goldminen», und «tausend anderer Dinge von Wert», Land, «reich für Pflanzen und Aussäen und Vieh aller Art», «alles ... reichlicher vorhanden als ich es kenne oder erzählen könnte.»[1] Zwei Reisen und sechs Jahre später meldete er ebenso Anspruch auf die riesige Landmasse an, die wir heute als Lateinamerika kennen. Kolumbus Entdeckung der «Neuen Welt» markierte den Beginn eines Verhältnisses zwischen Europa und den Amerikas, das auf Ausbeutung gegründet war. Es begann mit Gold und Silber, wurde aber bald ausgedehnt auf ein Sortiment von Gütern, aus dem sich karibischer Zucker und Tabak als die beständigsten erwiesen.

Einer seiner ersten Landgänge führte ihn auf eine Insel, der er den Namen «Española» gab. Heute liegen auf dieser Insel Haiti und die Dominikanische Republik. Laut dem Tourismusminister der Dominikanischen Republik war dies die Insel, die Kolumbus am meisten liebte. Um 1992 Touristen zu einer Begegnung mit dem fünfhundertsten Jahrestag seiner «Entdeckung» anzulocken, hatte sich die Regierung der Dominikanischen Republik an eine große kosmetische Aufräumaktion in ihrer Hauptstadt gemacht. Das staubige Gebiet von Santo Domingo wurde verschönert, und in seiner Mitte wurde ein mächtiger Leuchtturm zu Ehren des Christoph Kolumbus errichtet – alles, um den Tourismus zu fördern.[2]

Oxfam unterstützt seit Jahren Gemeinschafrtsprojekte in den Slums von Santo Domingo. Diese armen Gemeinden wurden durch die Verschönerungsprogramme der Regierung mit zusätzlichen Problemen konfrontiert. Der Straßenhandel, mit dem viele Arme in Santo Domingo ihr Auskommen fristen, wurde verbannt. Slumgebiete wurden geräumt, um Avenuen, Parks und Monumenten Platz zu schaffen. Komplette Stadtteile wurden aus der Innenstadt in Gebiete umgesiedelt, in denen Grundversorgungen wie Wasser, Strom, Kanalisation oder Abfallentsorgung nicht vorhanden sind. Als Folge forderte kürz-

In der Dominikanischen Republik: Für viele der Kleinbauern, die durch die niederen Kaffeepreise und von den reichen Landbesitzern von ihrem Land vertrieben wurden, bleibt nur der Slum in der Hauptstadt Santo Domingo, der ein zu Hause bietet.

Foto: Richard English/Oxfam

lich ein Ausbruch von Typhus in einer dieser wahllos errichteten Shanty-towns viele Menschenleben.[3]

Nicht wenige der Menschen, die in den Elendsvierteln von Santo Domigo leben, sind dort, weil sie von ihrem Grund und Boden von reichen Landbesitzern vertrieben wurden, die ihre Großproduktionen für den Export ausdehnen wollten. Andere fanden sich auf der Suche nach Arbeit in der Großstadt wieder, da sie ihren Lebensunterhalt wegen der niedrigen Weltmarktpreise nicht mehr mit der Landwirtschaft bestreiten konnten. Besonders geschah dies im Kaffeesektor.

Eine gewisse Ironie liegt darin, daß diese Slumsiedler, deren Zuhause plattgewalzt wurde, doppelte Opfer einer Handelsstruktur wurden, die zunächst 1492 eingerichtet wurde und dann einige Länder in die Kategorie der «Dritten Welt» getrieben hat.[4] Dieser frühe Raubzug auf der karibischen Insel bestimmte ihre zukünftige Rolle in der Weltwirtschaft: Lieferant von Rohmaterial für die Märkte im Norden zu sein. Der ungleiche Tausch, auf den diese Einrichtung gegründet wurde, hat zur Verarmung der Region beigetragen und zum Wohlstand der Importnationen der «Ersten Welt». Für die vergangenen 500 Jahre waren die Warenproduzenten der «Dritten Welt«, wie jene in der Karibik, hauptsächlich auf die industrialisierten Länder angewiesen, um einen Markt für ihre Güter zu finden.

Dies ist auch heute noch so. Wie bereits gesehen, sind 66 % aller Ausfuhren der Entwicklungsländer für die Märkte der entwickelten Länder bestimmt, das meiste geht in die USA, die EG und Japan. Diese industriellen Supermärkte nehmen gerne die Exporte aus den Entwicklungsländern – sofern die Marktbedingungen stimmen. Handel ist unentbehrlich, um die Nachfrage in den Einfuhrländern stillen zu können. Aber diese Nachfrage geht nicht nur von den Verbrauchern aus, sondern wird auch von den Unternehmen erzeugt, die mit Werbefeldzügen nachhelfen. Die Einfuhren aus den Entwicklungsländern sind daher wesentlich auf die Erfordernisse importierender Unternehmen wie Nestlé und Unilever zugeschnitten.

Dies hat sowohl Vor- und Nachteile für die Exporteure im Süden. Auf der einen Seite kommen sie so zu Märkten für ihre Produkte und zu harten Devisen, die sie für ihre Wareneinfuhren brauchen. Andererseits sind die kommerziellen Interessen dieser Unternehmen nicht immer gleich denen der Entwicklungsländer.

Ein Bereich, in dem der Konflikt besteht, ist die Weiterverarbeitung von Rohstoffen. Wie wir bereits in Kapitel 6 und 7 gesehen haben, entsteht der eigentliche Wert beim Handel mit Waren bei deren Weiterverarbeitung. Die Entwicklungsländer könnten durch ihre Exporte wesentlich mehr verdienen, wären sie in der Lage, ihre Waren vor dem Export weiterzuverarbeiten. Es würde ihnen helfen, ihre Industrie zu entwickeln. Es würde Investitionen bringen, Arbeitsplätze schaffen und zu einer Zunahme der Einnahmen aus dem

Außenhandel führen. Aber die im Norden angesiedelten Unternehmen und die Importländer müßten in dem Maß einen Verlust hinnehmen, wie die Entwicklungsländer gewinnen, wenn sie ihre Rohstoffe selbst veredeln könnten. Einer der Wege, auf dem die bisherigen Gewinner ihre Interessen schützen, ist die Zollprogression.

Zollschranken

Unter Zollprogression werden Zölle verstanden, die mit jeder Stufe der Weiterverarbeitung steigen. Wie die Tabelle 8 zeigt, kommen die Kakaobohnen mit einem Zoll von drei Prozent in die EG. Erreichen sie die Gemeinschaft jedoch in verarbeiteter Form, wie etwa als Kakaopulver, werden sie 16 % Zoll mit sich tragen. Ähnlich wird der verarbeitete Kaffee durch hohe Zölle benachteiligt. Der EG-Zoll für unverarbeitete Kaffee-Bohnen beträgt neun Prozent, während löslicher Kaffee mit einem doppelt so hohen Zoll belastet wird.[5]

Während Zollprogressionen die kommerziellen Interessen von Unternehmen, die den Markt beherrschen, wie Nestlé und Philip Morris, beschützen, behindern sie die Dritte Welt bei deren Aufbau einer Verarbeitungsindustrie für Rohstoffe. Progressive Zölle werden beinahe auf alle tropischen Produkte wie Tee, Kaffee, Gewürze, Holz, Gummi und Jute angewandt, wenn sie auf einem der drei Märkte der nördlichen Industrieländer verkauft werden sollen. Solch hohe Abgaben für verarbeitete Produkte zahlen zu müssen, entmutigt die Exporteure in der Dritten Welt richtiggehend, eine eigene Verarbeitungsindustrie zu entwickeln. So bleiben sie in der Rolle der Rohstoffexporteure gefangen.

Nichttarifäre Barrieren

Textilien und Kleidung sind ein wichtiger Exportsektor für viele Länder der Dritten Welt, der zwischen 25 % und 30 % aller Ausfuhren von verarbeiteten Waren umfassen kann. Für einige der ärmsten Länder ist dies der Bereich, in dem sie erfolgreich von den Rohstoffen diversifizieren konnten. Der Verarbeitungsprozeß ist verhältnismäßig einfach und arbeitsintensiv, daher bietet er einen idealen ersten Schritt zur Industrialisierung. Während der achtziger Jahre wurden die Baumwollstoffe zum Exportschlager der «Least Developed Countries (LDCs)» bei verarbeiteten Produkten, besonders für Malawi, Botswana und Tansania. In Bangladesch hat sich Kleidung als wichtigster Exportartikel herausgebildet, der Jute 1987/88 beim Export übertraf.[6] Allerdings war häufig die Entwicklung in diesem Sektor vom Multifaserabkommen stark behindert.

Tabelle 8: Zölle[a] für tropische Produkte bei verschiedenen Verarbeitungsstufen auf den wichtigsten Weltmärkten (in Prozent)

Produktgruppe	*EG*	*Japan*	*USA*
Kaffee			
roh	9,0	0,0	0,0
geröstet, gemahlen	16,5	20,0	0,0
Auszüge, Zubereitungen	18,0	20,5	0,0
Tee			
verpackt als Großmengen	0,0	12,5	0,0
verpackt als Einzelhandelsmengen	5,0	20,0	0,0
Auszüge, Essenzen	12,0	17,3	..
Kakao			
Bohnen	3,0	0,0	0,0
Paste	15,0	15,0	0,0
Butter	12,0	2,5	0,0
Pulver	16,0	21,5	0,4
Schokolade	..	26,7	1,9
Gewürze			
ungemahlen, unverarbeitet	7,5	1,2	0,7
gemahlen, verarbeitet	11,8	6,6	4,5
Ätherische Öle			
Ätherische Öle	4,5	2,4	0,9
Mischungen	5,3	7,5	4,4
Zubereitungen	6,6	..	5,3
Pflanzliches Flechtmaterial			
Roh	0,5	5,0	2,2
Flechtwaren	3,4	5,7	5,2
Korbflechtereien, Korbwaren	6,2	9,4	6,6
Ölsaaten, Pflanzenöle			
Ölsaaten	0,0	1,0	1,8
Pflanzenöle	7,2	6,1	3,5
Fettsäuren, Fettalkohole	8,8	5,0	4,3
Margarine	25,0	35,0	12,5
Seifen	6,9	6,5	4,0
Tabak			
unverarbeitet	30,0[b]	0,0	15,9
verarbeitet	81,0	68,9	16,8
Reis			
ungemahlen	12,0[b]	0,0	5,3
gemahlen, verarbeitet	23,0[b]	16,7	2,7

Maniok, Wurzeln, Knollen			
frisch, getrocknet	6,0	11,3	13,5
Mehl	6,0	12,5	0,0
Schrot(mehl), Stärken	30,0	25,0[c]	0,0
Bananen			
frisch, getrocknet	20,0	18,0	0,4
Mehl, getrocknet	17,0	25,0	3,5
Tropische Nüsse			
ungeschält, roh	2,2	10,5	5,6
geschält, verarbeitet	15,0	20,5	6,3
Tropische Früchte			
frisch, getrocknet	8,0	8,8	10,7[d]
konserviert	11,3	21,1	10,7[d]
verarbeitet, Fruchtsäfte	23,6	28,2	35,3[e]
Tropenholz			
Stammholz	1,2	0,4	3,4
Schnittholz	3,0	2,6	1,5
Furniere, Sperrholz	4,0	8,9	4,4
Holzartikel	4,9	..	6,3
Gummi			
Naturgummi	0,0	0,0	0,0
einfach verarbeitet	3,7	3,6	4,7
Reifen, Schläuche	3,6	4,7	3,1
andere Artikel	4,8	4,6	5,2
Jute			
Rohmaterial	0,0	0,0	0,0
verarbeitet	..	..	0,0
Garne	5,3	8,0	4,1
Webstoffe	8,7	16,0	1,8
Juteartikel	7,7	9,3	3,8
Sisal, Henequen			
roh	0,0	0,0	0,0
verarbeitet	..	..	8,0
Schnüre, Tauwerk	12,0	6,5	4,1

[a] Einfacher Durchschnitt nach der Tokio-Runde oder der angewandten Zölle, jeweils der niedrigere.

[b] geschätzt

[c] Bananenmehl nicht für Futterzwecke

[d] Tropische Früchte, frisch, getrocknet, konserviert und zubereitet

[e] nur Fruchtsäfte

Quelle: UNCTAD: Uruguay-Round – Papers on Selected Issues, New York: United Nations, 1989 Tabelle 4 ff, 349-50

Das Multifaserabkommen

Das Multifaserabkommen ist bekannt als nichttarifäre Handelsschranke. In anderen Worten heißt dies, das importierende Land hat zu anderen Methoden als dem konventionellen Zoll Zuflucht genommen, um unerwünschte Güter zu begrenzen oder auszuschließen. Das Multifaserabkommen wurde erstmals 1974 eingeführt, obwohl es aus früheren Kontrollen von Baumwolltextilien, die bis ins Jahre 1962 zurückdatieren, entstanden ist. Es sollte angeblich ein zeitlich befristetes Abkommen sein. Im Norden forderte die niedergehende Textil- und Bekleidungsindustrie Schutz vor dem wachsenden Druck billiger Importe aus der Dritten Welt, damit sie sich umstrukturieren und ihre Profitabilität erhalten könnte.

Im Rahmen des Multifaserabkommens sind Mitgliedsländer entweder «Importeure» oder «Exporteure». Den einführenden Ländern ist es erlaubt, die Importe durch die Festsetzung von Mengenbeschränkungen für die Exportländer, wie z.B. Bangladesch, die Philippinen, Indien, Hongkong und Singapur, zu beschränken. Während diese Quoten in Kraft sind, sollen die Industrieländer angeblich ihre eigene Textil- und Bekleidungsindustrie «strukturell anpassen», um sie unter den Bedingungen des freien Marktes konkurrenzfähig zu machen. Falls dies nicht möglich sei, sind sie aufgefordert, zu diversifizieren.

Der Mißerfolg der Industrieländer, die notwendigen Anpassungen durchzuführen, hat dazu geführt, daß das ursprüngliche Vier-Jahresabkommen mittlerweile fünfmal erneuert wurde. Die Definition des Begriffes «übergangsweise» wurde somit in den Augen vieler etwas gedehnt. Allerdings hat der Druck der Exportländer, das Abkommen abzuschaffen, zu einer Absichtserklärung der EG und der USA geführt, es nach und nach auslaufen zu lassen.

Freiwillige Exportbeschränkungen

Nichttarifäre Handelshemmnise wie das Multifaserabkommen können viele Formen annehmen. Ein Kunstgriff, welcher zunehmend gegen die verarbeiteten Produkte aus den Entwicklungsländern eingesetzt worden ist, besteht in der «freiwilligen» Exportbeschränkung.

Wenn eine Regierung sich um möglichen Schaden sorgt, den ein Import seinen eigenen Produzenten bereiten könnte, fordert sie die andere Regierung auf, unter Androhung von Vergeltungsmaßnahmen, die Exporte der fraglichen Güter zu begrenzen. Die Anwendung dieser sogenannten freiwilligen Exportkontrollen hat sich im letzten Jahrzehnt von Textilien und Bekleidung ausgedehnt und erstreckt sich mittlerweile über Stahl, Autos, Schuhe, Maschinen, Elektrogeräte und vieles mehr.

Freiwillige Exportbeschränkungen sind nur dann durchsetzbar, wenn die Regierung, die Beschränkungen verhängen will, ebenso mächtig oder mächtiger ist als jene, die sie akzeptieren soll. Seither war es eine Maßnahme, die hauptsächlich von den USA und der EG angewendet wurde, aber seit kurzem wird sie auch von Japan und Südkorea ins Spiel gebracht. Augenblicklich bestehen über 300 freiwillige Exportbeschränkungen. Viele von ihnen richten sich gegen Exporteure in Industrieländern, aber nicht wenige zielen auch auf Entwicklungsländer. Unter den Entwicklungsländern, die «freiwillig» ihre Exporte eingeschränkt haben, befinden sich Brasilien, Mexiko und Bangladesch.[7]

Ein beliebtes Mittel, um Länder zur Zustimmung zu «freiwilligen» Einschränkungen ihrer Ausfuhren zu bringen, besteht in der Drohung mit den wohlbekannten Anti-Dumping-Maßnahmen. Diese wurden eingeführt, um Länder daran hindern zu können, ihre Exporte zu unter dem Markt liegenden Preisen in anderen Länder «abzuladen». Unter den Bestimungen von GATT ist es den importierenden Ländern erlaubt, einen Zollausgleich für die Subventionen der Exporteure zu erheben. Problematischerweise sind die «Anti-Dumping»-Regeln aber dermaßen vage gehalten worden, daß dem Mißbrauch Tür und Tor geöffnet ist. Möchte beispielsweise Brasilien Schuhwerk in die USA verkaufen, könnte die Androhung von Anti-Dumping-Maßnahmen seitens der USA Brasilien leicht davon überzeugen, seine Exporte freiwillig zu beschränken. So sind Anti-Dumping-Maßnahmen, weil sie durch die GATT-Regeln abgesegnet sind, immer wieder als protektionistische Methode eingesetzt worden, besonders durch die Europäische Gemeinschaft und die USA.

Unterstützung für die Landwirtschaft des Nordens

Verarbeitete Waren sind nicht das einzige Feld, auf dem es einen klaren Interessenskonflikt zwischen den industrialisierten Ländern und den Entwicklungsländern gibt. Den anderen großen Streit gibt es um die landwirtschaftlichen Produkte, die mit den im Norden produzierten Gütern konkurrieren. Dazu gehören Getreide, Fleisch, Milchprodukte, Ölsaaten/Pflanzenöl und Zucker.[8] Die Politik, die von den industrialisierten Ländern zum Schutz dieser Sektoren angewendet wird, wechselt von Land zu Land. Die Form, die sie in der Europäischen Gemeinschaft annimmt, wird diktiert durch deren Gemeinsame Agrarpolitik, die die bäuerliche Produktion mit drei Hauptmechanismen schützt: garantierte Mindestpreise, Schutz gegen Einfuhren (darunter Abschöpfungen und andere Importkontrollen wie Steuern, Zölle, Quoten) und Exportsubventionen, um die Überschüsse auf den Weltmarkt werfen zu können.[9] In den Vereinigten Staaten von Amerika stellen die direkten Zahlungen an den Produzenten, die Einfuhrbeschränkungen, die Investitionshilfen und die Exportsubventionen die Hauptformen von Regierungshilfen für die Landwirtschaft dar. Japan benutzt verschiedenste Maßnahmen, unter denen Importquoten, Importzölle, Investitionszuschüsse und Preisunterstützungsmechanismen zu finden sind.[10] Sie wurden alle geschaffen, um die einheimische Produktion anzuregen und die Bauern sowie die Agro-Industrie vor billigen Importen zu schützen.

Allerdings sind ihre Auswirkungen verschieden. Die von Japan eingesetzten Maßnahmen, sind geeignet, die japanische Selbstversorgung mit Reis zu unterstützen. Mit stattlichen Importschranken reduzieren sie die Absatzmöglichkeiten für die Reiseinfuhren, aber sie erzeugen keinen Überschuß. Dagegen steigern die von den Europäern und den USA eingesetzten Maßnahmen die Produktion durch die Ausdehnung der Binnennachfrage erheblich, so daß Überschuß produziert wird.

Wie wir bereits (in Kapitel 3) gesehen haben, drückten diese Überschüsse die Weltmarktpreise für landwirtschaftliche Produkte in den Keller, ebenso wie sie den Exporteuren der Dritten Welt die Märkte weggenommen haben. Der negativste Einfluß auf die Entwicklungsländer wurde bei der Zuckerindustrie deutlich. Jedes Entwicklungsland, das von den Märkten im Norden abhängt, ist durch die Maßnahmen verletzlich, die von den Industrieländern zum Schutz oder zur Förderung der Interessen ihrer einflußreichen Landwirtschafts- bzw. Industrielobbys ergriffen werden. Ein Beispiel ist die Kokosnußindustrie auf den Philippinen, deren wichtigsten Exportmärkte in jüngster Zeit von beiden bedroht wurden.

Die Rache der Soja

In Washington findet man heutzutage Aufkleber auf Nahrungsmitteln wie Brot mit dem Hinweis «kein Kokosnußöl». US-Fluglinien, besonders United Airlines, servieren Erdnüsse mit Aufklebern «Kein Kokosnußöl, kein Cholesterin!«.[11]

Dem amerikanischen Konsumenten wurde glauben gemacht, Kokosnußöl würde eine Bedrohung für seine Gesundheit darstellen. Dies geschah nicht aufgrund einer medizinischen Beweisführung, sondern war Ergebnis einer von den amerikanischen Sojabohnenpflanzern Mitte der achtziger Jahre lancierten Kampagne. Diese nahmen zu jener Zeit tropische Öle als eine Bedrohung ihres Marktes wahr, und dies führte zu den Versuchen, die tropischen Öle mit gesundheitlichen Argumenten madig zu machen.

Der Streit begann 1984. Auf einer jährlichen Konferenz von Ölsaatenproduzenten lobte die malaysische Delegation die Vorzüge des Palmöls gegenüber dem Sojabohnenöl und darauf folgte in den USA eine Palmölabsatzschlacht, die einen Monat dauerte. Dies machte ihnen die US-Sojabohnenpflanzer zum Feind, und deren Produzentenorganisation, die Amerikanische Sojabohnen Vereinigung (ASA), beschloß, zurückzuschlagen. Diese Vereinigung brachte zunächst eine Attacke auf das Palmöl und später auf andere tropischen Öle, vor allem aber auf Palmkern- und Kokosnußöl, ins Rollen. Es tauchten plötzlich Behauptungen auf, diese Öle seien ungesund, da sie gesättigte Fettsäuren enthalten. Gesundheitsbewußten Amerikanern war erst kurz vorher die Verbindung zwischen gesättigten Fettsäuren und Cholesterin bewußt gemacht worden, welches wiederum mit einer Erkrankung der Herzkranzgefäße in Verbindung gebracht wurde.

Die philippinische Kokosnußindustrie steckte im Kreuzfeuer. Fast die Hälfte ihrer Kokosnußölexporte geht in die USA und davon 40 % in die Lebensmittelindustrie. Der größte Teil ihrer Exporteinnahmen durch die Industrie war plötzlich in Gefahr, und das Land stand vor einem Verlust von 100 Millionen Pfund Sterling in Devisen.[12] Die Regierungsbehörde für Kokosnuß, UCAP (Vereinigte Kokosnußverbindung der Philippinen), startete eine Gegenkampagne, um die Stellung eines der wichtigsten nationalen Exportgüter in dessen bedeutendstem Einzelmarkt zu sichern.

Die Behörde machte sich auf, ASAs Behauptungen in Frage zu stellen, indem sie zeigte, daß diese auf falschen wissenschaftlichen Informationen beruhten. Sie waren in der Lage, zu beweisen, daß selbst wenn Kokosnußöl ein gesättigtes Fett ist, seine chemische Struktur eher zu *niedrigeren* Anteilen von Cholesterol im Blut führt als zur Erhöhung der Werte. Sojabohnenöl seinerseits erlangt gesättigtem Fett ähnliche Eigenschaften, wenn es gehärtet wird. Daraus, daß 70 % des in den USA benutzten Sojabohnenöls teilweise gehärtet ist, folgerten sie, daß die Behauptung, Sojabohnenöl würde zu einem niederen Cholesterongehalt im Blut beitragen, nicht zuträfe.[13] Die Behörde bemühte sich zudem anzuführen, daß Sojabohnenöl nicht in einer ausgesprochenen Konkurrenz zum Kokosnußöl im US-Markt stehe. In der Nahrungsmittelindustrie wird es meist als Sprühöl für Cracker oder als Frittieröl benutzt, wobei es weniger mit Sojabohnenöl konkurriert, als mit völlig gehärteten Ölen höherer Preisklassen.[14] Daher, so ihr Argument, sei die Angst der Sojabohnenpflanzer, vom Kokosnußöl verdrängt zu werden, unbegründet.

Aber die Philippinische Kokosnußbehörde hatte trotzdem noch einen Handelskrieg am Hals. Mit ihrer massiven Kampagne gegen tropisches Öl hatte die ASA eine Gesetzesinitiative in Gang gesetzt, die, würde sie den Kongreß passieren, tropisches Öl wegen Gesundheitsgründen von der amerikanischen Nahrungsmittelproduktion ausschließen würde. Die UCAP versuchte zu beweisen, daß das vorgeschlagene Gesetz nichts anderes sei als eine ungerechte Handelsbarriere, getarnt als Maßnahme, die Gesundheit der Konsumenten zu schützen. Die Schlacht war hart und teuer, aber schließlich wurde das vorgeschlagene Gesetz vom Kongreß als unfair und diskriminierend niedergeschlagen. In der Folge wurde eine neue Verordnung eingeführt, die von den Herstellern von Produkten mit tropischem Öl verlangt, deren Gehalt an gesättigten Fettsäuren zu deklarieren. Während dies als wesentlich weniger schädlich als der vorhergehende Gesetzesentwurf betrachtet wurde, bedeutet es noch immer, daß die Kokosnußindustrie um ihren Anteil am amerikanischen Markt kämpfen muß. Sie hat dies auch durch eine massive Medien- und Informationskampagne getan, bei der «die Amerikaner eindringlich dazu aufgefordert wurden, den Experten mehr zu glauben als den Rechtsanwälten, die das Kokosnußöl aus gesundheitlichen Gesichtspunkten in Frage stellen.»[15]

Aflatoxin schlägt zurück

Während die kampfbereite philippinische Kokosnußindustrie auf der einen Seite des Atlantiks unter Druck stand, war sie auf der anderen Seite ebenfalls mit Schwierigkeiten konfrontiert. Diesmal bestand das Problem in einem giftigen Schimmelpilz der Familie Aspergillus Flavus (gelbsporiger Kolbenschimmel) mit dem Namen Aflatoxin. Aflatoxin wird gewöhnlich in den Tropen gefunden, ebenso wie andere Pilze, etwa Penicillin, in den gemäßigten Breiten auftreten. Aflatoxin löste Befürchtungen aus, da es bei Tieren eine stark krebserregende Wirkung auslöst. In kleinen Mengen kann er die Abwehrkräfte gegen Krankheiten schwächen. In größeren Mengen kann es Mykotoxikosis hervorrufen, was zu Krebs führt. Das Problem liegt darin, daß der Schimmelpilz äußerst schwierig zu zerstören ist, er kann selbst dann überleben, wenn er auf über 300 °C erhitzt wird.

Die Schimmelsporen sind im Kokos gegenwärtig, aber auch in anderen Handelsgütern wie Erdnüsse, Maniok, Paranüsse, Gerste und Palmkern. In ihrem ruhenden Zustand sind sie nicht gefährlich, aber der allerleichteste Temperaturwechsel kann sie sehr schnell wachsen lassen. Das Gift wird jedoch nicht in genießbarem Kokosnußöl gefunden, da es im Raffinierungsprozeß zerstört wird. Aber es wird zum Problem, wenn die Kopra als Viehfutter verwendet wird, denn der Schimmelpilz gedeiht, wenn er eine Nahrungsquelle mit Aminosäuren, Mineralien und Vitaminen findet. Die beste Möglichkeit, die Entstehung des Schimmels zu vermeiden, besteht darin, die Kopra nach der Ernte der Kokosnuß völlig zu trocknen. Jedoch geht dies nicht so leicht. Auf den Philippinen kommt die Kopra von 900.000 kleinen Pflanzungen mit einer durchschnittlichen Größe von nur wenigen Hektar. Die Methoden, die von den Pflanzern zum Trocknen ihrer Kopra eingesetzt werden können, sind primitiv. Entweder höhlen sie das Fleisch heraus und hängen es über ein Feuer – auf die Art, wie die Sendinis verfahren – oder sie schneiden einfach die Nüsse in zwei Hälften und lassen sie in der Sonne zum Trocknen liegen, wie es die meisten Pflanzer auf der Insel Mindanao tun. Die Pflanzer haben keine Möglichkeit, den Feuchtigkeitsgehalt zu prüfen, bevor sie die Kopra verkaufen, und daher sind die Aflatoxineghalte in der philippinischen Kopra hoch.

Die Frage nach dem Aflatoxingehalt in der Kopra kam erstmals 1970 auf, als die US-amerikanische Nahrungsmittel- und Drogenbehörde einem Kopramehlhändler ein Schreiben zusandte. Es wurde behauptet, daß die von der Firma vertriebenen Produkte ausufernde Mengen Aflatoxin enthalten würden. Obwohl die Verschiffungen später wieder erlaubt wurden, nachdem gezeigt werden konnte, daß alle Spuren des Giftes durch das Raffinieren des Rohöls zu genießbarem Öl verschwanden, war bereits die Aufmerksamkeit erregt. Daraufhin wurde empfohlen, es dürfte nur 20 ppm* Aflatoxin im Kopramehl enthalten sein, derselbe Grenzwert, der zehn Jahre früher für die US-Erdnußindustrie errichtet wurde.[16]

Die USA importieren mittlerweile kein Kopra mehr, jedoch die Europäische Gemeinschaft. In der Tat ist sie heute der einzige Käufer des Koprakuchens für Viehfutter.[17] Allerdings setzte die EG eine maximale Aflatoxinkontamination von 200 ppm im Rohmaterial für das Viehfutter fest – für die meist vorhandenen 175 ppm in der philippinischen Kopra eine erträgliche Grenze. Nur wird die Anwendung dieser Regelung jedem einzelnen Land überlassen, vorausgesetzt, daß bei nationalen Abweichungen die Höchstgrenze nicht überschritten wird. Jedoch wurde die philippinische Kokosnußbehörde dadurch alarmiert, daß Deutschland und Holland, die wichtigsten Importeure für die Philippinen, viel striktere Anforderungen von 20 und 25 ppm angedrohten, welche automatisch die philippinische Kopra vom Markt ausschließen würden.[18] Das meiste Futter für Kühe enthält zwischen 20 und 25 % Kopramehl. Ihre Beigabe in Rinderfutter – so wird gesagt – führe zu einer besseren Milchqualität und höheren Erträgen, aber auch in diesem Fall würde es verhältnismäßig einfach für die Agroindustrie sein, sich anderen Quellen zuzuwenden, wie etwa Sojamehl oder Sonnenblumen-Saaten, die beide in großen Mengen innerhalb der Gemeinschaft produziert werden. Dies hat auf den Philippinen zu Spekulationen geführt, nach denen die Regelung der EG für den Aflatoxin-Gehalt eine Handelsmaßnahme sei, die geschaffen wurde, um die eigenen Öl- und Fettmärkte der EG zu schützen.[19]

Die Antwort wird möglicherweise nie zu erfahren sein, aber das Problem wird von der Philippinischen Kokosnußbehörde ernstgenommen. Die Weltbank hat kürzlich einem Darlehen von 121 Millionen US-Dollar an die Industrie zugestimmt, das über fünf Jahre ausgezahlt werden soll. Ein Teil des Geldes wird für Trockenausrüstungen ausgegeben werden, um das Risiko einer Kontamination mit Aflatoxin zu verringern; seitens der Industrie wird versprochen, die Ausrüstungen sollten den Kleinbauern weitgehend zugänglich gemacht werden.[20] Ob dies zu einer ausreichenden Verringerung des Aflatoxingehaltes führt und damit den Anforderungen der niederländischen und deutschen Importeure entsprochen werden kann, bleibt abzuwarten.

Die amerikanische Sojabohnenlobby versuchte eine nichttarifäre Handelsschranke gegen Kokosnußöl zu errichten, indem sie es als eine Gesundheitsbedrohung darstellte, denn sie spürte eine Bedrohung ihres Marktanteils beim Pflanzenöl. Vergleichbar wirkt die Regelung der EG über den Gehalt von Aflatoxin als eine nichttarifäre Handelsschranke gegen die Kokosimporte. Während dies zum Teil einer gerechtfertigten Sorge um die Gesundheit ge-

* Teile pro Million, (Konzentrationsangabe)

schuldet sein mag, könnte dies ebenso als ein Trick gesehen werden, um die Kopra vom Markt der Gemeinschaft zu verdrängen, natürlich zur Förderung der eigenen Sonnenblumen- und Sojaindustrie.

Protektionismus im Aufwind

Wenn auch beide, traifär und nichttarifäre, Handelsschranken einen sehr ähnlichen Zweck erfüllen, ist es für ein exportierendes Land besser, auf eine Abschottung durch Zollschranken zu stoßen, als auf nichttarifäre Handelschranken, denn erstere sind offensichtlich, festgelegt und kalkulierbar. Das exportierende Land weiß, woran es ist. Nichttarifäre Handelsschranken andererseits nehmen viele Formen an und sind häufig schwer auszumachen. Wie schon gesagt reichen nichttarifäre Handelsschranken von eher erkennbaren, greifbaren Arten (z.B. Mengenbeschränkungen für Importe) zu mehr verborgenen, wie Forderungen nach Gesundheitsstandards.

In den letzten Jahren dehnte sich der Gebrauch von nichttarifären Handelsbeschränkungen beachtlich aus, während der Einsatz von Zollschranken abgenommen hat. In den Jahren 1981 und 1982 hat das Allgemeine Zoll- und Handelsabkommen 600 verschiedene Arten nichttarifärer Handelshemmnisse verzeichnet. Ein Jahrzehnt später wurde das Zählen aufgegeben. Nach der Beschreibung eines Ausschusses des Europäischen Parlamentes »...ist es unmöglich, eine zusammenfassende Liste aller nichttarifären Handelschranken anzulegen, denn die menschliche Erfindungsgabe auf diesem Feld ist schier grenzenlos.«[21]

Problematisch erscheint, daß die von Industrieländern errichteten nichttarifären Handelsschranken eher die Exporte der Entwicklungsländer benachteiligen, denn die der anderen Industrieländer. Der gesamte Anteil der Ausfuhren der Entwicklungsländer, der mit nichttarifären Handelsschranken konfrontiert ist, beträgt grob 20 %, ein doppelt so hoher Anteil als bei den Exporten aus den Industrieländern. Am schlimmsten betroffen sind die landwirtschaftlichen Ausfuhren aus der Dritten Welt. Über 26 % von ihnen müssen sich den nichttarifären Handelsschranken beugen, während 18 % der verarbeiteten Waren betroffen sind.[23]

Fluch oder Segen?

Dieses Kapitel hatte die negativen Auswirkungen bestimmter protektionistischer Maßnahmen der Industrieländer für Exporteure in der Dritten Welt zum Brennpunkt. Nur wenig Zweifel kann darüber bestehen, daß diese Politik das kommerzielle Interesse des Nordens beschützt auf eine Art und Weise in der sie den Produzenten im Süden Schaden zufügt. Jedoch würde die Beseitigung einiger dieser Maßnahmen, wie etwa das Multifaserabkommen, zweifelsohne soziale Kosten verursachen. Während es klare Argumente für die Abschaffung des Multifaserabkommens vor dem Hintergrund seiner schweren Schädigung der Industrien in den Entwicklungsländern gibt, existieren in einigen westlichen Ländern echte Ängste vor den sozialen und wirtschaftlichen Kosten, die einer Abschaffung folgen würden. Portugal beispielsweise hängt bei seinen Exporten zu einem Drittel von den Textilien ab. Diese Industrie bringt auch Arbeitsplätze für 30 % der Beschäftigten des Landes.[23] In Fällen wie diesen, würde die Regierung die Investitionen und Umschulungen zur Verfügung stellen müssen, die erforderlich sind, um die sozialen Kosten der Anpassung zu vermindern.

Die Herausforderung durch den Protektionismus ist komplex und so gibt es kein Patentrezept. Es stimmt, daß gewisse Schutzmaßnahmen positiv eingesetzt werden können. Sie können dazu dienen, in den Entwicklungsländern die Nahrungsmittelversorgung zu fördern. Indem Schranken errichtet werden, um die billigen Ersatznahrungsmittel aus anderen Ländern, besonders aus dem Norden, zu kontrollieren, können Entwicklungsländer bedeutende Schritte zur Selbstversorgung mit Nahrungsmitteln unternehmen. Ausgewählte Schutzmaßnahmen spielen ihre Rolle in der Unterstützung entstehender Industrien, bis diese in der Lage sind, sich der Konkurrenz eines offenen Marktes zu stellen. Sie können ebenfalls eingesetzt werden, um die Konsumenten vor gefährlichen Produkten zu schützen, und sie können eine aktive Rolle beim Schutz der Umwelt spielen. Dies macht es schwierig zu beschreiben, was für wen und zu welchen Zwecken eine schädliche Handelschranke ausmacht oder aber eine segensreiche Schutzmaßnahme darstellt. Diese Widersprüche stecken im Kern in den Diskussionen rund um das Allgemeine Zoll- und Handelsabkommen.

Kapitel 9: *Den Welthandel regulieren*
Das Allgemeine Zoll- und Handelsabkommen, GATT

Der Lehrsatz, freier Handel würde höheres Einkommen für die Nationalökonomie produzieren und die Weltwirtschaft verbessern, gehört zum Credo der gängigen Volkswirtschaftslehre. Konkurrenz, so behauptet der Lehrsatz, würde zur Spezialisierung führen, höherer Produktion und größerer Effizienz. Dies sei wahr für alle Produzenten – seien sie einzelne Firmen oder Länder –, und seither zwingt der Lehrsatz sie, ihre Mittel in den Bereichen zu konzentrieren, in denen sie den größten Kostenvorteil gegenüber ihren Konkurrenten genießen; es zwingt sie, sich innerhalb der Internationalen Arbeitsteilung zu spezialisieren. Im Kern ist dies die Theorie der «Komparativen Kostenvorteile», die vom schottischen Ökonomen David Ricardo im frühen neunzehnten Jahrhundert entwickelt wurde.

Ein angenommenes Beispiel: Bangladesch kann Textilien zu viel niedrigeren Kosten produzieren als, sagen wir, Großbritannien. Jedoch kann Großbritannien Maschinen billiger als Bangladesch herstellen. Theoretisch könnte Großbritannien versuchen, zum Selbstversorger bei Textilien zu werden. Aber die meisten Handelsökonomen würden argumentieren, es solle sich auf die Produktion von Maschinen für den Export nach Bangladesch konzentrieren. Mit den Devisen, die so erwirtschaftet würden, könnten mehr Textilien eingeführt werden als bei einer Umverteilung der Arbeitskraft und des Kapitals von der Maschinen- zur Textilproduktion erzeugt werden könnten. Umgekehrt würde Bangladesch, indem es nur Textilien produziert und nach Großbritannien exportiert, in der Lage sein, mehr Maschinen zu importieren, die es braucht, um seinen Handwerkssektor weiterzuentwickeln, als es bei einer Aufteilung seiner Ressourcen in die zwei Sektoren Maschinenbau und Textilindustrie dann Maschinen produzieren könnte. Britische Verbraucher würden billigere Kleidung erhalten, als sie von einheimischen Herstellern produziert werden könnte, und die Handwerker in Bangladesch kämen zu billigeren Maschinen, die die Effizienz ihrer Investitionen steigerten. Die Weltwirtschaft gewänne, weil beide Länder ihre möglichen Einkünfte maximieren.[1]

Aber Freihandel hat in Wirklichkeit nie existiert. Die heutigen Industrieländer haben sich hinter hohen Zollschranken und anderen Handelshemmnissen industrialisiert, von denen viele erhalten geblieben sind. Ähnlich würden viele effiziente und konkurrenzfähige Industrien im Norden wie im Süden ohne einen Anfangsschutz nicht überlebt haben. Ohne starke staatliche Eingriffe in den fünfziger und sechziger Jahren würde Südkorea, einer der weltweit effizientesten Elektronikproduzenten, immer noch von der Ausfuhr ausgestopfter Teddybären, die in (im ausländischen Besitz befindlichen) Fabriken hergestellt wurden, abhängen. Abweichend vom Argument Ricardos kann festgestellt werden: Eine statische Anwendung komparativer Kostenvorteile ignoriert eine Kraft, die durch eine Periode von Protektionismus freigesetzt werden könnte.

Weit entfernt von diesen Betrachtungen gibt es andere Kräfte, die den Freihandel wirklich untergraben. Zum Beispiel setzt sich der freie Markt, auf dem afrikanische Kakaoexporteure handeln, aus zwei oder drei mächtigen Transnationalen Konzernen (TNKs) zusammen, deren Umsatz das gesamte Bruttosozialprodukt exportierender Länder übertreffen kann. Dieser massive Widerspruch in der wirtschaftlichen Macht hat enorme Auswirkungen, es bedeutet, daß Transnationale Konzerne in der Lage sind, Märkte zu ihrem Vorteil zu nutzen. Außerdem sind die zur Produktion benötigten Technologien oft im Privatbesitz der Transnationalen Konzerne und werden den Entwicklungsländern von den TNKs nur zu deren Bedingungen zugänglich gemacht.

Aus all diesen Gründen bleibt Freihandel ein Ideal, an dem fast alle Regierungen ihre Überzeugung festmachen, selbst wenn sie gerade im Begriff sind, dessen Prinzipien zu verletzen. Es sind die Prinzipien des Freihandels und die Theorie des Komparativen Kostenvorteils, denen das Allgemeine Zoll- und Handelsabkommen unterworfen ist.

Das Allgemeine Zoll- und Handelsabkommen (GATT)

Den Abbau von Handelsschranken in einem Handelssystem durch Regeln zur Leitung und Öffnung sowie einen Mechanismus für Entscheidungen im Streitfall zu unterstützen, ist das Ziel des Allgemeinen Zoll- und Handelsabkommens. Das GATT ist das wichtigste Forum, um die Regeln und Standards des internationalen Handels zu debattieren und zu verhandeln. Wie wir in Kapitel 4 gesehen haben, wurde das GATT als Bestandteil der Bemühungen, die Weltwirtschaft wiederaufzubauen, nach dem Zweiten Weltkrieg geboren. Die Verbreitung von protektionistischen Maßnahmen während der Depression in den dreißiger Jahren wurde von vielen als ein wichtiger Grund betrachtet, der zum Ausbruch des Krieges beigetragen hat. Freihandel war daher eine der wichtigsten Säulen für die neue Weltordnung.[2]

Die Konferenz von Bretton Woods 1944, auf der der Internationale Währungsfonds (IWF) und die Weltbank gegründet wurden, versäumte, eine Organisation mit gleichem Status für den Handel zu gründen. Stattdessen sollte der

Welthandel durch «Abkommen» organisiert und überwacht werden. Jene Länder, die das GATT unterzeichnen, gelten als «Vertragsparteien». Das Abkommen, das sie unterzeichnen, wird von einem Ständigen Sekretariat in Genf überwacht. Trotz seines im Vergleich zu IWF und Weltbank untergeordneten Status hat das GATT in den letzten fünfzig Jahren einen bemerkenswerten Einfluß auf die Weltwirtschaft ausgeübt. Die unterzeichnenden Parteien sind eine große Ländergruppe, die es für am vorteilhaftesten halten, wenn ihre ökonomischen Interessen durch ein auf offenen Märkten basierendes internationales Handelssystem gewahrt würden. Als solche stimmen sie bestimmten Grundprinzipien, die den Welthandel regulieren, zu.

Vier Schlüsselprinzipien existieren. Das erste beinhaltet, daß jede protektionistische Maßnahme eher die Form von Zöllen annehmen solle, als die von Importbegrenzungen oder anderen nichttarifären Handelshemmnissen. Zweitens soll jede Vertragspartei, die ihre Zölle gegenüber den Exporten eines bestimmten Landes herabsetzt, dasselbe von dem begünstigten GATT-Mitglied auch erwarten können. Dies wird als Prinzip der *Reziprozität* (Gegenseitigkeit) bezeichnet. Falls zum Beispiel Japan dem steuerfreien Import von verarbeiteten Gütern aus Frankreich zustimmt, dann muß Frankreich das Gleiche Japan einräumen. Drittens soll kein Vertragspartner einem anderen Land oder einer anderen Ländergruppe eine bevorzugte Behandlung einräumen. Dies ist das Prinzip der *Nicht-Diskriminierung*. Es verlangt, jede Vertragspartei muß die günstigsten Bedingungen, die es mit einem Handelspartner ausgehandelt hat, allen anderen auch gewähren. Dies ist bekannt als *«Meistbegünstigungsklausel»*, und Ausnahmen sind nur bei regionalen Handelsabkommen erlaubt, etwa wie sie von den AKP-Staaten und der EG im Rahmen des Lomé-Vertrages ausgehandelt wurden. Schließlich stimmen die Mitglieder darin überein, sich selbst zu periodischen multilateralen Handelsrunden zu verpflichten, in denen die Zölle abgebaut werden sollen.

Daher verändert sich das Abkommen durch die verschiedenen multilateralen Verhandlungsrunden. Bisher wurden acht Runden abgehalten, die in Tabelle 9 aufgeführt sind. Die letzte Runde, die Uruguay-Runde, wurde 1986 gestartet. Während dreißig Jahren bis in die Mitte der Siebziger machte das GATT nennenswerte Fortschritte beim Abbau der Zölle, der vorherrschenden Handelsschranke zwischen den beiden Weltkriegen. Der durchschnittliche Zollsatz auf verarbeitete Güter fiel von 40 % auf 10 %. Übereinkünfte aus der von 1973 bis 1979 dauernden Tokio-Runde erreichten einen weiteren Abbau um 5 %. Jedoch fand die Tokio-Runde vor dem Hintergrund eines sich rapide verschlechternden Klimas für den Welthandel statt. Das Wachstum in der Weltwirtschaft hatte sich seit den sechziger Jahren dramatisch verlangsamt. Die chronischen Zahlungsbilanzprobleme der USA, die als größte Handelsnation der Welt bisher die treibende Kraft hinter der Liberalisierung des Welthandels war, gaben den protektionistischen Kräften Auftrieb. Auch in Europa führten

Tabelle 9: GATT-Verhandlungsrunden

Runde		Datum	Länderanzahl	Wert des betroffenen Handels
1	Genf	1947	23	10 Milliarden US-Dollar
2	Annecy	1949	33	(unbekannt)
3	Torquay	1950	34	(unbekannt)
4	Genf	1956	22	2,5 Milliarden US-Dollar
5	Dillon	1960/61	45	4,9 Milliarden US-Dollar
6	Kennedy	1962-1967	48	40 Milliarden US-Dollar
7	Tokio	1973-1979	99	155 Milliarden US-Dollar
8	Uruguay	1986-1994	117	(schätzungsweise 95 % des Welthandels)

Wachstum – zu einer nach innen gerichteten Politik, die in Konflikt mit den liberalen Prinzipien des GATT steht.

Die Besorgnis richtete sich sowohl in den USA wie auch in der Europäischen Gemeinschaft auf die älteren und daher arbeitsintensiveren Industrien, die besonders durch ausländische Konkurrenz angreifbar waren. Unglücklicherweise waren diese Industriesektoren – Textilien, Schuhwerk, Stahl und Elektronik – genau jene, in denen die Entwicklungsländer dabei waren, ihre Komparativen Kostenvorteile zu errichten. Die GATT-Verpflichtungen bewahrten die Entwicklungsländer vor den Rückgriff auf Zollschranken. Allerdings bewahrten sie sie nicht vor der Einführung einer neuen Klasse protektionistischer Maßnahmen: die nichttarifären Handelshemmnisse (vgl. Kapitel 8).

Entwicklungsländer und das GATT

Von Anfang an konnten die Entwicklungsländer mit dem GATT nicht richtig glücklich werden. Sie fühlten sich bei den Verhandlungen in die zweite Reihe geschoben. Die Verhandlungen konzentrierten sich auf industrielle Produkte – ein Bereich, der für die überwältigende Mehrheit der Länder der Dritten Welt nicht von besonders großem Interesse war. Zudem beklagten sie sich, daß «die gleiche Behandlung von Ungleichem ungerecht sei», und sie wiesen damit zwei grundlegende Prinzipien des GATT zurück: Nicht-Diskriminierung und gegenseitige Handelsliberalisierung (Reziprozität).[4] Schon frühzeitig war es für sie

seitige Handelsliberalisierung (Reziprozität).[4] Schon frühzeitig war es für sie offensichtlich geworden, daß das GATT nicht für ihre Probleme geschaffen worden war. Ihre Enttäuschung über das GATT führte 1964 zur Gründung der UNCTAD (Konferenz der Vereinten Nationen über Handel und Entwicklung). Sie wurde als eine Organisation errichtet, die verantwortlich ist für die Schaffung eines «internationalen Handelsklimas, welches das Wachstum der Entwicklungsländer erleichert und es nicht durchkreuzt».[5] Ein Jahr später wurde dem GATT ein ergänzendes Kapitel zugefügt, das den Entwicklungsländern eine *Besondere und Unterschiedliche Behandlung* einräumte. Dies markierte die Anerkennung des Prinzipes, daß den Entwicklungsländern für ihre Begünstigung eine unterschiedliche Behandlung zusteht. In der Praxis bedeutete dies, Entwicklungsländer sollten nun keine Zugeständnisse mehr zu machen haben, die im Widerspruch zu ihren Entwicklungsbedürfnissen stehen.

Diesen neuen Prinzipien wurde während der zweiten Sitzung von UNCTAD 1969 Ausdruck gegeben, als es zu einem Übereinkommen über Grundsätze eines *Allgemeinen Systems von Meistbegünstigungen* auf Grundlage der von den GATT-Regelungen erlaubten Ausnahmen bei den Prinzipien über Reziprozität und Nicht-Diskriminierung kam. Die festgelegten Ziele des Allgemeinen Systems von Meistbegünstigungen waren eine Steigerung der Exporteinnahmen der Länder der Dritten Welt, um ihre Industrialisierung zu fördern und eine Beschleunigung ihres Wirtschaftswachstums. Das Abkommen hilft den Entwicklungsländern, ihre Fertig- und Halbfertiggüter in die Industrieländer exportieren zu können durch eine Meistbegünstigung bei den Zöllen – dies bedeutet eine teilweise oder völlige Abschaffung der Zollabgaben. Die Industrieländer hatten eine Liste mit all den Gütern und Ländern aufzustellen, für die sie die Meistbegünstigung gewähren würden.

Bis dies geschehen war ging einige Zeit ins Land. Es kam das Jahr 1971, bis das erste Allgemeine System von Meistbegünstigungen aufgestellt worden war, es war das der EG. Japan folgte bald danach, dann die anderen Industrieländer. Die USA waren 1976 die letzten, die ihr Programm fertig brachten. In allen Fällen galt das Verzeichnis der Meistbegünstigungen für einen Zeitraum von zehn Jahren, wurde aber ohne Bedingungen in den Verhandlungen um den Welthandel während der Tokio-Runde 1979 verlängert. Ende der achtziger Jahre beteiligten sich 200 Länder am Allgemeinen System von Meistbegünstigungen, während nur drei Programme, die der USA, der EG und Japans, 90 % der unter das Allgemeine System von Meistbegünstigungen fallenden Importe ausmachten.[6]

Theoretisch sollte das Allgemeine System von Meistbegünstigungen nahezu alle Exporte der Dritten Welt abdecken. In der Realität wurden jedoch, wie wir bereits in Kapitel 8 sehen konnten, viele Güter durch verschiedenste Maßnahmen ausgeschlossen. Die EG gewährt beispielsweise keine Meistbegünstigungen bei Stahl, landwirtschaftlichen Gütern und schränkt sie bei Textilimporten schwer ein. Dadurch werden die drei Kategorien der Exportgüter, die für die Entwicklungsländer am wichtigsten sind, ausgeschlossen.[7] Im Ergebnis erhielten 1983 nur 11 % der EG-Importe aus Ländern, die zu den Nutznießern des Allgemeinen Systems von Meistbegünstigungen zählen, eine Vorzugsbehandlung – dies waren lediglich 2,7 % der EG-Gesamtimporte. Die USA verhielten sich mit 12 % bzw. 4 % nicht viel anders, während Japan nur geringfügig entgegenkommender war mit 18 % und 4 %.[8] Schätzungen einer Studie zufolge haben begünstigte Importe in die wichtigsten Industrieländer einen Marktanteil zwischen 7 % und 22 %. Obwohl dieser entsprechend klein ist, führt der Autor aus, daß er in absoluten Größenordnungen bemerkenswert ist: zwischen 2,4 Milliarden und 7,6 Milliarden US-Dollar nach Preisen von 1984.[9] Jedoch ist das Programm im allgemeinen so ausgerichtet, daß es nur einen weit geringeren Einfluß auf die Exporte der Dritten Welt haben konnte, als es ursprünglich für die Nutznießer geplant war. Wegen seines Schwergewichtes auf verarbeitete Güter haben die Länder mit einer höher entwickelten Industrie (die es am wenigsten brauchen) am meisten profitieren können. Die drei größten Nutznießer des Programmes sind Hongkong, Südkorea und Taiwan, die allein 44,2 % des Aufkommens an begünstigten Exporten in Rahmen des Allgemeinen Systems von Meistbegünstigungen halten.[10]

Im Januar 1990 kündigte die EG die Überarbeitung und Anpassung ihres Allgemeinen Systems von Meistbegünstigungsklausen an und dies mit dem eigenen Eingeständnis allzu starker Einschränkungen auf Grund der bestehenden Regeln. Es besteht die Hoffnung, daß das System attraktiver gemacht wird durch seine Ausdehung auf weitere Güter und eine Erhöhung der Zahl der begünstigten Länder v.a. der ärmeren Länder Osteuropas sowie eine klarere und einfachere Anwendung des Programmes.[11]

Die Uruguay-Runde

«Sehr wenige Menschen in Afrika südlich der Sahara haben von der Uruguay-Runde gehört, doch wird diese die Totenglocken für Afrika zum Läuten bringen. Man kann sehr gut dabei erkennen, wie man als Opfer vorbereitet wird.»
Thomas Ogada, Vertreter Kenias bei den Vereinten Nationen in Genf

Nachdem die Tokio-Runde der GATT-Verhandlungen 1979 beendet wurde, deuteten die industrialisierten Länder an, daß eine neue Runde in der nahen Zukunft nötig sein würde. Sie hatten den Eindruck, daß die Rahmenbedingungen des Welthandels zunehmend schwieriger werden und die GATT-Regeln nicht länger in der Lage sein würden, die Disziplin zu gewährleisten, die benötigt wird, um Spannungen zwischen den einzelnen Ländern und einen weitverbreiteten Gebrauch nichttarifärer Handelshemmnisse zu vermeiden. Außerdem wollten sie neue Handelsaktivitäten in das Abkommen aufnehmen.[13]

Der Aufbau der Uruguay-Runde

Der **Verhandlungsausschuß für Handelsfragen** überwacht drei Ausschüsse, die sich in Verhandlungsgruppen unterteilen.

A **Der Ausschuß für Verhandlungen über den Warenhandel**, der sich in 14 Verhandlungsgruppen unterteilt:

1. Zölle
2. Nicht-tariffäre Handelsbeschränkungen
3. Produkte aus natürlichen Ressourcen
4. Textilien und Kleidung
5. Landwirtschaft
6. Tropische Produkte
7. GATT-Artikel
8. Überprüfung der Übereinkommen und Einrichtungen, die aus den multilateralen Verhandlungen über den Handel (Tokio-Runde) stammen.
9. Schutzmaßnahmen
10. Subventionen und Ausgleichsmaßnahmen
11. Verhandlungen über handelsrelevante Aspekte zum Schutze geistigen Eigentums (TRIPs)
12. Verhandlungen über handelsrelevante Aspekte der internationalen Investitionen (TRIMs)
13. Schlichtung von Handelsauseinandersetzungen
14. Funktion des GATT (FOGs)

B **Der Ausschuß für Verhandlungen über den Handel mit Dienstleistungen CNS**

C **Der Überwachungsausschuß** (Man kam überein, daß die Minister aus Rücksicht auf den Handel entschlossen sind, keine neuen Maßnahmen, die mit dem Allgemeinen Abkommen unverträglich sind, zu ergreifen («Stillhalte-Verpflichtung») und teilweise existierende Maßnahmen, die unverträglich mit diesem Abkommen sind, auszuschalten («Rücknahme-Verpflichtung»).)

Quelle: GATT Briefing No. 1, Juni 1990, veröffentlicht von RONGEAD, Frankreich.

Die meisten Entwicklungsländer wollten keine neue Runde. Sie erklärten, das GATT solle zunächst einmal seine alten Versprechen erfüllen, wie den Abbau von Zöllen für tropische Produkte, und daß die Aufnahme neuer Fragen auf die Tagesordnung unakzeptabel sei.

Jedoch wurde 1986 in Punta del Este, Uruguay eine neue Runde mit 105 teilnehmenden Ländern aus der Taufe gehoben. Die ursprüngliche inhaltliche Zusammensetzung der Runde ist im obenstehenden Kasten aufgeführt. Vierzehn Verhandlungsgruppen wurden eingerichtet, um über Handelsgüter zu beraten, und eine separate Struktur wurde geschaffen, die sich mit Dienstleistungen beschäftigen sollte. Anders als die vorherigen Verhandlungsrunden, die sich in erster Linie auf Handelsbeschränkungen für Güter konzentrierten, beinhalteten die Verhandlungen der Uruguay-Runde den Handel mit Dienstleistungen, den Schutz des geistigen Eigentums (TRIPs) und internationaler Investitionsflüsse (TRIMs). Außerdem wurde zum ersten Mal das Thema Landwirtschaft in den Liberalisierungsprozeß mit einbezogen. Textilien und Kleidung, fanden sich ebenfalls in den Verhandlungen wieder – ein Bereich, der für beinahe drei Jahrzehnte nach seinen eigenen Gesetzen, dem Multifaserabkommen, regiert wurde und dabei die GATT-Prinzipien verletzte.

Die neuen Fragen

In den letzten Jahrzehnten gab es gewaltige technologische Fortschritte. Wie wir bereits in Kapitel 3 gesehen haben, hat der technologische Fortschritt die industrielle Fertigung revolutioniert, während bspw. die Biotechnologie der Landwirtschaft neue Möglichkeiten eröffnete. Aber es hat daneben in anderen Bereichen ebenso Fortschritte gegeben, vielleicht am tiefgreifendsten bei den Informations- und Kommunikationssystemen, die die Dienstleistungsindustrien wie Banken, Versicherungen und Luftfahrt umgekrempelt haben. Mit den Verbesserungen in der Computer- und Telekommunikationstechnik wurden die Produktion und die Märkte weltumspannend, so wie die Lieferanten, Konsumenten, Güter und Daten eine internationale Mobilität erhielten.

Nahezu alle diese Fortschritte in den industrialisierten Ländern entstanden durch die Forschungs- und Entwicklungsprogramme der Transnationalen Unternehmen. Dies bedeutet, daß die Welt zunehmend geteilt wird in Länder, die fortgeschrittene Technologien entwickelt haben und daher «technologisch reich» sind, sowie in jene Länder, die das nicht konnten und daher «technologisch arm» sind. Zu den technologisch armen Ländern zählen die Entwicklungsländer und die neu hinzugekommenen Demokratien Osteuropas.

Die Aufnahme der neuen Fragen – Dienstleistungen, TRIPs und TRIMs – in die Uruguay-Runde geschah auf Geheiß der technologisch reichen Länder, unter Führung der Vereinigten Staaten. Sie drängen auf eine Steigerung des Nutzens ihrer neuen und noch entstehenden Technologien in der Weltwirtschaft. Daher wollen sie in der Lage sein, ihre Dienstleistungsindustrien auszubauen, ihre Investitionsmöglichkeiten zu steigern und ihre Technologien vor Übernahmen und Nachahmungen zu schützen.

Dienstleistungen

Der Welthandel ist bei den Dienstleistungen in den letzten Jahren viel schneller gewachsen als bei den Waren, bis 1988 auf 560 Milliarden Dollar jährlich.[14] Die technologisch führenden Länder forderten die Einbeziehung der Dienstleistungen in das GATT, da diese ein wachsender wirtschaftlicher Bereich seien und unter die Regeln und Aufsicht des GATT gebracht werden müßten, um den Welthandel auszudehnen und das GATT bedeutender für eine sich ändernde Weltwirtschaft zu machen.

Das erste Problem war die Definition der Dienstleistungen. Der Dienstleistungssektor beinhaltet solch unterschiedliche ökonomische Aktivitäten wie Telekommunikation, Transport, Elektrizität, Datenverarbeitung, Banken und Versicherung sowie Ausbildungs- und Gesundheitsdienste. Die unbestimmbare Natur dieser Aktivitäten und die besonderen Anforderungen, die jede einzelne Dienstleistung erfordert, macht es schwer, sie durch ein multilaterales Abkommen zu regeln, in dem sie wie ein einzelner Bereich behandelt werden. Sie mögen als ein Fluß von Informationen (Datenverarbeitung, Design, Unterhaltung) von einem Land zum anderen strömen oder als Dienstleistung für Konsumenten und Lieferanten (Tourismus, Ausbildung, Firmenberatung). Sie können als Kapitalfluß oder Finanzdienstleistungen die Grenze überschreiten oder als Schiffsladung (Reparaturdienstleistungen). Daher ist zwischenstaatlicher Handel mit Dienstleistungen oft schwer zu entdecken und gleichermaßen schwierig zu regulieren.[15] Regierungen kanalisieren diese Flüsse nicht wie gewöhnlich beim Warenhandel mit Grenzkontrollen, sondern durch ausländische Investitionspolitik oder mit nationalen Regelungen. Die technologisch reichen Länder, zugleich die Hauptexporteure von Dienstleistungen, wollen diese Hemmnisse aufdecken, damit sie ausgeschaltet oder zumindest vereinheitlicht werden.

Die Position der technologisch armen Länder ist eine ganz andere. Obwohl Dienstleistungen einen wichtigen Bestandteil ihrer ökonomischen Aktivitäten ausmachen, bestehen diese in den traditionellen Dienstleistungen Ausbildung und Transport, denen es an Dynamik mangelt und die eine niedrige Produktivität haben. Keine (oder nur sehr wenige) ihrer Dienstleistungen operieren international. Ihr wichtigstes Ziel besteht in der Ausdehnung und Entwicklung ihrer Dienstleistungssektoren, um sie zu dynamischeren Bestandteilen ihrer wirtschaftlichen Entwicklung zu machen. Sie argumentieren, daß die von ihnen angewendete Politik und Gesetzgebung zur Regulierung des grenzüberschreitenden Flusses nicht durch handelshemmende Überlegungen beeinflußt sind, sondern durch langfristige Erfordernisse, die mit der öffentlichen Ordnung oder dem Schutz des Konsumenten zusammenhängen. Die Entwicklung bestimmter für Effizienz und Wachstum wichtiger Bereiche ist ebenso eine wichtige Überlegung. Die technologisch armen Länder spüren, daß sie wenig Vorteil von der Liberalisierung des Handels mit Dienstleistungen haben werden, da sie gewöhnlich die Hauptimporteure sind. Außerdem befürchten sie, daß die Übernahme internationaler Verpflichtungen die Entwicklung ihrer eigenen noch in den Kinderschuhen steckenden Dienstleistungsindustrien untergraben wird.[16]

Handelsrelevante Aspekte internationaler Investitionen (TRIMs)

Zwar bekommt der weltweite Bestand an ausländischen Direktinvestitionen im internationalen Handel eine zunehmende Bedeutung. Aber die durch ihre multinationalen Unternehmen investierenden Nationen, in erster Linie die industrialisierten Länder, sind von den Maßnahmen enttäuscht, die von den Regierungen der Länder, in denen investiert wird, zur Regulation der Investitionen ergriffen werden.

Man unterscheidet zwei Arten handelsrelevanter Investitionsmaßnahmen, die von den Regierungen der Gastländer angewendet werden, um die Investitionen anzulocken und zu regulieren. Die erste besteht aus Investitionsanreizen wie Darlehen, Steuernachlässen oder der Bereitstellung von Dienstleistungen zu Vorzugsbedingungen. Die zweite hängt mit Anforderungen zusammen, die Investoren erfüllen müssen. Ein typischer TRIM würde z.B. von der investierenden Firma fordern, den Import bestimmter Komponenten einzuschränken, um die inländische Produktion zu ermuntern.

Die entwickelten Länder möchten ein internationales Investitionsreglement sehen, welches die Rechte der ausländischen Investoren festigt und Einschränkungen für Multinationale Konzerne verringert. Aus der Sicht der Entwicklungsländer sind, wenn sie schon ausländische Investitionen benötigen, Investitionsmaßnahmen und Leistungsangebote erforderlich, um die ausländischen Investitionen nach den Grundsätzen der eigenen Politik zu lenken. Außerdem argumentieren sie, wenn schon ihre eigenen TRIMs liberalisiert werden sollen, dann sollen die restriktiven Geschäftpraktiken der multinationalen Konzerne auch unter internationale Kontrolle gebracht werden.

Mit mehr als einem Drittel des Welthandels, der nun innerhalb der Unternehmen über deren Töchter abgewickelt wird, sind die Multinationalen Konzerne in einer starken Position – mit Hilfe ihrer Tochterunternehmen nutzen sie Unterschiede in den nationalen Regulierungen aus: gesteigerte Profite werden durch überhöhte Preise gegenüber den Töchtern ins Heimatland zurückgeführt, der Technologietransfer zu den Tochterfirmen wird begrenzt, deren Exporte werden unterbunden, und sie werden an bestimmte Lieferanten gebunden. Diese monopolistischen Praktiken werden von den investierenden Ländern nicht für einen Teil der TRIM-Vereinbarungen gehalten, aber viele Entwicklungsländer betrachten den Plan der TRIM-Liberalisierung als einseitig, wenn diese Praktiken nicht dazugezählt werden.[18]

Handelsrelevante Aspekte des Schutzes geistigen Eigentums (TRIPs)

Die Verhandlungen um die TRIPs zielen auf mehr – nicht weniger – Schutz für geistiges Eigentum. Die Industrieländer wollen einen weltweiten Mindeststandard für den Schutz geistigen Eigentums, um die von ihren Unternehmen entwickelten Technologien schützen zu können, um am Weltmarkt konkurrenzfähig bleiben zu können. Dieses System soll auf den Bereich von Lebewesen ausgedehnt werden. Firmen im Norden, die mit den Handel von u.a. Pharmazeutika, Biotechnologie, Kommunikation, Elektronik und Computer-Software befaßt sind, würden als Ergebnis davon profitieren. Es wird argumentiert, daß Erfinder und Investoren ein moralisches Recht auf den finanziellen Rückfluß aus ihren Entwicklungen haben. Vertreter der Industrieländer stellen außerdem heraus, daß der wirtschaftliche Wohlstand der Entwicklungsländer steigen würde, wenn diese das Patent- und Rechtsschutzsystem übernehmen würden, da auf solche Weise Erfindungen gefördert würden, die auf die besonderen Bedingungen der Entwicklungsländer zugeschnitten seien.[19]

Die Entwicklungsländer andererseits argumentieren, daß der Schutz geistigen Eigentums nichts mit dem Handel zu tun hat und vom Weltpatentamt, einer Körperschaft der Vereinten Nationen, betreut werden sollte. Ihre Befürchtungen bestehen darin, ein Patenschutz, besonders in Bereichen wie Nahrung, Pharmazie und Chemikalien, könnte ihre Entwicklungsanstrengungen, um die Grundbedürfnisse zu befriedigen, hemmen. In der Pharmazie zum Beispiel können sie heute noch lokale Kapazitäten aufbauen, um billigere abgeleitete Versionen von Basismedikamenten, die vom nationalen Gesundheitswesen benötigt werden, herstellen zu können. Ein erhöhter Patentschutz würde sie hindern dies zu tun. Er würde den transnationalen pharmazeutischen Unternehmen erlauben, den einheimischen Markt mit ihren teureren Markenprodukten zu beherrschen. Daher fordern die Entwicklungsländer, daß in solchen Fällen das größere öffentliche Interesse den Vorrang vor den kommerziellen Interessen erhalten muß.[20]

Die Patentierung von Leben würde ebenso einen tiefgreifenden Einfluß auf die Landwirtschaft der Dritten Welt ausüben. Entwicklungen auf dem Feld der Biotechnologie hängen in höchstem Maße von frei verfügbaren genetischen Ressourcen im Süden ab. Aber die Produkte dieser Entwicklungen würden patentiert und dann zu hohen Preisen in den Süden exportiert.[21] Es könnte Bauern und Züchtern verboten werden, ihren Bestand ohne Erlaubnis oder einer Zahlung von Lizenzgebühren zu erneuern. Die Preise für patentiertes gentechnisch konstruiertes «Wunder»-Saatgut und Tierarten würden weit höher sein. Noch dazu würden die Entwicklungsländer zunehmend den Zugang zu wissenschaftlichen Informationen und zum Technologietransfer verlieren.

In allen drei Bereichen (Dienstleistungen, TRIPs und TRIMs) besteht eine scharfe Spaltung zwischen dem Norden und dem Süden. Die Debatten der Uruguay-Runde sind scharf gewesen. Die Entwicklungsländer haben eine Abwehrstellung gegen das eingenommen, was sie als ein sehr unerwünschtes Aufbrechen ihrer eigenen Märkte durch im Norden angesiedelte Transnationale Unternehmen und als eine Aushöhlung ihrer nationalen Eigenständigkeit empfinden.

Wenn das Ergebnis der Verhandlungen aus Sicht der Industrieländer unbefriedigend ist, würden besonders die USA die Verfolgung ihrer Ziele in den drei

Bereichen durch ihre nationale Gesetzgebung fortsetzen. Das Rahmenwerk um dies zu tun, ist bereits in der US-Handelsgesetzgebung gegeben, vor allem mit dem 1988 erlassenen US-Handels- und Wettbewerbsgesetz. Klauseln in diesem Gesetz, bekannt als «Special 301» und «Super 301», ermöglichen den US-Handelsrepräsentanten Vergeltung anzudrohen oder auszuführen gegenüber den Ländern, die kommerzielle Interessen der USA mit unbegründeten Restriktionen behindern. Die Definition von «unbegründeten Restriktionen» deckt jede Art von Politik oder Praxis, die a) «faire und gleiche» Möglichkeiten für die Niederlassung eines Unternehmens, b) angemessenen und wirksamen Schutz geistiger Eigentumrechte und c) Vermarktungsmöglichkeiten für US-Güter versagt. Diese Gesetzgebung wurde von den USA bereits als Hebel benutzt, um das Patentrecht in einer Reihe von Ländern, darunter Südkorea und Brasilien, ändern zu lassen.[22]

Textilien und Kleidung

Das Multifaserabkommen (vgl. Kapitel 8) stellt eine halboffizielle Ausschaltung der GATT-Regeln dar. Es wurde auf Geheiß der Industrieländer eingerichtet, den wichtigsten Importeuren von Textilien, um deren Industrien vor den billigen Importen aus der sich entwickelnden Welt zu schützen. Es ist eine nichttarifäre Handelsschranke, die von GATT abgesegnet und verwaltet wird, und es liefert den klaren Beweis, daß das GATT nur solange eine «Freihandelsorganisation» ist, wie es nach den Interessen seiner mächtigeren Mitglieder geht.

Jedoch sind die Industriestaaten entschlossen, das Multifaserabkommen auslaufen zu lassen und die Textilien wieder unter das GATT zu stellen. Die Diskussionen während der Uruguay-Runde haben sich hauptsächlich um die Bedingungen gedreht, unter denen es wieder in das GATT zurückgeführt werden soll. Europäische Hersteller glauben, daß die Textilien nicht wieder unter die GATT-Regeln fallen sollen, solange nicht die Regeln für Dumping, Subventionen und TRIMs verschärft worden sind, während die Exporteure der Entwicklungsländer schlicht auf dessen Ende aus sind.[23]

Landwirtschaft

Vor der Uruguay-Runde fiel die Landwirtschaft nicht unter die GATT-Regelungen. In den fünfziger Jahren wurden verschiedene Einschränkungen eingeführt, die die Anwendbarkeit des GATT auf landwirtschaftliche Produkte reduzierte. Obwohl die Landwirtschaft in der Kennedy- und Tokio-Runde Gegenstand war, war man sich jedoch einig, daß die Anwendung der GATT-Regeln für sie nicht in Frage kommen würde. Die Landwirtschaft wurde schließlich in der Uruguay-Runde erneut auf die Tagesordnung gesetzt, da die Ausgaben für sie in den nördlichen industrialisierten Ländern, besonders in den USA und der EG, Rekordhöhen erreicht hatten und hohe Belastungen für

Verbraucher und Steuerzahler auslösten. Die Notwendigkeit, die Kosten unter Kontrolle zu bringen und auch die Überschüsse zu verringern, wurde zu einer drängenden politischen Aufgabe auf beiden Seiten des Atlantiks – so drängend, daß die USA am Anfang der Runde klar machten, daß sie aus dem GATT ausscheren würden und eher die Zukunft des Welthandels gefährden würden, als einen Fehlschlag in diesem Punkt hinzunehmen.

Die Aufnahme der Landwirtschaft auf die Tagesordnung verlieh der Uruguay-Runde eine gefährliche Brisanz für die Entwicklungsländer. Die Landwirtschaft hat für die Entwicklungsländer eine wesentlich höhere Bedeutung als für die industrialisierte Welt. Sie trägt durchschnittlich 20 % zum Bruttosozialprodukt bei (im Norden circa 3 %), zwei Drittel der Beschäftigten finden in ihr Arbeit, und in vielen Ländern trägt sie zum Großteil der Außenhandelseinnahmen bei.[25] Wie wir in den Kapiteln 3 und 8 gesehen haben, hat die protektionistische nördliche Landwirtschaftspolitik zu niederen Preisen und einem Verlust von Märkten für die Agrarexporte der Entwicklungsländer geführt.

Die Verhandlungen um die Landwirtschaft haben sich als der schwierigste Bereich herausgestellt, der sogar in der Lage war, die Uruguay-Runde zu gefährden. Der Fehlschlag, in diesem Bereich ein Übereinkommen zu erzielen, verursachte Ende 1990 einen Abbruch der Gespräche. Man kam überein, die Gespräche weitere zwei Jahre fortzuführen, mit dem spätesten Termin ihrer Beendigung 1993. Diesmal bestand das Problem nicht in einer Nord-Süd-Spaltung, sondern in einem Zusammenstoß zwischen der von Japan und den nordischen Ländern unterstützten EG und den USA, die von der Cairns-Gruppe (einer Koalition von 14 Industrie- und Entwicklungsländern) unterstützt werden.[26] Der Widerspruch zwischen diesen beiden Gruppen bestand nicht darin, ob ein Problem gelöst werden muß, sondern wie es anzugehen ist.

Die Argumente, die komplex und technischer Natur sind, drehten sich darum, was zu den Subventionen zählt. Die USA haben die Abschaffung aller *direkten* Exportsubventionen innerhalb der nächsten fünf Jahre gefordert. Dies bedeutet einen frontalen Angriff auf die Gemeinsame Agrarpolitik der EG, die ohne Subventionen in ihrer gegenwärtigen Form nicht überleben könnte. Und es läßt ebenso das US-System des Defizitausgleiches unberührt, welches die wichtigste Quelle der US-Exportsubventionen darstellt. Diese, zumindest aus Sicht der USA, sind eher «generelle Einkommensunterstützungsmaßnahmen» als direkte Exportsubventionen.

Es ist Ende 1993 den USA und der EU gelungen einen Kompromiß zu finden, der den Agrarhandel liberalisieren wird. Aber während dies im Norden begrüßt wird, fürchten die Entwicklungsländer die Auswirkungen, die jene Liberalisierung auf ihre eigene Politik zur Sicherung der Ernährung künftig haben könnte.

In Burkina Faso: Verkauf von heimischer Hirse auf dem Markt in Gorom-Gorom. Hirse ist ein wichtigesGrundnahrungsmittel in dieser Gegend Afrikas.

Foto: Jeremy Hartley/Oxfam

GATT und Nahrungsversorgung

Wenn das Schreckgespenst der Hungersnot durch die Länder südlich der Sahara geistert, muß jedes GATT-Abkommen die Anstrengungen der Entwicklungsländer die Nahrungsmittelversorgung zu sichern, fördern und nicht hemmen. Zur Selbstversorgung müssen genügend Nahrungsmittel in einem Land zur Verfügung stehen, um jeden Menschen ernähren zu können. Zusätzlich muß es möglich sein, die Lebensmittel auch zu den Menschen zu schaffen, die sie benötigen, und diese müssen über genügend Einkommen verfügen, um die Nahrungsmittel kaufen zu können. Für die Sicherstellung einer ausreichenden Nahrungsmittelmenge haben die Länder eine Alternative: sie können entweder die Lebensmittel importieren mit Geldern, die sie durch ihre Exporte verdient haben oder sie können versuchen, Selbstversorger bei Nahrungsmitteln zu werden. Wenn nichts davon möglich ist, wird das Ergebnis entweder Hunger oder die Abhängigkeit von Nahrungsmittelhilfen oder beides sein.

Für die meisten Entwicklungsländer ist das Vertrauen auf Nahrungsmittelimporte riskant. Wie wir gesehen haben, exportieren viele Entwicklungsländer nur eine kleine Palette von Gütern, die auf Gedeih und Verderb von den unstabilen Rohstoffpreisen abhängen. Häufig stehen diese Länder auch unter dem Druck, Schulden zurückzuzahlen, und so werden die Nahrungsmittelimporte zu einer zusätzlichen Last für ihre Zahlungsbilanz. Zusätzliche Probleme treten mit einer unausgeglichenen Einkommensverteilung und hohen Transportkosten auf – importierte Nahrungsmittel erreichen häufig nicht die Menschen in den entlegeneren Gebieten.[27]

Die Alternative zur Weltmarktabhängigkeit besteht in der Nahrungsmittelselbstversorgung. Einer der wirksamsten Wege, um eine ansteigende inländische Nahrungsmittelproduktion zu erreichen, führt über die Zahlung von realistischen Preisen an die Nahrungsmittelproduzenten. Beispielsweise erhöhte die Regierung von Zimbabwe den Preis für Mais ab Farm um 80 % in den Jahren 1979 bis 1981, und die Produktion verdreifachte sich in den folgenden fünf Jahren.[28] Natürlich sind realistische Preise nicht eine ausreichende Bedingung zur Steigerung der Produktion und der Zunahme der Nahrungssicherheit. Die Bauern benötigen ebenso Land, Kredite und andere Ressourcen. Nötig sind Investitionen in die Infrastruktur von Transport und Lagerung, um die wichtige reibungslose Vermarktung von Nahrungsmitteln zu erleichtern. Die meisten Ökonomen würden darin übereinstimmen, daß rentable Preise eine notwendige Bedingung sind, um das produktive Potential von Kleinbauern freizusetzen.

In den letzten Jahren sind aber weltweit die Getreidepreise gefallen. Dies geschah, da sowohl die USA als auch die EG hohe Überschüsse produzierten, die von ihnen zu unter den Produktionskosten liegenden Dumpingpreisen auf den Weltmarkt geworfen wurden. Dieses billige Getreide wurden an Entwicklungsländer mit Nahrungsmitteldefiziten zu Kampfpreisen geliefert. Jedoch hat dies die Preise für die dortigen Grundnahrungsmittel (wie Hirse, Bohnen oder Sorghum) gedrückt, die Einkommen der Haushalte gesenkt und den Anreiz in der Landwirtschaft zu investieren gehemmt. In Europa und Nordamerika sind die Farmer gegen die Auswirkungen dieses Nahrungsmittel-Dumpings durch bereits beschriebene Handelsbeschränkungen geschützt gewesen. Warum sollte es unmöglich sein, die Kleinbauern in den Defizitländern nicht ebenso vor dem Nahrungsmittel-Dumping zu schützen? Um dies zu tun, ist es wichtig zu unterscheiden zwischen jenen Subventionen, die den Weltmarkt zerrütten (solche, die zum Schutz der Farm-Produktion in den USA und der EG gegeben werden) und Subventionen, die den Ländern helfen ihre Abhängigkeit vom Weltmarkt zu verringern. Da diese Unterscheidung nicht in den Beschlüssen der Uruguay-Runde berücksichtigt wurden, könnte die Nahrungsmittelversorgung der Dritten Welt bedroht werden.

Die Verhandlungen um die Landwirtschaft beschreiben ein größeres Problem, dem die Dritte Welt in der Uruguay-Runde gegenüberstand: die Aushöhlung der *Besonderen und Unterschiedlichen Behandlung* (S&D). Garantiert durch eine Mitte der sechziger Jahre dem GATT-Vertrag beigefügten Ergänzung, erläßt die Besondere und Unterschiedliche Behandlung den Entwicklungsländern die Verpflichtung zur gegenseitigen Anwendung von Liberalisierungsmaßnahmen, wenn dies «unvereinbar mit ihren Entwicklungs-, Finanzierungs- und Handelserfordernissen» sei. Aber der Status der Besonderen und Unterschiedlichen Behandlung war sehr umstritten im Verlauf der Uruguay-Runde, als dieser von Nord und Süd unterschiedlich ausgelegt wurde. Die USA und die EG haben angedeutet, daß die Zugeständnisse im Zuge der Zeit auslaufen sollen. Die Entwicklungsländer halten dagegen, ein Zeitrahmen sei nicht annehmbar, und die Zugeständnisse sollten existieren, solange sie notwendig seien. Dies bedeutet, daß sich die Entwicklungsländer nicht mehr lange auf die Besondere und Unterschiedliche Behandlung stützen können, um für sie nachteilige Liberalisierungsmaßnahmen nicht übernehmen zu müssen.

Die Sicherstellung der Nahrungsversorgung steht an zentraler Stelle; daher gibt es für Oxfam ein «erfolgreiches» Abkommen über die Agrarpolitik nur bei voller Unterstützung der Entwicklungsländer, die die Nahrungsmittelversorgung sicher stellen wollen – sowohl, indem die Entwicklungsländer in die Lage versetzt werden, ihre eigene landwirtschaftliche Produktion zu unterstützen, als auch indem der Dumpingpolitik von subventionierten Exporten auf den Weltmarkt ein Ende gesetzt wird. Alles andere könnte in der Tat, wie Botschafter Ogada vorhersagte, «die Totenglocken für Afrika zum schlagen bringen».

GATT und die Umwelt

Es gibt ausgedehnte und deutliche Verbindungen zwischen dem internationalen Handel und der Umwelt. Handelsbeziehungen und Handelsabkommen können nationale und internationale Anstrengungen, ökologische Probleme aufzugreifen, grundlegend beeinflußen und unterlaufen.[29]

Partner alternativer Handelsorganisationen in der Dritten Welt verstehen nur allzu gut die Verbindungen zwischen der Verwüstung der Umwelt und dem Handel. In Chile, Peru und auf den Philippinen werden sie täglich zu Augenzeugen der Folgen von Überfischung durch nationale und ausländische Fischfangflotten, die auf dem Rücken der kleinen, entlang der Küste verstreuten Fischergemeinschaften stattfindet.

In vielen Teilen der Dritten Welt werden Menschen von guten Ländereien in schlechtere Umgebungen getrieben, um landwirtschaftlichen Produkten, die für den Weltmarkt bestimmt sind, Platz zu machen. Im Kampf um ihr Überleben finden sie sich in dem Zwang wieder, diese schlechteren Ländereien überausbeuten zu müssen mit der Folge einer weiteren Verarmung. In Brasilien sind beispielsweise der Landmangel und die Auseinandersetzung um Landbesitz die wichtigsten Auslöser für die Zerstörung Amazoniens. Aber der Grund für diese Landprobleme liegt in einigen Teilen Brasiliens in der Konzentration der Ländereien in großen Holdings. Bergbau, Holzwirtschaft und großrangige Agrarproduktion tragen ebenso in bedeutendem Ausmaß zur Zerstörung des Waldes bei.[30]

Bis vor kurzem haben die GATT-Unterhändler die Umwelt strikt als nichtwirtschaftlichen Faktor betrachtet, der wenig mit den Verhandlungen in der Uruguay-Runde zu tun hatte. Sie sahen es nicht als ihre Aufgabe an, im Handelsliberalisierungsprozeß auch Faktoren der Umwelt in die Betrachtung mit einzubeziehen. So untersagte Indonesien 1985 die Ausfuhr von Stammholz, um eine wertschöpfende Verarbeitung im eigenen Land zu fördern, die mehr Außenhandelserlöse, geringeren Rohmaterialverbrauch und eine Abnahme des Druckes auf die indonesischen Regenwälder bringen sollte. Eine Reihe anderer Länder zog nach. Falls diese Exportkontrollen im Rahmen von GATT blockiert werden sollten, dann stellt dies die Notwendigkeit der Länder, ihre anfällige Umwelt zu schützen, in Frage. Dann steht das betreffende Land vor der Wahl: Eine Umweltkatastrophe durch freien Handel mit unverarbeitetem Holz oder von GATT unterstützten Sanktionen erleiden.[31]

Die Haltung der GATT-Unterhändler gegenüber der Umwelt veränderte sich während der Uruguay-Runde ein wenig, größtenteils dank der eindringlichen Lobbyanstrengungen besorgter Gruppen. Vor allem die nordischen Länder haben die Aktivierung des GATT-Umweltausschusses gefordert, der 1971 berufen wurde, aber sich nie traf. Viele Industrieländer sind gegenüber einer

Ausdehnung des GATT-Einflusses auf andere Bereiche abgeneigt und zeigten sich über diesen Schritt nicht begeistert. Sie würden die Diskussion um Handel und Umwelt lieber in einem offeneren Forum, wie z.B. der UNCTAD oder in dem UNCED-Prozess, sehen. Die Länder, die das Zusammentreten des GATT-Umweltausschusses forderten, hofften, daß er umfassend die Auswirkungen des Abkommens auf die Umwelt überprüfen würde.

Die Umwelt wurde gegen Ende 1990 vom GATT insofern offiziell «anerkannt», daß es nun möglich ist, den Umweltschutz als einen dämpfenden Faktor im Abbruch von Handelsschranken zu betrachten.[32] Die Artikel des GATT garantieren die Ausnahme, Handelsmaßnahmen zu ergreifen, um «erschöpfliche Naturressourcen» zu schützen. Aber sie können nur innerhalb des die Maßnahmen ergreifenden Landes angewendet werden, und eine kürzliche GATT-Regelung hat diese Ausnahmen wieder eingeschränkt.

Im August 1991 hatte ein GATT-Schlichtungsausschuß festgestellt, daß sich die vom US-Gesetz untersagte Einfuhr von Thunfisch aus Mexiko im Widerspruch zu den internationalen Handelsregeln befindet. Das Importverbot wurde als Strafmaßnahme erhoben, um den Tod der Delphine zu vermeiden, die oberhalb der Thunfischschwärme schwimmen und von den Netzen der mexikanischen Fischfangindustrie gefangen werden. Dies war die erste Nagelprobe, ob Überlegungen des Umweltschutzes, die sich in nationaler Gesetzgebung niederschlagen, ein Grund sein können, um Einfuhren zu begrenzen. Die Antwort des GATT lautete «Nein».[33] Dieses Vorgehen könnte bedeuten, daß sich kein Versuch, Lebensräume oder Ressourcen in anderen Ländern oder im weltweitem Gemeinschaftsbesitz (wie z.B. die Meere) zu erhalten, auf Handelsbeschränkungen stützen kann. Dies bringt existierende Abkommen wie das *Internationale Abkommen über Handel mit bedrohten Arten* oder das *Montrealer Protokoll über Ozon-Schutz* und andere mühsam seit Anfang der achtziger Jahre entwickelte Abkommen, die auf Handelssanktionen angewiesen sind, in höchste Gefahr.

Aber der Vermittlungsausschuß verfügte zusätzlich, daß die Länder keine Schranken gegen umweltschädlich hergestellte Produkte errichten dürfen. Der springende Punkt sind die höheren Kosten von beispielsweise Holz, das in nachhaltiger Weise produziert wird, da der Aufwand für Neuanpflanzungen und Regeneration im Preis beinhaltet, «internalisiert», ist. Nicht nachhaltig produziertes Holz hat einen offensichtlich leichteren Marktzugang, weil es billiger als nachhaltig produziertes Holz ist – falls keine Handelsschranken dagegen errichtet werden. Daher könnten z.B. die holländischen Bemühungen, eine nachhaltige Forstwirtschaft mit Handelsmaßnahmen zu unterstützen, die 1995 in Kraft treten sollen, mit dem GATT ins Gehege geraten. Wenn die Umweltkosten – welcher Art auch immer –, die bei der Produktion entstehen, nicht «internalisiert» werden, weil sie angeblich nicht existieren, dann sind die Güter künstlich «verbilligt» und in der Tat subventioniert. Aber das GATT sieht diese

Art der Subvention nicht. Es läßt jene allein, die versuchen, die verdeckten Subventionen zu beseitigen, und ermuntert in der Praxis die fortgesetzte Ausblendung oder «Externalisierung» der Umweltkosten. Und künstlich verbilligte, da von der Umwelt subventionierte Güter werden weiterhin deutlich den Markt dominieren, bis diese «Subventionen» beseitigt werden oder ihnen gegenüber Handelsmaßnahmen ergriffen werden.

All dies scheint weit weg von den Menschen zu sein, mit denen Oxfam arbeitet, wie den enteigneten Menschen südlich der Sahara oder den mittellosen Fischergemeinschaften armer Dritte-Welt-Länder, obwohl deren Elend die Vielschichtigkeit der Probleme unterstreicht. Die Aushebelung des US-Verbotes von Importen mexikanischen Thunfisches stellt einen Schlag gegen die globale Umwelt dar, während es für Mexikos Ökonomie einen Schub bedeutet. Wie oben im Zusammenhang mit dem GATT-Umweltausschuß erwähnt, haben die Entwicklungsländer ein zwiespältiges Verhältnis zur Aufnahme von Umweltfragen in das GATT. Auf der einen Seite öffnen sich Möglichkeiten wie im Fall des indonesischen Holzes. Andererseits repräsentiert für viele Menschen im Süden die Macht der nördlichen Umweltschutz-Lobbys eine neue Form des Imperialismus und eine Bedrohung ihrer Entwicklungsbemühungen. Vertreter des Südens betonen, daß jede Bemühung um die globale Umwelt notwendigerweise die Armut und das Nord/Süd-Gefälle beseitigen muß. Wenn die Lasten der Auslandsverschuldung von ihren Rücken genommen würden und die Rohstoffpreise stiegen, würde der Druck zur Überausbeutung natürlicher Ökosysteme abnehmen. Ein spürbarer Rückgang der Armut im Süden würde sowohl der globalen Umwelt als auch dem Welthandel zugute kommen.

Die Bedeutung von GATT

Das GATT wird oft angeklagt, ein den Welthandel für die Interessen der Mächtigen regelnder Club zu sein, besonders für die USA und die EG. Weiterhin wird es für seinen Mangel an Demokratie kritisiert und für mangelnde Durchschaubarkeit, da die Verhandlungen hinter verschlossenen Türen stattfinden. Die diese Kritik unterstützenden Beweise sind überwältigend.

In den letzten Jahren wurde eine Reihe von Vorschlägen vorgetragen, um eine neue Handelsorganisation zu schaffen. Das vom Süden bevorzugte Modell ist eine neue Internationale Handelsorganisation (ITO) mit umfassenden ökonomischen Aufgaben, um GATT und UNCTAD zu ersetzen. Ein Vorschlag der Europäischen Gemeinschaft für eine neue Multilaterale Handelsorganisation (MTO) ist in ihrer Reichweite begrenzter. Das MTO würde zwar eine Art Super-GATT sein, das die neuen Bereiche, die in der Uruguay-Runde diskutiert werden wie Dienstleistungen und geistiges Eigentum behandelt, es würde sich aber nicht um die breiteren ökonomischen Aufgaben, die vom Süden mit seinen

Vorschlägen ins Auge gefaßt wurden, kümmern – so lauten die Befürchtungen;[34] die Beschlüße beim Abschluß der Uruguay-Runde Anfang 1994 beinhalten die Gründung einerWelthandelsorganisation, WTO. Nach Abschluß der Uruguay-Runde fordern Stimmen im Norden, die geplante Welthandelsorganisation müsse möglichst schnell organisiert und mit ausreichend Machtmitteln ausgestattet werden, um die GATT-Regeln überwachen und die Verstöße sanktionieren zu können. Die WTO sei praktisch eine Nachfolgeorganisation des GATT-Generalsekretariats und solle weiterhin der Ort für Verhandlungen sein und eine Art Polizeifunktion für die Einhaltung der GATT-Regeln übernehmen.[35]

Obwohl es starke Argumente für eine Reform des GATT gibt, ist es ebenso wichtig, seine Grundsätze zu erhalten – die eines multilateralen Welthandelssystems. Das nächste Kapitel beschreibt einige der Konsequenzen für Entwicklungsländer, die unilaterale Handelsabkommen und das Aufkommen von neuen Handelsblöcken bringen würden.

Kapitel 10: *Im Fall der Banane*

Der Einfluß von Handelsblöcken auf Entwicklungsländer

Jedes Jahr zwischen Juni und Oktober lauschen die Pflanzer auf den karibischen Windward Islands St. Vincent, St. Lucia, Dominikanische Republik und Grenada ängstlich dem Wetterbericht. Es ist die Zeit der Hurrikans angebrochen, und ihr Lebensunterhalt steht auf dem Spiel. Wenn ein Hurrikan zuschlägt, schweben sie in großer Gefahr, ihre Bananenernte zu verlieren. Der fast wurzellose Bananenbaum, Hauptstütze der Ökonomie auf den Inseln, hat nur geringe Chancen, Winde zu überleben, die Geschwindigkeiten von 140 Meilen in der Stunde erreichen und regelmäßig über diese rauhen, kleinen Inseln peitschen.

In manchen Jahren haben die Pflanzer Glück. Aber 1989 war ein schlechtes Jahr. Der September-Hurrikan Hugo schwappte über die Inseln und schlug die meisten Bananenpflanzen um. Eine Woche nach dem Sturm saß Ingort Jab Jacob über sein großes Glück nachdenkend in seiner kleinen Schnapsbude am Ende einer staubigen Straße mit Schlaglöchern, die sich durch die gebirgige Dominikanische Republik windet. Obwohl von Hugo beinahe 75 % seiner Bananenernte zerstört wurden, blieben seine Yam- und andere Wurzelgewächse unbeschädigt, die in der Karibik als «Grundversorgung» gelten. Außerdem hatte er noch seine Schnapsbude, eine kluge Investition nach der guten Bananenernte vom vorherigen Jahr. Jab und seine Familie würden in der Lage sein, die etwa neun Monate zu überleben, die neue Bananenstauden benötigen, um Früchte hervorzubringen.[1]

Aber nicht jeder hatte das Glück. Die von Hugo verursachten Zerstörungen führten dazu, daß Oxfam an einer großen Hilfsoperation beteiligt wurde, um Unterkünfte, Nahrungsmittel und medizinische Hilfe für die Opfer des Hurrikans zur Verfügung zu stellen und um bei der längerfristigen Arbeit, die Pflanzen wiederherzustellen, zu helfen. Notstandsoperationen dieser Art sind häufig wiederkehrende Angelegenheiten in der östlichen Karibik. Aber trotzdem bestand für Ingbort kaum Zweifel an der Tatsache, daß er im nächsten Jahr wieder Bananen pflanzen würde. Hurrikans sind zwar ein Berufsrisiko bei der Bananenproduktion auf den Windwards Islands, aber noch lange kein Abschreckungsmittel. Mehr als 5000 Pflanzer bauen Bananen in der Dominikanischen Republik an, und die große Mehrheit von ihnen tut dies auf weniger als fünf Morgen Land.[2] Auf den anderen Inseln sieht es ähnlich aus. Überdies tragen Bananen wesentlich zur Ökonomie auf den Windward Islands bei. 91 % der Außenhandelserlöse St. Lucias kommen durch die Bananen ins Land. Die Dominikanische Republik hängt zu 71 % bei ihren Außenhandelseinkünften von den Bananen ab, während St. Vincent und Grenada zu 28 % und 13 % ihrer Einnahmen von ihnen abhängen.[3]

Ein solch hoher Abhängigkeitsgrad von einer einzelnen Pflanze rührt von einem besonderen zwischen Großbritannien und den Inseln einst geschlossenen Handelsabkommen her. Im Rahmen des Lomé-Abkommens der Europäischen Gemeinschaft hatten die Bananen aus den ehemaligen britischen Kolonien einen bevorzugten Zugang zum Markt des Vereinigten Königreiches. Solange sie die vereinbarten Mengen der Früchte liefern konnten, wurden Pflanzer wie Ingort nach garantierten festen Preisen bezahlt. Mit der Einführung einer neuen Bananenmarktordnung durch die Europäische Union 1993 kam es zu Veränderungen.

Die Geschichte des Lomé-Abkommens

Sechsundneunzig Länder der Dritten Welt, in Afrika, der Karibik und dem Pazifik, die als AKP-Staaten bekannt sind, haben durch das Lomé-Abkommen besondere Handelsvereinbarungen mit der Europäischen Gemeinschaft. Beinahe alle dieser Länder sind ehemalige Kolonien von EG-Staaten, vor allem von Frankreich und Großbritannien. Lomé könnte daher als besonderer Ausdruck von Europas Verantwortung gegenüber seinen ehemaligen Kolonien gesehen werden.

Als die Römischen Verträge 1957 unterzeichnet wurden, um die Europäische Wirtschaftsgemeinschaft (EWG) zwischen Belgien, Frankreich, Bundesrepublik Deutschland, Luxemburg, Italien und den Niederlanden einzurichten, waren Europas Beziehungen zur Dritten Welt absolut einseitiger Art: die einer Kolonialmacht zu ihren Kolonien. Die Verträge sahen vor, daß der existierende Handel und die Hilfsbeziehungen mit diesen Ländern aufrechterhalten werden sollten.

Während der sechziger Jahre wurde vielen dieser Kolonien die Unabhängigkeit gewährt. Da die ursprünglichen Kolonien ihre Bindungen mit der Gemeinschaft nicht verlieren, sie gar ausdehnen wollten, formierten fast alle ehemaligen französischen Kolonien in Afrika und Madagaskar die AASM (Assoziierte Afrikanische Staaten und Madagaskar). 1963 formalisierten sie ihr Verhältnis mit dem Europa der Sechs durch das Jaunde-Abkommen. Das Abkommen lief fünf Jahre. Seine Bestimmungen beinhalteten Vorzugs-Handelsübereinkünfte, insbesondere den Zugang zu Rohstoffen für Europa, außerdem finanzielle und technische Hilfe, finanziert vom Europäischen Entwicklungsfonds. Ein zweites Jaunde-Abkommen wurde 1969 für weitere fünf Jahre unterzeichnet.

1973 erhielten Großbritannien, Dänemark und Irland die Mitgliedschaft in der Europäischen Gemeinschaft. Großbritannien hatte bereits seine eigenen Vorzugsbedingungen beim Handel mit zwanzig Commonwealth-Ländern, die in Afrika, der Karibik und dem Pazifik zu finden waren. Es wurde Vorsorge für die Fortzusetzung die Vorzugsbehandlung getroffen, wenn Großbritannien der Gemeinschaft beigetreten sein würde, und die selben Möglichkeiten wurden den anderen unabhängigen afrikanischen Staaten angeboten. Diese Länder formierten sich zusammen mit den AASM-Ländern zu einer neuen Gruppe: den AKP-Staaten (Afrikanische, Karibische und Pazifische Staaten). Als das zweite Jaunde-Abkommen im Januar 1975 auslief, wurde es durch das erste Lomé-Abkommen (Lomé I) ersetzt, ein Abkommen zwischen den 44 AKP-Staaten und der gerade erweiterten Europäischen Gemeinschaft von neun Ländern.[4]

Das Abkommen wurde von den AKP-Staaten in einer optimistischen Stimmung unterzeichnet, während auf Seiten der Industriestaaten Pessimismus herrschte. Das Abkommen kam kurz nach dem ersten sogenannten «Ölschock» 1973/74 zustande, zur Zeit eines ständigen Wachsens der OPEC, die damals das wichtigste Rohstoffkartell bildete. Die industrialisierten Länder fürchteten, daß auch bei den anderen Rohstoffen von den Produzentenländern Preiskartelle gebildet werden könnten. Viele Rohstoffpreise waren hoch, und der Süden schien kurz vor einem Aufschwung seiner ökonomischen Macht zu stehen. Im Ergebnis kam es zu dem Lomé-I-Abkommen, das als *das* Nord-Süd-Abkommen betrachtet wurde, das einer Partnerschaft unter Gleichen am nächsten gekommen ist. Allerdings löste sich dieser Traum bald auf.

Zwischen 1961 und 1973 ist das Bruttosozialprodukt pro Kopf der Länder südlich der Sahara, das bis dahin ständig gewachsen war, durchschnittlich um 0,1 % jährlich gefallen.[6] Dann kam 1979 der zweite «Ölschock», und die Rohstoffpreise fingen an zu purzeln. In dieser Zeit wurde Lomé II verhandelt und im Januar 1980 für fünf Jahre in Kraft gesetzt. Lomé III (1985) währte ebenfalls fünf Jahre, während Lomé VI (1990) für eine zehnjährige Periode unterzeichnet wurde. Im Jahre 1990 war die AKP-Gruppe auf 69 Länder angewachsen.

Die AKP-Staaten und die Europäische Gemeinschaft

Zusammen machen die Einwohner der 69 AKP-Staaten und die zwölf Mitglieder der EG 14,1 % der Weltbevölkerung aus. Die Gesamtbevölkerung der EG-Mitgliedsstaaaten beläuft sich auf 324,7 Millionen, die der AKP-Staaten auf 439 Millionen. Zu den AKP-Staaten zählen folgende:

Afrika

Angola; Einwohner: 9.230.000
Botswana; Einwohner: 1.170.000
Burundi; Einwohner: 5.000.000
Kap Verde; Einwohner: 350.000
Tschad; Einwohner: 5.270.000
Komoren; Einwohner: 470.000
Elfenbeinküste; Einwh.: 11.140.000
Äquatorial Guinea; Einwh.: 410.000
Gabun; Einwohner: 790.000
Ghana; Einwohner: 13.700.000
Guinea Bissao; Einwohner: 920.000
Lesotho; Einwohner: 1.620.000
Malawi; Einwohner: 7.500.000
Mauretanien; Einwohner: 1.860.000
Moçambique; Einwh.: 14.550.000
Nigeria; Einwohner: 101.910.000
São Tomé und Príncipe;
Einwohner: 110.000
Sierra Leone; Einwohner: 3.850.000
Sudan; Einwohner: 23.130.000
Tanzania; Einwohner: 23.220.000
Uganda; Einwohner: 16.600.000
Sambia; Einwohner: 7.560.000
Namibia: 1.800.000
Benin; Einwohner: 4.300.000
Burkina Faso; Einwohner: 8.310.000
Kamerun; Einwohner: 10.860.000
Zentralafrikanische Republik;
Einwohner: 2.700.000
Kongo; Einwohner: 1.840.000
Dschibuti; Einwohner: 370.000
Äthiopien; Einwohner: 46.180.000
Gambia; Einwohner: 790.000
Guinea; Einwohner: 6.380.000
Kenia; Einwohner: 22.940.000
Liberia; Einwohner: 2.350.000
Mali; Einwohner: 8.680.000
Mauritius; Einwohner: 1.000.000
Niger; Einwohner: 6.490.000
Ruanda; Einwohner: 6.530.000
Senegal; Einwohner: 6.790.000
Seychellen; Einwohner: 70.000
Somalia; Einwohner: 6.860.000
Swaziland; Einwohner: 710.000
Togo; Einwohner: 3.150.000
Zaire; Einwohner: 32.460.000
Zimbabwe; Einwohner: 8.640.000

Karibik

Antigua und Barbuda;
Einwohner: 80.000
Belize; Einwohner: 170.000
Dominikanische Republik;
Einwohner: 6.720.000
Haiti; Einwohner: 5.500.000
St. Christopher und Nevis;
Einwohner: 50.000
Surinam; Einwohner: 390.000
Trinidad und Tobago;
Einwohner: 1.220.000
Bahamas; Einwohner: 240.000
Barbados; Einwohner: 250.000
Dominica; Einwohner: 80.000
Grenada; Einwohner: 110.000
Guyana; Einwohner: 990.000
Jamaica; Einwohner: 2.410.000
St. Lucia; Einwohner: 140.000
St. Vincent und die Grenadines;
Einwohner: 110.000

Pazifik

Fidji; Einwohner: 700.000
Papua Neu Guinea;
Einwohner: 3.480.000
Tonga; Einwohner: 110.000
Vanuatu; Einwohner: 140.000
Kiribati; Einwohner: 70.000
Solomon Islands; Einwohner: 290.000
West Samoa; Einwohner: 160.000
Tuvalu; Einwohner: 8.000

Die Handelsmaßnahmen der Lomé-Abkommen

Der zentrale Handelsvorteil der Lomé-Abkommen besteht in der Garantie des steuerfreien Zugangs zum EG-Markt für fast alle AKP-Exporte. Als eine erlaubte Ausnahme von den GATT-Bestimmungen sind die AKP-Staaten nicht dem *Prinzip der Gegenseitigkeit* (Reziprozität) gegenüber den EG-Staaten unterworfen. Allerdings gibt es zwei wichtige Einschränkungen:

Erstens betrifft dies die Agrarprodukte, die mit EG-Produkten konkurrieren, welche unter die EG-Marktordnung fallen. Diesen wird kein freier Marktzugang gestattet. Zwar haben die AKP-Staaten einen bevorzugten Marktzugang im Vergleich mit anderen Nicht-AKP-Staaten, aber eben auch keinen unkontrollierten. Z.B. wird Zucker im Rahmen eines bestimmten Abkommens (sog. Protokoll) geliefert, in diesem wird den AKP-Staaten (und Indien) für eine bestimmte Menge Zucker zollfreier Zugang garantiert. Im Falle von Fleisch werden die Verkäufe der fleischexportierenden AKP-Staaten durch Quoten kontrolliert.

Die zweite Begrenzung liegt darin, daß die Exporte der AKP-Staaten unter die Ursprungsregelungen fallen. Diese erfordern einen Mindestanteil an Wertschöpfung im exportierenden AKP-Staat. Das heißt, Produkte mit zollfreiem Zugang zur Gemeinschaft müssen zu mindestens einem Drittel ihres Wertes in einem AKP-Staat erzeugt worden sein. Diese Regelung wurde eingeführt, um Nicht-AKP-Staaten davon abzuhalten, ihre Waren über einen Umweg durch ein AKP-Land zollfrei auf den Markt der EG zu bringen. Aber damit wird eine Reihe von Problemen für die AKP-Staaten ausgelöst. Erstens hindert es sie am Aufbau einfacher exportorientierter Montageindustrien, wenn die einzelnen Bestandteile, die zusammengefügt werden sollen, aus nicht-AKP-Staaten kommen. Zweitens machen die EG-Regelungen wie im Fall der Textilien, die Existenz einer voll funktionsfähigen Textilindustrie, wie sie in den meisten AKP-Ländern nicht existiert, zur Voraussetzung – obwohl das Garn aus nicht-AKP-Quellen kommen könnte.[7]

Kritiker von Lomé haben diese Begrenzungen für das Versagen des Abkommens bei seinem am häufigsten genannten Ziel verantwortlich gemacht: die Präsenz der AKP-Staaten am EG-Markt zu fördern.[8] Seit 1975 ist der Anteil von AKP-Exporten in die EG gefallen. 1989 beliefen sie sich auf nur noch 3,8 % aller Importe der Gemeinschaft, nachdem sie 1975 noch 8 % ausmachten. Dies sieht selbst im Vergleich zu dem Verfall, den die Entwicklungsländer als Ganzes von 20 % auf 14 % erlebten mußten, ungünstig aus.[9] Andere Kritiker führen an, daß die Exporte auf eine kleine Zahl von Nutznießern konzentriert werden. Kaffee, Kupfer und Kakao bringen 40 % aller Nichterdölexporte aus den AKP-Staaten in die EG. 30 % des Kaffees davon werden von der Elfenbeinküste exportiert, fast das gesamte Kupfer kommt aus Zaire und Sambia, und 80 % des Kakaos liefern die Elfenbeinküste, Ghana und Nigeria.[10] Beim

Zucker zeichnet sich ähnliches ab. Obwohl 17 Länder im Rahmen des Zuckerprotokolls Exportquoten haben, aber die Größe der Quoten sehr unterschiedlich ist, kommt es im Ergebnis schon bei fünf Ländern, Mauritius, Fitschi, Guyana, Jamaika und Swasiland, zu einer Konzentration der Quoten von 80 %, während allein Mauritius mehr als ein Drittel aller AKP-Exporte im Rahmen des Zuckerprotokolls stellt.[11]

Vielleicht zum Teil wegen ihrer ziemlich unzureichenden Handelszugeständnisse und ungleicher Anwendung sind die Lomé-Abkommen erfolglos geblieben beim Schutz der AKP-Staaten vor den schlechten weltwirtschaftlichen Bedingungen der achtziger Jahre: fallende Rohstoffpreise, steigende Zinsraten und dem Rückgang der Investitionen. Das wirtschaftliche Wachstum und der Lebensstandard haben sich in vielen AKP-Ländern verschlechtert, und viele Menschen sind heute ärmer als Mitte der siebziger Jahre. Kein einziges AKP-Land hat sich zu den Schwellenländern gesellt, und einige sind gar mehr abhängig von Rohstoffen als 1975. Trotz aller Mängel bleibt das Lomé-Werk als Übereinkommen mit Vertragsform zwischen Industrie- und Entwicklungsländern mehr auf Dialog denn auf Diktat gebaut und ein wichtiges Instrument des Handels und der Entwicklungszusammenarbeit.

Die Handelserleichterungen durch Lomé werden sowohl durch den Abschluß der Uruguay-Runde berührt als auch durch die Verwirklichung des einheitlichen europäischen Marktes. Die AKP-Staaten befürchten ein Abbröckeln ihrer Handelsbevorzugungen, wenn die Uruguay-Runde erst einmal abgeschlossen ist, da es in der Folge möglicherweise zu einem weitverbreiteten Rückgang des BSP-Wachstums kommen wird. Die EG hat Wert darauf gelegt, daß die Lomé-Vereinbarungen auch nach Abschluß der Uruguay-Runde anzuwenden sind. Jedoch haben detaillierte Studien gezeigt, daß der Einfluß einer kleineren BSP-Wachstumsrate eher zweitrangig sein dürfte.[12] Viel größer dürfte der Einfluß des EG-Binnenmarktes sein, der verschiedene Gefahren für die AKP-Staaten bringen wird.

Bananen, Lomé und EG-Binnenmarkt

Bananen werden in einigen AKP-Ländern für den Export angebaut. Die Bananen können im Rahmen des Lomé-Abkommens zollfrei in die EG eingeführt werden. Aus ihrer Kolonialgeschichte konnten die Windward Islands und Surinam den Vorteil ziehen, den Markt in Großbritannien zu beliefern. Somalia exportiert seine Bananen nach Italien, während Kamerun und die Elfenbeinküste Frankreich beliefern. Zusammen brachten diese Länder bis Mitte 1993 etwa 20 % der Bananen in die EG. Die EG selbst hat eine Reihe von einheimischen Bananenproduzenten. Den auf den griechischen Inseln und Kreta gepflanzten Bananen wird ein bevorzugter Zugang zum griechischen Markt eingeräumt.

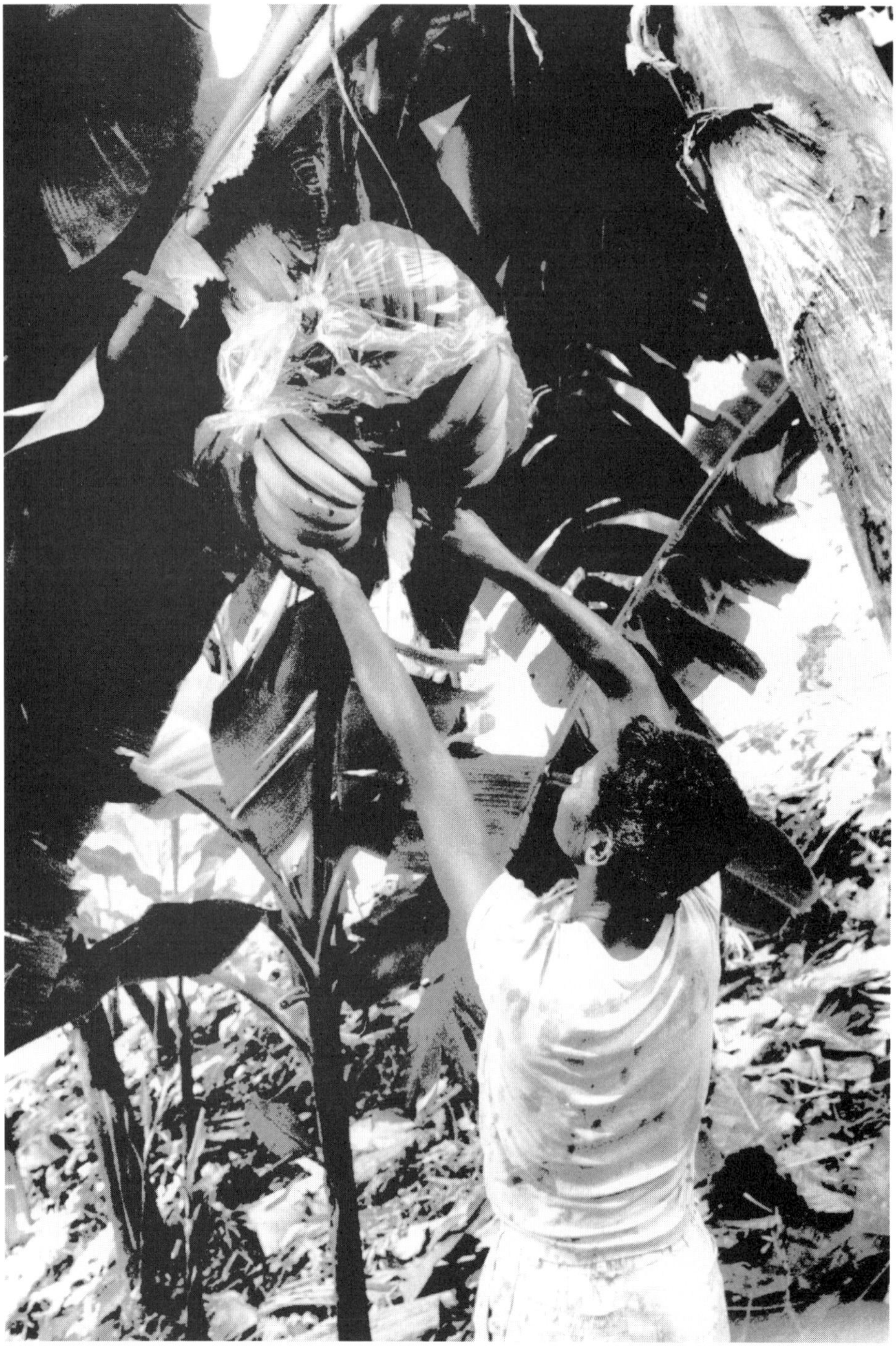

Auf St. Vincent: Die Bananen werden geerntet. Foto: Roshini Kempadoo/Oxfam

Ebenso haben die auf Madeira und den Kanarischen Inseln wachsenden Bananen den bevorzugten Zutritt zum portugiesischen und spanischen Markt, während andererseits die in den französischen Übersee-Departements Martinique und Guadalupe gepflanzten Bananen vor allem auf den französischen Markt gelangen.

AKP- und einheimische Bananen befriedigen zusammen nur etwa die Hälfte der EG-Nachfrage. Die andere Hälfte kam bisher von Produzenten in Zentral- und Südamerika, hauptsächlich aus Kolumbien, Costa Rica und Honduras. Deren als «Dollarbananen» bekannte Bananen wurden vor Einführung des gemeinsamen europäischen Binnenmarktes bei der Einfuhr mit einem Zoll von 20 % konfrontiert, sofern sie nicht für Deutschland bestimmt waren. In diesem Fall wurde ihnen durch ein besonderes Protokoll der Römischen Verträge eine zollfreie Einfuhr erlaubt.[13] All dies kam in Bewegung, nachdem der gemeinsame Markt Ende 1992 in Kraft getreten war und die EU 1993 die neue Bananenmarktordnung einführte.

Das Ziel des Binenmarktes bestand darin, «einem Bereich ohne innere Grenzen, in dem die freie Bewegung von Gütern, Personen, Dienstleistungen und Kapital gewährleistet ist» zu schaffen.[14] Dies bedeutete, daß die AKP-Lieferanten und einheimischen Bananenproduzenten den bevorzugten Zugang zu ihren traditionellen Märkten verloren haben würden. Stattdessen würden sie auf den EG-Märkten mit den «Dollar-Bananen» zu konkurrieren haben. Das Problem liegt nun darin, daß die Produktionskosten sowohl der AKP- als auch der einheimischen Lieferanten viel höher als die der zentral- und südamerikanischen Lieferanten liegen. Dort werden die Bananen auf großen Plantagen, die sich über relativ flaches Land mit guten Böden erstrecken, mit einem hohen Mechanisationsgrad angebaut. Die meisten der Plantagen befinden sich im Besitz oder werden indirekt kontrolliert von den drei großen transnationalen US-Unternehmen: United Brands, Standart Fruit und Del Monte. Obwohl es den Gewerkschaften in vielen dieser Länder gelungen ist, verbesserte Bezahlung und Arbeitsbedingungen herauszuhandeln, bleiben trotzdem die Löhne in vielen Plantagen niedrig.

Der Bananenhandel auf den Windward Islands ist ebenfalls unter multinationaler Kontrolle, in diesem Fall in Händen der britischen Firma Geest. Aber im Gegensatz zu den Ländern Lateinamerikas, werden die Bananen hier eher von Pflanzern wie Ingort Jab Jacobs auf kleinen Parzellen Land angebaut. Deren Abhängigkeit von den Bananen ist ein direktes Ergebnis der britischen Politik, die diese Industrien entwickeln wollte, damit der britische Markt versorgt würde. Heute sind diese kleinen Inseln bei den Exporteinnahmen in überwiegendem Maße von den Bananen abhängig, wenn auch ihre Produktionskosten zwischen 30 und 40 Prozent höher als in Lateinamerika sind.[15]

Studien haben gezeigt, daß infolge dieser hohen Produktionskosten ein völlig freier Bananenhandel innerhalb der Europäischen Gemeinschaft zu einem Verlust von annähernd der Hälfte des bisherigen EG-Marktanteils der AKP- und einheimischen Lieferanten führen würde. Selbst wenn ihre Zollvorteile erhalten geblieben wären, würden trotzdem viele von ihnen nicht in der Lage sein, mit der wesentlich billigeren «Dollarbanane» konkurrieren zu können.[16]

Am 13. Februar 1993 verabschiedete der EG-Ministerrat die neue Bananenmarktordnung, die am 1. Juli 1993 in Kraft getreten ist. Die herkömmlichen Einfuhren von AKP-Bananen unterliegen demnach weiterhin keinen Zoll. Zusätzlich wurde ein Zollkontingent in Höhe von zwei Millionen Tonnen Bananen eingeführt für Einfuhren aus anderen Ländern außerhalb der EG, wobei eine Abgabe von 100 Ecu/Tonne erhoben wird. Dagegen ist für nicht herkömmliche zusätzliche AKP-Einfuhren im Rahmen dieses Kontingentes der Zoll gleich Null. Außerhalb des Kontigentes unterliegen Einfuhren von AKP-Bananen 750 Ecu/Tonne und aus anderen Länder 850 Ecu/Tonne Zoll.

Die Folgen der neuen Regelung sind noch nicht abzusehen. Einerseits haben Importeure dagegen Klagen angestrengt, andererseits behaupten Produzentenländer der Dollarbananen, Marktanteile zu verlieren. Die Importmengen des Zollkontingentes wurden unter Importfirmen aufgeteilt. Dies führt dazu, daß traditionelle Importeure wie der britische Fruchtkonzern Geest, der traditionell AKP-Bananen vermarktete und zu großen Kontingentanteilen kam, nun dazu übergeht, verstärkt Dollarbananen aufzukaufen, um seine Importmenge maximal auszufüllen.[16a]

Jenseits der Bananen:
Das vereinte Europa und die Entwicklungsländer

In gewissem Sinne ist «Europa '92» ein weniger dramatisches Unternehmen als es manchmal dargestellt wurde. In Kern hatten sich die Mitglieder darauf verpflichtet, Schritte zur Gründung einer Verbraucherunion zu unternehmen als sie vor 35 Jahren die Römischen Verträge unterzeichnet hatten. Jedoch wird das Ergebnis in der Schaffung eines sehr großen Handelsblockes bestehen. Er wird einen internationalen Markt von 320 Millionen Konsumenten und Konsumentinnen unfassen mit einem jährlichen BSP von 2,7 Billionen US-Dollar, einem Exportwert von 860 Milliarden US-Dollar und Importen von 708 Milliarden US-Dollar.[17] Alleine die Größe und die ökonomische Macht dieses Marktes hat Ängste aufkommen lassen, daß Europa nach 1992 zu einer «Festung» wird – und daß die Länder außerhalb es zunehmend schwieriger finden werden, Geschäfte mit der Gemeinschaft zu tätigen.

Offizielle Vertreter der EG haben sich gegenüber den Staaten außerhalb der Gemeinschaft breit darüber ausgelassen, daß sie es keinesweg beabsichtigen, eine Festung zu errichten. Auch verfechten sie die Position, die Schaffung des

Binnenmarktes würde die Möglichkeiten für den Handel verbessern, da durch den Binnenmarkt die ökonomische Tätigkeit in der Gemeinschaft angeregt würde. Es wurde erwartet, daß das BSP um 4,5 % bis 7 % steigen würde, wodurch Nachfrage nach Importen, im besonderen nach Rohstoffen, entstehen müßte, während durch die Beseitigung interner Handelschranken es für die Importeure von außerhalb leichter würde, das volle Potential der europäischen Nachfrage auszunutzen.[18]

Jedoch gibt es auch andere Ansichten. Es wird ins Feld geführt, daß die Schaffung effizienterer Produktionseinheiten innerhalb Europas dazu führt, die Wettbewerbsfähigkeit der EG-Produzenten im Verhältnis zu den Einfuhren zu erhöhen. So würde der Anteil am EG-Markt, der von Importeuren geliefert wird, sinken. Ob die absolute Höhe der Importe fallen würde oder nicht, hängt davon ab, ob der Umlenkungseffekt beim Handel größer oder kleiner sei als der einen zusätzlichen Handel erzeugende Effekt, der durch ein schnelleres EG-Wirtschaftswachstum vorausgesagt wurde.[19] Eine Vielzahl von Studien wurde durchgeführt, um den Einfluß des Binnenmarktes auf den Außenhandel abzuschätzen. Die Analysen sind vom Typ «einerseits und andererseits». Während es eine breite Übereinstimmung darüber gibt, daß es zu Änderungen kommen wird, ist deren genauere Natur und ihr Einfluß auf einzelne Länder oder Warengruppen, von ein paar Ausnahmen abgesehen, im allgemeinen unklar.

Auch die nicht zu den AKP-Staaten zählenden Entwicklungsländer haben ihre Sorgen wegen der Vollendung des Europäischen Binnenmarktes. Länder, die Textilien in die EG einführen und dabei unter das Multifaserabkommen fallen, könnten ebenso von der Beseitigung interner Handelsschranken berührt werden. Im Rahmen des Multifaserabkommens regelt die EG die Textilimporte, um ihre eigenen Prduzenten zu schützen. Aber dieses Abkommen der EG ist besonders vielschichtig, denn die Importmengen sind unterteilt in Importmengen in die einzelnen EG-Mitgliedsstaaten. Mit der Einrichtung des Binnenmarktes werden diese Untermengen verschwinden. In diesem Zusammenhang ist argumentiert worden, dies würde zu zusätzlichen Absatzmöglichkeiten für die Entwicklungsländer führen, da einige der Untermengen nicht voll ausgeschöpft worden waren.[20]

Wie bereits erwähnt, gibt es die Verpflichtung, das Multifaserabkommen auslaufen zu lassen. Jedoch ist es unwahrscheinlich, daß dies zu Freihandel bei den Textilien führen wird, da die wichtigsten Importländer weiterhin Beschränkungen fordern werden. Ob die neuen Maßnahmen mehr oder weniger liberal sein werden als das alte Multifaserabkommen, wird sich noch zeigen müssen. Es ist sehr wahrscheinlich, daß jene Länder in der Gemeinschaft, die wesentlich von ihrer eigenen Textilindustrie abhängen wie Portugal und Griechenland einen starken Einfluß ausüben werden, um die Importe in die Gemeinschaft zu beschränken. Die im Dezember 1993 vorläufig zu Ende gebrachte Uruguay-

Runde hat jedenfalls bei den Textilproduzenten in den Entwicklungsländern eine starke Enttäuschung über die mangelhafte Liberalisierung der Textilmärkte ausgelöst.

Alle Entwicklungsländer werden von der Harmonisierung der technischen Standards im Binnenmarkt berührt. Kritiker befürchten, daß dies ihre Einfuhren in die EG beschränken könnte, da neu eingeführte EG-Standards höher sein könnten, als die in den einzelnen Ländern bis vor kurzem in Kraft befindlichen. Die wichtigsten Produktgruppen, die davon betroffen sein könnten, sind Agrargüter, Fisch, Fleisch, und Spielwaren. Im Falle der Agrargüter wird jede EG-Grenzen überschreitende Lieferung mit einem «Agrargüterpaß» ausgestattet, der den freien Verkehr durch die Gemeinschaft gewährleisten soll. Bei Fleischwaren müssen Schlachthäuser und Verarbeitungsfirmen von EG-Inspektoren eine Erlaubnis erhalten, damit ihre Produkte die EG betreten dürfen. Ebenso werden Fische und Fischprodukte einen ähnlichen Qualitätsstandard bei der unumgänglichen Lizenzierung von Fischkuttern und Verarbeitungsfirmen aufweisen müssen, wenn diese die Erlaubnis zum Export in die EG erhalten wollen. Spielzeug, welches hauptsächlich aus Südostasien kommt, muß harmonisierte Sicherheitsstandards der EG für Spielzeug erfüllen können.[22] Zusätzlich zu diesen Gesundheits-, Reinheits- und Sichheitsstandards ist es wahrscheinlich, daß Umweltschutzstandards für eine Reihe von Exporten der Entwicklungsländer errichtet werden.

Es sind zweifellos die ärmeren Länder, die am meisten unter der Errichtung oder Ausweitung technischer Standards leiden. Es fehlt ihnen an Investitionsmöglichkeiten, die die Erfüllung erhöhter Standards erfordert. Es kam Besorgnis darüber zum Ausdruck, daß diese Maßnahmen eine verschleierte Form des Protektionismus annehmen könnten. Es ist oft schwierig, zu definieren, an welcher Stelle legitime Standards aufhören und der Protektionismus einsetzt.[22]

Aber trotz alldem könnten für einige Entwicklungsländer auch gute Neuigkeiten dabei sein – vorausgesetzt die EG bringt ihre Pläne voran, ausgeuferte Steuern für Kaffee, Tee, Kakao zu beseitigen. In einigen Mitgliedsstaaten sind diese gewaltig. Beispielsweise beträgt in Deutschland die Steuerlast für Kaffee und Tee mehr als 50 %. Die Auswirkung ihrer Abschaffung wird darin liegen, daß die Waren billiger werden. Es wird vermutet, daß dies die kaufkräftige Nachfrage erhöhen und zu einem weltweiten Anstieg der Kaffeeimporte von 3,8 % wertmäßig und 1,9 % mengenmäßig führen könnte. Wenn es eintrifft, daß der Lebensstandard in der EG allgemein steigt, könnte es vermutlich zu einer steigenden Nachfrage nach Waren mit höherer Qualität wie dem milden Arabica-Kaffee kommen. Demnach würde diese Zunahme den Arabica-produzierenden Ländern zugute kommen wie die zentralamerikanischen Produzenten, Kenia, Ruanda und Tanzania und auf Kosten der Robusta-Produzenten wie Zaire, Kamerun und Uganda gehen. Kakao und Tee würden ebenso von einem steigendem Lebensstandard profitieren. Es wurde geschätzt, daß die Mengen der EG-Kakaoimporte um 1,4 % steigen werden, zum Vorteil der Elfenbeinküste, Nigerias, Kameruns, Ghanas und Malaysias. Teeimporte würden um 0,2 % zunehmen und Kenia, Indien und Sri Lanka begünstigen.[23]

Die Auswirkungen des Binnenmarktes sind schwierig zu identifizieren und noch schwerer zu messen. Es gibt unter den Ökonomen über die Auswirkungen des EG-Binnenmarktes auf die Entwicklungsländer keine Übereinstimmung. Einige sagen, er würde insgesamt Vorteile bringen.[24] Andere sagen wiederum, die Einflüsse seien von Schaden.[25] Einige Studien führen aus, die Schwellenländer könnten den größten Nutzen aus dem Binnenmarkt ziehen und die ärmeren Länder seien die Verlierer. Andere wiederum behaupten das glatte Gegenteil.

Zweifelsohne hat die EU den Einfluß ihres Binnenmarktes auf die Entwicklungsländer sorgfältig zu überwachen und dort zu helfen, wo die Auswirkungen negativ sind.

Es gibt neben der Vollendung des Binnenmarktes weitere Faktoren, die die Stellung der Entwicklungsländer am EG-Markt beeinflussen können. Der wichtigste ist die Konkurrenz mit den osteuropäischen Ländern, sowohl bei Märkten als auch bei Investitionen. Während der Auflösung des sozialistischen Blockes wurde sehr viel darüber gesprochen, die EG durch diese Länder zu vergrößern. Ob sie nun sogleich in die Europäische Gemeinschaft integriert werden oder nicht, so kann doch wenig Zweifel darüber bestehen, daß ihnen mit EG-Mitteln geholfen wird, ihre industriellen Strukturen anzupassen und daß durch EG-Handelsmaßnahmen ihre Marktfähigkeit verbessert wird. Beides könnte leicht auf dem Rücken der Entwicklungsländer geschehen.

Freihandel in Nordamerika

Zenaida Ochoas Heim ist eine kleine Hütte aus Stücken von Holz und Karton. Von solchen stehen viele in ihrer Slumvorstadt, einer baufälligen Ansammlung von behelfsmäßigen Unterkünften gleich außerhalb von Mexikos nördlichster Stadt Tijuana. Tijuana liegt an der Küste des Pazifiks am südlichsten Zipfel der kalifornischen Halbinsel und grenzt an die USA. Würde Zenaida sich an der Küste entlang nach Norden bewegen, würde sie bald San Diego erreichen. Ginge Zenaida noch weiter, würde sie sich in Los Angeles oder gar in San Fransisco wiederfinden.

Zenaida wird wahrscheinlich niemals soweit kommen. Sie ist bereits weit in den Norden gereist, um Tijuana zu erreichen. Ihre Familie lebt auf einer Farm. Sie ist das älteste von sechs Kindern und wollte ihrem Leben in ländlicher Armut entkommen. Also benötigte sie eine Arbeit, und so machte Zenaida sich auf nach Tijuana, wo, wie sie gehört hatte, viel und gutbezahlte Arbeit in den *maquilas* oder in den Montagefabrik auf sie warten würde. Tijuana entpuppte sich jedoch nicht einmal teilweise als die bezaubernde Stadt, von der Zenaida geträumt hatte. Eine Wolke gelbem Smogs hing über ihr, und die hektischen Straßen waren wenig mehr als staubige Pisten. Aber Zenaida ließ sich nicht abschrecken und unterzeichete einen Arbeitsvertrag in einer Textilfirma, um dann festzustellten, daß sie den Gegenwert von 60 US-Dollar in der Woche für einen Neunstunden-Arbeitstag verdienen würde. Dies war mehr als viele andere Leute bekommen (die meisten Arbeiter verdienen nur das Pesoäquivalent von 6,50 US-Dollar am Tag), und Zenaida schien ihr kleines Glück gemacht zu haben, wenn doch selbst ein Huhn in Mexiko nur ein Zehntel ihres Lohnes kostete.

Sechs Monate später überlegt Zenaida Ochoa, wie lange sie in ihrem Job noch werde durchhalten können. Ihre Gesundheit begann, unter den Folgen der täglichen Arbeit, bei der sie über eine Nähmaschine gekrümmt unter einem in der Sommersonne brutzelnden Blechdach der *maquila* auszuhalten hatte, zu leiden. Zenaida wurde von Rückenschmerzen geplagt und bekam Probleme mit ihrem Augenlicht. Zur Arbeit hin und zurück hatte sie einen sehr langen Weg, und das Leben im Slum war viel schlimmer als die Lebensbedingungen auf der Farm, die Zenaida hinter sich gelassen hatte. Jeden Morgen mußte sie ihren Weg zur Arbeit durch Kloaken nehmen, und wenn sie heimkehrte, begann die tägliche Pflicht, Wasser von einer der wenigen Zapfstellen in der Nähe heranzuschaffen. Zenaida hat wenig Aussicht auf eine Verbesserung ihrer Lebensumstände. Ein befreundeter Arbeiter hatte versucht, eine Gewerkschaft auf die Füße zu stellen, um bessere Bezahlung und Arbeitsbedingungen durchsetzen zu können. Er wurde entlassen. Ihre Freunde in der Vorstadt hatten Zenaida berichtet, daß die Bedingungen in den anderen *maquilas* nicht minder schlecht seien. Entweder schluckt Zenaida diese Umstände oder sie muß zurück in die Arbeitslosigkeit und zu ihrer Familie auf der Farm. Für Zenaida scheint sich jede Möglichkeit zur Verwirklichung ihrer Träume von einem bescheidenen Wohlstand zerschlagen zu haben.[26]

Zenaida ist nur eine von etwa einer halben Million Menschen, Mexikaner und zentralamerikanische Arbeitsmigranten, die im *maquiladora*-Sektor arbeiten. *Maquiladoras* sind Endmontagefirmen. Es gibt etwa 1500 davon, die entlang der 1500 Meilen langen Grenze von Mexiko und Nordamerika liegen, und diese sind meist im US-Besitz. Diese Unternehmen führen fast ihre gesamten Halbfertigprodukte aus den USA ein und montieren sie mit der billigen mexikanischen Arbeitskraft, um die Endprodukte dann wieder in die USA zurückzuexportieren. Die Fertigwaren reichen von Sonnenbrillen bis zu Autoteilen. Alle Grenzüberquerungen sind aufgrund eines Abkommens, das bereits Mitte der sechziger Jahre ausgehandelt worden ist, zollfrei. Neben der Schaffung von Arbeitsplätzen hat der Sektor noch einen wesentlichen Beitrag zu Mexikos Wirtschaft geleistet. Durch die Verdreifachung der Produktion in den letzten zehn Jahren sind die *maquiladoras* nun Rivalen der größten Devisenbringer nach dem Öl, dem Tourismus und den Rücküberweisungen mexikanischer Arbeiter im Ausland, geworden.[27]

Als die US-amerikanische und die mexikanische Regierung das Freihandelsabkommen entworfen haben, blickten sowohl die Anhänger als auch die Gegner des Abkommens auf den *maquiladora*-Sektor als besten Indikator für die kommenden Möglichkeiten des wirtschaftlichen Wachstums als auch der Mißstände. In das Nordamerikanische Freihandelsabkommen (NAFTA) ist mittlerweile das bereits existierende Freihandelsabkommen zwischen Kanada und den USA aufgegangen. Dabei entsteht eine Freihandelszone, die um 25 % größer ist als die Europäische Gemeinschaft.[28] Der NAFTA-Handelsblock ist allerdings von völlig anderer Natur als der EG-Binnenmarkt. Die wichtigste Unterscheidung zwischen den zwei Verträgen liegt darin, daß das europäische Abkommen auf dem Gedanken beruht, eine Gemeinschaft von Ländern mit gleichem Status zu schaffen, auf der anderen Seite liegt die Anziehungskraft von NAFTA sowohl für die mexikanische als auch die US-amerkanische Regierung in dem großem Unterschied ihrer beider Ökonomien.

Für Mexiko öffnen sich Möglichkeiten, neue Investitionen anzulocken und die Entwicklung seiner exportorientierten Industrialisierung zu beschleunigen. Wirtschaftlicher Stillstand in den achtziger Jahren und die Schuldenkrise haben die alten Entwicklungsmodelle, die auf Importsubstitution beruhen, an den Rand gedrängt, und die mexikanische Regierung ist nun entschlossen, als alternative Entwicklungsstrategie neue Exportindustrien aufzubauen. Dabei ist es lebenswichtig, ausländische Direktinvestitionen ins Land zu locken, besonders da sich die Banken wenig geneigt zeigen, der mexikanischen Regierung, die immer noch schwer an den Lasten der Auslandsverschuldung zu tragen hat, direkt Kredite zu geben.[29]

Für die US-Firmeninteressen ist die ständige Versorgung mit unausgebildeten oder halbausgebildeten Arbeitskräften besonders anziehend. Ein langsames Bevölkerungswachstum in den USA, kombiniert mit einer zunehmend dienstleistungsorientierten Wirtschaft, bedeutet, daß die sich verkleinernde Arbeiterschaft in den höherqualifizierten Dienstleistungsbereich abwandert und im Verarbeitungssektor einen Mangel an unausgebildeter Arbeitskraft hinterläßt.[30]

Außerdem sind die mexikanischen Arbeitskräfte billig und nicht gewerkschaftlich organisiert. Der durchschnittliche Stundenlohn beläuft sich auf nur 0,98 US-Dollar, einem Zehntel von dem, der in den USA gezahlt wird.[31]

Die Verteidiger des Vertrages weisen auf den blühenden *maquiladora*-Sektor, um ihre Meinung zu untermauern. Ebenso tun dies die Gegner. Sie führen aus, daß der enorme Erfolg dieses Sektors einen großen Teil der Grenzregion in einen Pfuhl entsetzlicher Lebensbedingungen und zerstörter Umwelt gestürzt hat und daß diese Kosten einfach zu hoch sind.

Die billige, unorganisierte Arbeitskraft ist nur ein Teil des Anziehungsvermögens, das Mexiko auf US-amerikanische Firmen ausübt. Indem die Unternehmen in den Süden gehen, weichen sie den Umwelt- und Arbeitssicherheitsstandards in den USA aus. Zwar existieren ähnliche Gesetzgebungen in Mexiko, aber sie werden kaum durchgesetzt mit dem Ergebnis, daß die Grenzregion zu einem «ökologischen Notstandsgebiet» wird.[32] Durch das Gesetz sind die Firmen auf der mexikanischen Seite angehalten, ihren ökologisch giftigen Schmutz wieder über die Grenze in die USA zurückzuschiffen. Aber die schwer verschmutzten örtlichen Flüsse und die kontaminierte Wasserversorgung sind ein starker Beweis dafür, daß dies viele nicht tun. Die Luftverschmutzung ist ebenso schlimm. Mangelnde Abgaskontrollen für Autos und Fahrten auf unbefestigten Straßen wirbeln den Dreck in die Atmosphäre. Dazu kommt die Luftverschmutzung durch die Industrie, von der einiges von US-amerikanischen Möbelherstellern stammt, die aus Los Angeles geflohen sind, um neuen Begrenzungen für Lösungsmittelemissionen zu entgehen. Noch mehr Verschmutzung kommt von Ansässigen, die, ohne eine andere Möglichkeit ihren Abfall loszuwerden, diesen verbrennen.[33]

Ironischerweise respektiert der Schmutz keine nationale Grenze. Kilometerweit sind wegen des Drecks, der von Tijuana in den Pazifik strömt, einige von Kaliforniens schönsten Stränden südlich von San Diego geschlossen. Die Wasserreserven Arizonas werden von den Flüssen kontaminiert, die über die Grenze fließen und mit sich eine hartnäckige Variante eines Hepatitis A-Erregers führen. In El Paso ist wegen dem Mangel an gutem Wasser die Rate von Magen- und Darmleiden viermal so hoch wie in den restlichen USA.[34]

Es ist allerdings nicht nur die Umwelt, die in Mitleidenschaft gezogen wird. In den USA befürchten die Arbeiter einen weiteren Verlust von Arbeitsplätzen, wenn die Industrien in den Süden gehen. Tausende Jobs gingen bereits an die *maquiladoras* verloren. Einige Prognosen setzen die künftigen Verluste in den Schlüsselindustrien mit 40 Prozent an und zwar als eine Folge des sich entwickelnden NAFTA.[35] Daneben gibt es jedoch auch Hoffnungen, daß das Freihandelsabkommen Arbeitsplätze in Mexiko erzeugen und so die illegale Wanderung von Arbeitern über die Grenze in die USA aufhalten könnte. Schätzungsweise arbeiten neun Millionen Mexikaner illegal in den USA.[36]

Die Auswirkungen von NAFTA werden in allen Bereichen von Mexikos Ökonomie spürbar, aber nirgendwo deutlicher als in der Landwirtschaft. Verteidiger des Vertrages, besonders in den USA, behaupten, daß der Freihandel mit Farmprodukten zwischen den USA und Mexiko für beide Seiten Vorteile bringen würde. Sie verweisen auf den großen US-Markt für mexikanische Tomaten, Avocados und andere Früchte und Gemüse sowie auf die unermeßlichen Mengen billigen US-Maises, der nach Mexiko exportiert werden kann, wenn bestehende Handelsbeschränkungen aufgehoben sind. Mexiko, so lautet die Begründung, könnte seine Bevölkerung effizienter mit amerikanischen Mais versorgen, der durch die Ausfuhr anderer Gemüsesorten bezahlt werden könnte.

Die Problematik dieses Argumentes liegt im wesentlichen in der Verteilung. Es leben über 2,25 Millionen Farmer in Mexiko, die auf empfindlichen Böden mit geringen Kapitalreserven anpflanzen. Sie werden vor den US-Mais-Einfuhren durch ein Mindestpreisprogramm der mexikanischen Regierung und einen Zoll in Höhe von 70 % geschützt. Unter den Bedingungen des Freihandels würden sie zweifelsohne vom Markt und infolgedessen von ihrem Land gedrängt, denn Mexikos Maispflanzer sind sechsmal weniger produktiv als ihre amerikanischen Gegenüber.[37] Die Alternative der mexikanischen Maispflanzer würde bereits jetzt feststehen: Abwanderung nach Mexiko City, Arbeitslosigkeit und Armut oder illegale Migration in die USA. Andererseits würden die Früchte eines Booms im Gemüsebereich in verhältnismäßig wenige Hände fallen. Diese finden sich im kapitalintensiven Sektor mit seinen großen Produktionseinheiten, in dem das mexikanische Big Business und nordamerikanische transnationale Konzerne die Herren sind. Wenn auch die Agroexporte die Dollars fließen lassen, mit denen Nahrungsmittelimporte finanziert werden *könnten*, ist es wohl eher wahrscheinlich, daß die Dollars für den Import von Luxusgütern ausgegeben werden. Selbst wenn sie für die Einfuhr von Nahrungsmitteln benutzt würden, ist die Aussicht darauf, daß diese Nahrungsmittel ihren Weg zu den Bedürftigen (solchen wie den dann entwurzelten Maisbauern) finden könnten, eher mager. Wieder einmal stellt sich die eigentliche Frage für Hilfsorganisationen wie Oxfam: «Wer hat Vorteile vom Handel?»

Kurskorrekturen

Mexiko hängt beim Handel zu 75 % von den USA ab, und deswegen wurde behauptet, daß NAFTA lediglich einen Prozeß, der bereits in Gang ist, formalisieren und beschleunigen würde.[38] Die Basis, auf der das Abkommen abgeschlossen wurde, ist entscheidend. Ein Pakt, der der US-Industrie hilft, die US-Arbeitsschutz- und Umweltgesetzgebung zu umgehen und Mexiko die Rolle eines ständigen Lieferanten billiger Arbeitskraft für den US-Markt zuschreibt, kann nicht in langfristigem Interesse von irgendjemand liegen.

In den USA kam der Widerstand gegen diesen Vertrag von einer mächtigen Koalition aus Umweltschützern, Konsumentengruppen, Gewerkschaften, Kleingewerbetreibenden und Bürgerrechtlern. Als Folge steht der Kongreß nun unter dem Druck, eine Sozialcharta in das Abkommen mit aufzunehmen, welche Bereiche wie Arbeitsrecht, Gesundheits- und Umweltstandards umfassen würde.[39] Ein Abkommen, das versagt, diesen Anforderungen völlig gerecht zu werden, würde lediglich dazu dienen, die regionalen Ungleichheiten zu verschlimmern und das Nord-Süd-Gefälle zu vertiefen. Ein Abkommen, das den Problemen jedoch gerecht wird, könnte Mexiko nützlich sein, für seine Menschen eine wirkliche Entwicklung voranbringen und das Gerüst für eine gerechtere kontinentale Partnerschaft bauen. Welche Form das Abkommen letztendlich annehmen wird, könnte richtungsweisend für künftige ähnliche

Abkommen zwischen den USA und Lateinamerika werden. Im Juni 1990 hatte der ehemalige Präsident Bush seine Pläne vorgestellt, den Freihandelsbereich auszuweiten und diese Initiative als «Enterprise for the Americas» von Alaska bis nach Argentinien tituliert. Es wird noch ein weiter Weg bis zu dessen Verwirklichung sein, aber innerhalb der Region hat die Ankündigung eine Serie von Initiativen ausgelöst, die darauf abzielen, Handelsschranken zu beseitigen und den Handel innerhalb der Region anzukurbeln.

Die Andenpakt-Staaten (Bolivien, Kolumbien, Ekuador, Peru und Venezuela) versuchen, ihr Abkommen wiederzubeleben, Zölle abzubauen und ihren regionalen Handel auszudehnen. Mexiko und Chile planen ein bilaterales Freihandelsabkommen, während Mexiko, Kolumbien und Venezuela eine dreiseitige Freihandelszone bis Mitte 1994 aufbauen wollen. Die Länder im südlichen Kegel, Brasilien, Argentinien, Paraguay und Uruguay, haben ihrerseits eine neue Allianz geformt, den «Mercosur», um ebenfalls ihren regionalen Handel zu fördern, während zugleich zentralamerikanische Länder ähnliche Anstrengungen unternehmen. Die Flamme des Freihandels scheint überall auf dem Kontinent zu lodern.

Freihandel in Asien

Ex-Präsident Bushs Initiative «Enterprise for the Americas» wurde als Bushs Antwort auf den – durch seinen Binnenmarkt – fester gefügten Handelsblock Europa und einen unbefriedigenden Fortgang der Uruguay-Runde interpretiert. Eine ähnliche Erklärung wurde für Pläne einer dritten regionalen Freihandelszone, diesmal in Asien, angeboten.

Nach dem Zusammenbruch der GATT-Gespräche Ende 1990 legte der malaysische Premierminister Mahathir Mohamad Pläne für eine Ostasiatische Wirtschaftsgruppe (EAEG) vor. In der Annahme, jegliche Hoffnung auf eine Wiederbelebung der Runde sei geschwunden, schlug er ein Freihandelsabkommen, das von China bis Neuseeland reicht, als Absicherung gegen künftige Handelskriege vor.[40] Jedoch wurde diese Idee von den USA abgelehnt, von Japan mit Gleichgültigkeit behandelt, und sie ist seitdem auf Eis gelegt.

Danach haben Mitglieder der Südostasiatischen Gemeinschaft (ASEAN) Vorschläge für eine ASEAN-Freihandelsregion unterbreitet. Aber dies wird aus einer Reihe von Gründen schwierig umzusetzen sein – nicht zuletzt deswegen – da, mit Ausnahme von Singapur, alle Staaten stark von Rohstoffen, besonders Rohöl, Palmöl, Gummi und Zinn abhängen. Daher konkurrieren die ASEAN-Mitglieder alle um dieselben Exportmärkte heftig untereinander. Außerdem konkurrieren sie um Kapitalinvestitionen und Technologie, die aus denselben Quellen kommen sollen: Japan, Europa und die USA sowie seit kurzem Taiwan und Hongkong.[41]

Eine Welt mit drei Polen

Das Zusammentreffen des europäischen Binnenmarktes mit dem US-amerikanischen/kanadischen-Freihandelsabkommen hat die Erwartung entstehen lassen, das Welthandelssystem würde sich in Richtung regionaler Blöcke, im Gegensatz zum Multilateralismus des GATTs, entwickeln. Allerdings entstanden beide Freihandelszonen aus völlig unterschiedlichen Motivationen. Für die USA ist ein Freihandelsabkommen mit Kanada und in der Folge mit Mexiko nur eine Maßnahme, um den eigenen Handel auszuweiten. Der europäische Binnenmarkt dagegen zielt darauf ab, einen gemeinsamen Markt gemeinsamer zu gestalten, um die letzten und schwierigsten Stufen zur politischen Union zurückzulegen, die bereits in den Römischen Verträgen als Ziel festgelegt wurde.

Die Tatsache, daß beide Handelsblöcke zur gleichen Zeit entstanden, war ein Phänomen, das zu dem Eindruck führen konnte, die Welt würde sich in Handelsblöcke spalten. Und wie um diese Voraussage zu erfüllen, hat Asien in der Tat, um sich gegen mögliche Konsequenzen zu schützen, mit Plänen für seinen eigenen Handel geantwortet. Dies hat dazu geführt, die Ängste vor einem in drei Blöcke zerfallenden Welthandelssystem, die sich um Japan, die EG und die USA gruppieren, zu vertiefen. Die Folgen für schwächere, diesen Blöcken nicht angehörende Volkswirtschaften, besonders die afrikanischen Staaten, wären besorgniserregend.

Um diesen Befürchtungen zu begegnen ist es wichtig, daß die USA, EG und Japan ihre Verpflichtung zum Multilateralismus im Rahmen von GATT vertiefen. Vielleicht sind die stärksten Kräfte gegen eine in Handelsblöcke zerfallende Welt die transnationalen Unternehmen. In den letzten paar Jahrzehnten sind ihre Unternehmungen wirklich global geworden mit Investitionen, die sich kreuz und quer durch die Welt ziehen. Ein Welthandelssystem mit mehr Protektionismus würde diese Investitionen bedrohen – eine Situation, die sie wohl kaum hinnehmen würden.

Das wichtigste Problem bei Handelsblöcken sind deren mögliche Folgen für schwächere Länder. Mit NAFTA sind sehr reale Gefahren mit hohen sozialen und ökologischen Kosten verbunden, ein zunehmendes Abdrängen der Armen und eine Vertiefung des Nord-Süd-Gefälles. Die Aufnahme einer starken Sozialcharta in das Abkommen wird wesentlich für eine gleichmäßigere Entwicklung sein. Beim Europäischen Binnenmarkt ranken sich die Befürchtungen darum, wie dieser Zusammenschluß starker Ökonomien mit schwächeren Handelspartnern umspringt. Es wird ein ständiges Beobachten des Handels mit der Dritten Welt und der Investitionen in die Entwicklungsländer notwendig sein, kombiniert mit großzügigen Hilfszahlungen, um Umstrukturierungen dort, wo sie notwendig sind, zu unterstützen.

Kapitel 11: *Chile*
Die Kosten eines Wirtschaftswunders

Die menschliche Natur hat die Fähigkeit, Entwicklung tragfähig zu machen – sie abzusichern, damit die gegenwärtigen Bedürfnisse befriedigt werden. Und dies ohne die Fähigkeit zukünftiger Generationen, ebenfalls ihre Bedürfnisse zu befriedigen, zu beeinträchtigen.[1]

Oxfam begann mit seiner Arbeit in Chile im Jahre 1974. Es war das Jahr nach dem Staatsstreich, der die sozialistische Regierung von Präsident Allende stürzte und den Beginn einer Militärdiktatur, geführt von General Pinochet, die 16 Jahre lang währte, bildete. Zu dieser Zeit verfolgten Oxfams Programme das Ziel, die schrecklichen Folgen der von dem neuen Regime verübten Menschenrechtsverletzungen zu mildern.

Achtzehn Jahre später arbeitet Oxfam immer noch in Chile. Das Land kehrte zur Demokratie zurück und unterzog sich einer wirtschaftlichen Umordnung, von der man oft als «Wunder» sprach. Im Gegensatz zu vielen anderen Entwicklungsländern, für die die achtziger Jahre ein Jahrzehnt des Verlustes war, erfuhr Chile in dieser Zeit ein stetiges Wirtschaftswachstum. Im Gegensatz zu vielen seiner lateinamerikanischen Nachbarn wurde die Inflation unter Kontrolle gehalten, durchschnittlich 20,8 Prozent zwischen den Jahren 1980 und 1988 – ein Bruchteil von der in Brasilien (188,7 Prozent), Argentinien (290,5 Prozent) oder Bolivien (428,8 Prozent)[2]. Außerdem machte Chile einen erheblichen Fortschritt im Abbau seiner internationalen Verschuldung. In den neunziger Jahren kam es zu einer ziemlich robusten wirtschaftlichen Gesundung, was in der Tat einem Wunder gleichkam.

Warum brauchte man also noch die Hilfe von Oxfam? Über viele Jahre reagierten die Oxfam-Projekte allmählich auf die grundlegenden Veränderungen, die im Land stattgefunden haben. Im Ergebnis liegt der Schwerpunkt der Programme nicht mehr auf den Auswirkungen der Menschenrechtsverletzungen. Dafür stehen nun die sozialen und ökologischen Kosten der ökonomischen Umwandlung Chiles im Mittelpunkt. Einer der Oxfam-Mitarbeiter sagte:

«Zwar haben sich die Schwerpunkte der Projekte verlagert, jedoch ist die Notwendigkeit einer Unterstützung durch Oxfam noch gestiegen.»[3]

Die Weltbank und der Internationale Währungsfonds glauben, daß auf lange Sicht hin Chiles wirtschaftlicher Erfolg der neoliberalen, exportorientierten

Politik zu verdanken sei, die 1973 von der Militärregierung aufgenommen wurde und sich gegenwärtig fortsetzt. Diese Politik beruht auf den grundlegendem Prinzipien der Freihandels und der Komparativen Kostenvorteile, denen auch das GATT und das internationale Handelssystems unterliegen. Wie dieses Kapitel jedoch zeigt, richtet ein Entwicklungsmodell wie das chilenische seinen engen Blick auf das Wirtschaftswachstum und erzeugt gleichermaßen soziale und ökologische Kosten, die die «Entwicklung» auf tönerne Füße stellen. Dieses Kapitel konzentriert sich auf die drei Wirtschaftsbereiche, in denen der Exportaufschwung sehr stark war, und wo Oxfam mit einer Anzahl von Programmen die Armen und Benachteiligten unterstützt: der Fischfang, die Forstwirtschaft und die Fruchtindustrie.

Das Wirtschaftswunder

Die Umgebung der chilenischen Hauptstadt erinnert den europäischen Besucher an den südlichen Mittelmeerraum, mit ähnlicher Vegetation und ähnlichem Klima. Im Spätsommer klettern Bougainvillea über die weißgestrichenen Häuser, während kräftige Oleanderbüsche, mit glänzenden rosa oder weißen Blüten, sich an den gepflasterten Hauptstraßen entlangschlängeln. Santiago selbst ist eine gepflegte Stadt, dessen Stadtzentrum eine Mischung anmutiger, altspanischer Kolonialgebäude mit hübschen neuen Verkaufspromenaden, mit Cafés und Brunnen ist. Es gibt große Alleen und sehr gepflegte Parkanlagen, hübsche Restaurants und gute Bekleidungsgeschäfte, Museen, Theater und Kunstgalerien. In den Straßen herrscht reges Treiben, das den Besucher den Anschein und das Gefühl einer modernen, dynamischen und kulturellen Großstadt gibt. Die Hauptstadt erinnert so fast an Paris, Madrid oder New York. Hier wird Chiles Wirtschaftserfolg augenscheinlich.

Bis 1973 hatte Chile, wie auch viele andere lateinamerikanische Länder, einen Weg der Wirtschaftsentwicklung verfolgt, der versuchte, die wirtschaftliche Abhängigkeit von Exporten nur weniger Grundstoffe herabzusetzen. In Chile waren dies Kupfer und Nitrat. Beeinflußt durch die Ideen von Raul Prebisch und anderen Mitgliedern der Wirtschaftskommission für Lateinamerika (CEPAL), glaubten die Regierungen in vielen lateinamerikanischen Ländern, daß der einzige Weg aus dem Schattendasein in der Weltwirtschaft als Anbieter von Nahrungsmitteln und Rohstoffen, eine Strategie der Industrialisierung sei.[4] Sie versuchten dies durch die Entwicklung von örtlichen Industrien, die handgefertigte Konsumartikel herstellten – Bekleidung, Schuhe und verarbeitete Nahrungsmittel sowie langlebige Verbrauchsgüter wie Elektrogeräte –, die bisher immer importiert werden mußten.[5] Solch eine Politik benachteiligte den Handel, da die Regierung dem traditionellen Exportsektor weniger Unterstützung gab. Stattdessen investierte man in neue Industrien, die den

Import ersetzen sollten. Ebenfalls wurden Steuern auf importierte Konsumgüter erhoben, um die Menschen abzuhalten, vorzugsweise ausländische statt der einheimischen Güter zu kaufen, mit dem Ziel, die neuen Industrien zu schützen.

Die Weltbank und der Internationale Währungsfonds standen dieser Politik kritisch gegenüber. Sie argumentierten, daß Länder, die eine protektionistische Handelspolitik übernommen hatten, um die Industrialisierung durch Importsubstitution zu fördern, sich weniger schnell als solche Länder industrialisierten, die eine nach außen hin orientierte oder freie Handelsstrategie übernommen hatten. Die angegebenen Gründe dafür waren, daß eine protektionistische Strategie eine wirkungslose Zuteilung von Ressourcen fördert, da Länder dabei enden, Güter zu produzieren, die sie hätten billiger einführen können. Außerdem beansprucht solch eine Strategie ein kostspieliges Verwaltungssystem, um Handelszölle und andere Handelsbeschränkungen durchzusetzen, und so ein System wird oftmals korrupt. Zusätzlich argumentierte die Weltbank, daß abgesicherte Industrien weniger effizient sind, da sie sich nicht der Disziplin durch einen internationalen Wettbewerbs aussetzen und daher nur wenig Interesse zeigen, neue Technologien zu übernehmen.[6] Protektionismus würde außerdem eine Wirtschaft von ihrer Entwicklung in Richtung ihrer Komparativen Kostenvorteile in der Weltwirtschaft abhalten.

Die Ideologie eines freien Marktes bestimmte die Entwicklung der Wirtschaftspolitik in Chile nach dem Staatsstreich im Jahre 1973. Handelsschranken wurden aufgehoben und die Währung wurde abgewertet, beim Versuch, die Wirtschaft von Protektionismus auf eine nach außen hin orientierte Strategie zu verändern. Märkte wurden «liberalisiert» und Preiskontrollen durch die Regierung und Subventionen wurden eingestellt. Das Ergebnis dieser Wirtschaftsumstrukturierung, die sich schnell durchsetzte, war ein harter Schlag für viele Chilenen. Viele für den Importersatzsektor produzierende Firmen wurden geschlossen, was folglich zu einer massiven Arbeitslosigkeit führte.[7] Die Unterdrückung aller Arten von gewerkschaftlichen Aktivitäten bedeutete, daß ein Protest unmöglich war.

Die Wirtschaftspolitiker der Regierung sahen diesen harten Schlag als schmerzhaftes und als kurzfristiges Opfer, um dadurch die Entwicklung von neuen Exportindustrien als produktive Ressourcen zu stimulieren. Investitionen wurden in Bereiche umgeleitet, in denen Chile erhebliche Komparative Kostenvorteile hat. Dies sollte neue Jobs und eine andauernde Dynamik der Wirtschaft bringen. Ende der achtziger Jahre schien es viele Gründe zum Optimismus zu geben. Die Exportbasis des Landes hatte sich geändert. Seine Abhängigkeit von Kupfer, die im Jahr 1973 82 Prozent der Exporteinnahmen ausmachten, hatte man im Jahr 1990 auf 47 Prozent herabsetzen können. Drei neue Exportzweige tauchten auf – Fischerei, Obst- und Forstwirtschaft – und diese brachten Chile 30 Prozent seiner Deviseneinnahmen ein.[8] Außerdem gab es in diesen Sektoren ein starkes Wachstum beim Export von verarbeiteten

Abbildung 8: Wert der Exporte von Chile und Bolivien, in Millionen US-Dollar, von 1970 bis 1989

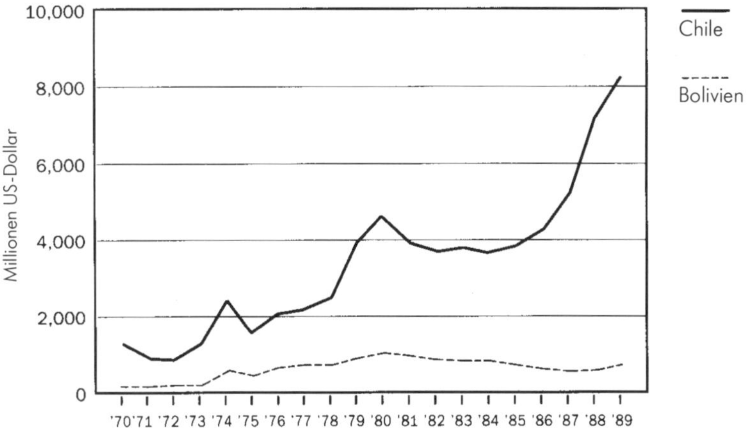

Quelle: UNCTAD Commodity Yearbooks, 1986, 1989 und 1990. New York: Vereinte Nationen

Waren, besonders von Papier, Holz, Zellulose und Fischmehl. Im Jahre 1988 verbuchte die Verarbeitungsindustrie 32 Prozent der Exporteinnahmen, verglichen mit nur 12 Prozent im Jahr 1971.

Der Erfolg von Chiles Exportpolitik wird deutlich durch die Abbildung 8, das den Gesamtwert der Exporte von Chile und Bolivien zwischen 1970 und 1989 vergleicht. Während die Exporte in Chile einen Aufwärtstrend, besonders in der zweiten Hälfte des Jahres 1980, als die neuen Exportindustrien anfingen, die Exporteinnahmen bedeutsam zu unterstützen, aufzeigen, zeigen die bolivianischen Exporte ein ständiges Sinken der Exportumsätze.

Der größte Erfolg der neuen Exportzweige zeigte sich in der Obstindustrie. Die großen Täler um Santiago sind fast alle durchaus für die Obstindustrie geeignet. Das Mittelmeerklima und der günstige Zugang zu den Häfen sind natürliche Vorteile, die die Obstindustrie begünstigen, jedoch ist auch die Verfügbarkeit billiger Arbeitskräfte von besonderer Bedeutung. Äpfel und Trauben sind die wichtigsten Exportfrüchte, aber auch Pflaumen, Aprikosen, Zitronen, Orangen, Avocados, Erbsen und Kiwis wachsen dort.

Die Autobahn, die durch die Landesmitte von Chile verläuft, ist das zentrale Nervensystem der Industrie, auf dieser Straße werden die in Kisten verpackten Früchte für den Export transportiert. Obstgärten und Weinhänge ziehen sich dort entlang, unterbrochen von Verpackungshallen, die vielfach amerikanischen Großunternehmen wie Unit Fruit und Dole gehören. Die Produktion wächst jedes Jahr aufgrund neu bepflanzter Gebiete. Es gibt ein gewaltiges

Potential für das fortlaufende Wachstum: mehr als 300.000 Hektar Land könnten für den Obstanbau herangezogen werden.

Auch die Forstwirtschaft ist erfolgreich. Chiles ausgedehnte Waldreserven zählen zu den bedeutsamsten in Lateinamerika. Das Land besitzt 7,6 Millionen Hektar Naturwald mit Lärchen, Pinien, Beerensträuchern und Tamarugo-Bäumen. Eine Gesetzesänderung im Jahre 1974 förderte Baumpflanzungen. Chile besitzt nun 1,3 Millionen Hektar angepflanzter Bäume, 87 Prozent davon sind Kiefern und 4,8 Prozent Eukalyptus.[9] Man plant bis Mitte der neunziger Jahre Baumanpflanzungen auf bis zu zwei Millionen Hektar.[10] Chile kann sich eines unglaublichen Vorteils bei der Forstwirtschaft rühmen, da das Klima und die Bodenverhältnisse hohe Wachstumsraten erzeugen. Verbunden mit den niederen Arbeitskosten ist Chile der kostengünstigste Nutzholzproduzent, was bedeutet, daß das Land sich bis in die neunziger Jahre zu einem Hauptexporteur für Forstprodukte entwickeln wird.

Vor 1973 war ein großer Teil der Forstwirtschaft Staatseigentum und belieferte hauptsächlich den nationalen Markt. Seitdem wurde die Forstwirtschaft privatisiert. Ausländische Investitionen wurden erfolgreich geworben und der Export von Forstprodukten unterstützt. Wertmäßig kommen nur ungefähr 30 Prozent der Exporte von Rund- und Schnittholz. Fast die Hälfte spielt die Zellulose ein. Es gibt außerdem eine Ausdehnung des Exportes von Forstprodukten mit höher Wertschöpfung, wie Zeitungspapier und Holzpanelen. Man schätzte die Holzverkäufe auf 762 Millionen US-Dollar im Jahre 1989, angestiegen von 231 Millionen US Dollar im Jahre 1981.[11] Der Direktor der Nationalen Forstverwaltung (CONAF) sagt für das Jahr 1993 Exporte von 1,2 Milliarden US Dollar voraus.[12]

Eine ähnliches politisches Rezept hatte zu vergleichbaren Ergebnissen in der chilenischen Fischfangindustrie geführt. Mit seiner 6435 Kilometer langen Küste besitzt Chile einen beträchtlichen Vorteil in diesem Industriezweig. Die ausländischen Fischereiflotten erschienen in den späten siebziger Jahren gleichzeitig mit den ausländischen Investitionen in der Weiterverarbeitungsindustrie. Kürzlich verkaufte Chile Aktien der nationalen Fischereiindustrie an private Unternehmen, um mit den Einnahmen die internationale Verschuldung abzubauen; dies ist bekannt als «Tausch von Schulden gegen Beteiligungen». Solche Änderungen haben die Produktion massiv angekurbelt.

Unilever ist eines der vielen Unternehmen, die kräftig in die chilenische Fischereiindustrie investiert haben. Unilever ist mit drei Unternehmen bei der der Fischmehlproduktion, Seetangverarbeitung und im Lachsfang aktiv. Heute ist Chile der weltgrößte Exporteur von Fischmehl (wozu ungefähr zwei Drittel der gesamten Fangmenge verarbeitet wird), reiht sich an dritter Stelle der Lachsexporteure ein, ist der sechstgrößte Verarbeiter von Seetang und verbuchte im Jahre 1988 sechs Prozent des weltweiten Fischfangs. Die Einkünfte aus den Meeresprodukten wuchsen von fast 22 Millionen US-Dollar im Jahre 1973 auf 900 Millionen US-Dollar im Jahre 1989 an und wurden zur drittgrößten Exporteinnahmequelle des Landes nach Kupfer und der Landwirtschaft.[13]

Die USA sind Chiles wichtigster Handelspartner. Ebenso sind Japan und Westdeutschland bedeutsame Märkte für den chilenischen Export; Großbritannien steht an fünfter Stelle hinter Brasilien.[14]

Tabelle 10: Chiles wichtigste Handelspartner (in Prozent)

Exporte nach	1985	*1990*	*Importe von*	*1985*	*1990*
USA	25,5	17,1	USA	21,8	18,9
Japan	11,5	16,2	Japan	6,2	7,8
Westdeutschland	10,8	11,0	Brasilien	8,3	7,8
Brasilien	6,1	5,7	Westdeutschland	7,0	7,2
GB	7,5	6,5	Argentinien	3,5	6,9
Italien	5,8	4,7	Frankreich	2,6	4,1
Frankreich	4,2	4,7	Venezuela	8,9	2,6
Zusammen (mit anderen)	100.0	100.0	Zusammen (mit anderen)	100.0	100.0

Quelle: The Economist Intelligence Unit: Chile Country Report No. 4, 1991, London: Business International Ltd.

Die sozialen Kosten des «Wirtschaftswunders»

Viele Oxfam-Projektpartner befürchten, daß sich die Versorgung der ärmeren und ungeschützten Bevölkerungsschichten in Chile verschlechtern wird. Verschiedene statistische Gutachten zeigten, daß die Menschen durchschnittlich weniger aßen als in den Anfängen der siebziger Jahre. Man schätzt, daß der Pro-Kopf-Verbrauch von Tierprotein inzwischen um 15 bis 25 Prozent gefallen ist, während die Kalorienaufnahme um 10 bis 22 Prozent fiel.[15] Dies ist eine beunruhigende Tendenz, und es gibt Untersuchungsbefunde, die diese seit 1973 anhaltende Entwicklung mit der Förderung der Exportproduktion auf Kosten der Nahrungsmittelherstellung in Verbindung bringen. Diese Tendenz wurde besonders in den Fischereigemeinschaften offensichtlich:

«Im Calbuco-Gebiet unterhielten wir uns mit Fischern, die gewöhnlich mit dem Krabbenfang beschäftigt waren. Sie erklärten, daß sie normalerweise ein großes Versorgungsangebot an Krabben haben, das wichtig für die lokale Ernährung ist. Dann kamen die Großunternehmen und begannen, alles auf ausländischen Märkten zu verkaufen. Nun sind die Krabbengründe in diesem Gebiet leer, und der Krabbenfang verlagerte sich auf den Fischfang. Aber das gleiche ereignete sich jetzt auch bei den Fischen. Nun gibt es eine Fischknappheit auf den lokalen Märkten, oder der angebotene Fisch ist zu teuer, als daß die Ortsansässigen ihn kaufen können. Daher essen sie nun weniger Proteine. Die örtliche Ernährung besteht hauptsächlich aus Brot, Nudeln und Kartoffeln.»[16]

Wegen Chiles langen Küstenstreifen waren Fische und Meeresfrüchte immer eine wichtige Proteinquelle für die nationale Versorgung. Im Jahre 1973 jedoch fiel der Pro-Kopf-Verbrauch von Fisch und Meeresfrüchte um ein Drittel; von 6,3 kg Pro-Kopf im Jahre 1973 auf 4,4 kg im Jahre 1986, in einer Zeit, als die Fischindustrie rapide expandierte.[17]

Der wichtigste Grund für diesen Rückgang liegt darin, daß 97 Prozent der Produktion ausgeführt werden.[18] Es ist der Niedergang des Meeresfrüchteverbrauches, der für alle Rückgänge im Proteinverbrauch verantwortlich gemacht werden kann.

Die Exportorientierung auf landwirtschaftliche Erzeugnisse verursacht ähnliches. Investitionen konzentrierten sich auf eine umfangreiche Produktion für den Export. Bäuerliche Produzenten belieferten die lokalen Märkte mit traditionellen Erzeugnissen wie Bohnen; diese Bauern erhielten nur sehr wenig Unterstützung, und viele von ihnen wurden gezwungen, ihr Land an die Obstexporteure zu verkaufen. Infolgedessen zeichnet sich nun ein Rückgang in der Produktion von Grundnahrungsmitteln im Verhältnis zu den Export-Landwirtschaftserzeugnissen ab, der sich in einigen Jahren auch in absoluten Zahlen ausdrücken wird.[19] Dieser Produktionsrückgang wurde nicht durch eine entsprechende Erhöhungen der Nahrungsmittelimporte ausgeglichen. Auch diese nahmen seit 1973 ab.[20]

Allerdings konnte der Gesundheitsminister eine stetige Abnahme der Unterernährung von Kindern zwischen 1975 und 1989, abgesehen von einem leichten Anstieg Mitte der achtziger Jahre, vorweisen.[21] Verschiedene Studien legen nahe, daß dies das Ergebnis eines Ernährungsprogramms der Regierung zugunsten von Babys und kleinen Kindern, Schwangeren und stillenden Frauen sei.[22] Allerdings zeigen diese Statistiken nicht, was mit der Gesundheit der Bevölkerung in anderen Bereichen geschah, zum Beispiel: Schulkinder, Jugendliche, Männer und nicht stillende Frauen sowie die alten Menschen.

Schlechte Beschäftigungsverhältnisse

Chile besitzt eine Arbeitsgesetzgebung, die aus dem Jahre 1978/1979 stammt, die wenn man ihr gefolgt wäre, einige Arbeiterrechte sichergestellt hätte. Jetzt erleben die Oxfam-Projektpartner, daß Chiles Wirtschaftswunder auf Kosten guter Arbeitsbedingungen erreicht wird und daß nun die vorhandenen minimalen Regeln der Beschäftigungsgesetze ignoriert werden. Diese Probleme treten besonders in den Bereichen auf, in denen der Exportaufschwung sehr heftig war: die Obstwirtschaft, Fischerei und Forstwirtschaft.

Im Jahre 1988 zeigten offizielle Zahlen, daß Chiles Arbeitslosenquote zwölf Prozent betrug.[23] Durch ein Gutachten, das in den Gebieten um Santiago erstellt worden ist, fand man heraus, daß die Arbeitslosenquote über 30 Prozent lag. Diese Unstimmigkeit der beiden Zahlen kann wahrscheinlich nur durch die starke Ausdehnung der Unterbeschäftigung erklärt werden, die mit der Entwicklung der Obstindustrie im Laufe der letzten 15 Jahre einherging. Im Jahre 1990 schätze man für die Obstindustrie, die sich durch die fruchtbaren Täler Chiles zieht, einen Bedarf von einer Million Arbeitskräften während der Erntezeit. 80 Prozent davon benötigte man ausschließlich für die Ernte, nur die anderen 20 Prozent erhielten einen dauerhaften Anstellungsvertrag.[24] Diese Saisonarbeiter können nur abhängig von ihrer Mobilität zwischen zwei und sechs Monaten eines Jahres Beschäftigung erwarten. Um länger arbeiten zu können, müssen einige von ihnen als Wanderarbeiter den Erntezeiten folgend durch das Tal ziehen und in Zeltlagern leben, die man an den Rändern der Weinhänge und Obstplantagen aufstellt.

Clarita ist eine der chilenischen saisonalen Erntearbeiterinnen. Sie wohnt in einem kleinem Dorf im Herzen des Aconagua-Tals, einer wichtigen Obstanbauregion nördlich von Santiago. Sie hat acht Kinder und mehrere Enkelkinder. Nicht alle davon leben bei ihr. Die ältesten zwei Mädchen haben ihr Elternhaus verlassen, um sich den Wanderarbeitern anzuschließen. Das kleine Fleckchen Land, auf dem Claritas Familie ihr Haus baute, ist Eigentum eines örtlichen Landbesitzers. Clarita zahlt ihm Miete, indem sie als Hausangestellte bei ihm arbeitet. Der Hauseigentümer kontrolliert auch ihren Wasser- und Stromverbrauch, wofür sie gesondert zahlen muß. Wenn sie dies nicht tut, stellt jener Strom und Wasser ab. Ihr Wasser kommt aus einer kleinen Wasserleitung, die ungefähr 100 Meter von ihrem Haus entfernt liegt und die sie mit 17 weiteren Haushalten teilen muß.

Clarita hat seit nunmehr fast 30 Jahren in der Obstindustrie gearbeitet. Früher fand sie während des gesamten Jahres Arbeit. Nachdem die Traubenlese vorbei war, bot eine Fabrik, die verschiedene örtliche Obst- und Gemüsesorten – Tomaten, Oliven, Pfirsiche und Bohnen –, die für den lokalen Markt bestimmt waren, eindoste, Beschäftigung. Die Fabrik wurde bald nach dem Staatsstrcich 1973 geschlossen. Seitdem sind die in diesem Gebiet lebenden Menschen auf Arbeitsstellen in der wachsenden Obstmonokultur angewiesen. Heutzutage gibt es in diesem Gebiet kaum jemanden, der vollbeschäftigt wäre, und viele Menschen sind gezwungen, in der Erntezeit nach Süden zu ziehen.

Normalerweise erwartet Clarita Arbeit für vier Monate im Jahr auf der lokalen Obstplantage. Gewöhnlich schuftet sie während dieser Zeit zwölf Stunden am Tag in der Verpackungsabteilung, wo sie die Trauben säubert und einpackt. Viele der Arbeitskräfte sind Frauen, die nach der Anzahl der Kisten bezahlt werden, die sie füllen. Im Juli oder August bekommt Clarita manchmal Arbeit; bei der Pflege der Weinstöcke schneidet sie dann die Reben zurück, und im Oktober kann sie eine kurze Weile lang die Blätter der Pflanzen abpflücken, damit die Sonne die reifenden Trauben bescheinen kann. Feldarbeit wird mit einem Tagessatz von 1000 Pesos (entspricht ca. 5.- DM) entlohnt. Alle Arbeiter leiden von Zeit zu Zeit an den Auswirkungen der Chemikalien, die im Traubenanbau eingesetzt werden. Clarita leidet vor allem an Hautkrankheiten und Verdauungsstörungen.[25]

In den letzten Jahren war das Geschäft schlecht. Spuren von Zyanid wurden in chilenischen Trauben gefunden, die man in die USA exportierte, und Anfang 1989 führte dies zu einem Zusammenbruch des Marktes. Da die Preise fielen, verringerte der Besitzer der Obstfarm seine Arbeitskräfte und brachte seine Trauben in verschiedene Verpackungsfabriken zur Verarbeitung. Er weigerte sich auch, den Forderungen nach jährlichen Lohnerhöhungen nachzukommen.

Während die Saisonarbeit in der Obstverarbeitung ihre eigenen speziellen Probleme aufweist, sind in der Fischerei und der Forstwirtschaft ebenfalls schlechte Beschäftigungsverhältnisse üblich. In der Fischereiindustrie, in der ungefähr 90.000 Menschen beschäftigt sind, sind die größten Probleme mangelnde Sicherheitsvorkehrungen und die langen Arbeitszeiten.

Ungefähr 30 Prozent der Arbeiterschaft der Fischindustrie arbeitet an der Küste in fischverarbeitenden Fabriken, in denen Gesundheits- und Sicherheitsvorrichtungen besonders armseelig sind. In den Dosenfabriken benutzen die Arbeiter oft Säurekomponenten. Viele Arbeiter haben keine Schutzkleidung oder falls doch, ist diese von schlechter Qualität. Verätzungen und Hautkrankheiten sind verbreitet. Die extreme Kälte in den Fabriken führt bei vielen Mitarbeitern zu Bronchienerkrankungen, und oft verletzen sie sich mit den Messern, mit welchen sie die Fische aufschneiden. Versuche der Arbeiter, das Arbeitsrecht durchzusetzen, das z.B. verlangt, daß die Unternehmen ein Untersuchungskommittee zur Überwachung der Arbeitssicherheit zulassen müssen, wurden immer wieder von den Unternehmen unterlaufen, und die Arbeiter wurden mit Kündigungen eingeschüchtert.

Die Arbeit auf See birgt ihre eigenen Risiken. Laut eines Oxfam-Projektpartners gibt es in der Fischerei die höchste Todesrate, da circa 50 Menschen jährlich über Bord fallen.[26] Da das Gewässer so intensiv leergefischt worden ist, müssen kleine Fischer weiter auf das Meer hinausfahren, als es für die Größe ihrer Boote oder ihrer Ausrüstung sicher ist. Die Risiken sind so groß, daß Versicherungsgesellschaften die Fischer nicht länger versichern, und die hinterbliebenen Familienmitglieder oft mittellos zurückbleiben. Die Schwierigkeiten sind in der Forstwirtschaft ähnlich. Ein Gewerkschaftsführer beschrieb die Arbeitsbedingungen:

«Die Arbeit ist für Leute, die keine andere Wahl haben. Sie arbeiten mit äußerst mangelhafter Ausrüstung. Wenn es regnet, müssen sie aufhören, da sie keine Regenkleidung besitzen und daher oft durchnässen. Wenn Holz geschichtet wird, muß man am Tag 4500 Kilogramm schleppen. Wenn man mit einer

Kreissäge arbeitet, dann muß man am Tag mehr als 70 Stämme mit der Schulter heben, und jeder einzelne wiegt 60 kg. Die eingesetzten Maschinen wie zum Beispiel die Kettensägen sind gefährlich. Wenn sich ein Arbeiter verletzt hat, gibt es keine Möglichkeiten, ihn zum Krankenhaus zu transportieren: sie müssen mit demselben Lastwagen mitfahren, der auch das Holz transportiert. Daher verlaufen viele Unfälle tödlich.»[27]

Die Arbeitsstunden in allen Industriezweigen übersteigen bei weitem die nach dem Arbeitsgesetz zulässigen. Dieses besagt, daß pro Woche nicht mehr als 48 Stunden gearbeitet werden sollte und nicht mehr als 10 Stunden am Tag. Die Arbeiter in der Obstindustrie arbeiten wegen der saisonalen Natur der Arbeit sehr lange Stunden. Einige Fabriken erwarten von ihren Mitarbeitern eine Sieben-Tage-Woche, andere von ihnen haben 10-Stunden-Schichten oder mehr.

Wo sich Gewerkschaften erfolgreich organisieren konnten, entwickeln sich rapide Verbesserungen beim Lohn und den Arbeitsbedingungen. 1973 waren 30 Prozent der Arbeiterschaft gewerkschaftlich organisiert. In der ersten Phase der Militärdiktatur wurden Gewerkschaftsmitglieder verfolgt und der nationale Gewerkschaftsverband, gewerkschaftliche Zusammenschlüsse und Bündnisse wurden ihrer Vermögen beraubt. Das neue Arbeitsgesetz von 1978/1979 erlaubte in eingeschränkter Form die Organisation von Gewerkschaften mit dem Ergebnis, daß ungefähr zwölf Prozent der chilenischen Arbeiter gegenwärtig gewerkschaftlich organisiert sind.[28]

In der Obstindustrie ist die Zahl ziemlich gering, mit nur drei Prozent gewerkschaftlich organisierter Arbeiter.[29] Einer der Gründe dafür besteht darin, daß unter dem chilenischen Arbeitsrecht keine Gewerkschaft gegründet werden kann, wenn sich nicht 15 oder mehr dauerhafte Beschäftigte vorhanden sind. In vielen Verpackungsfabriken stehen weniger als 15 Arbeiter auf der Gehaltsliste. Die überwiegende Mehrheit sind Zeit- oder Saisonarbeiter. Das für sich ist schon ein Problem. Saisonarbeiter in Gewerkschaften zu organisieren bereitet offensichtlich Schwierigkeiten, besonders wenn viele von ihnen durch das Land ziehen, um nach freien Arbeitsstellen zu suchen. Aber sie benötigen eine Gewerkschaft umso dringender, weil sie vor Ausbeutung schutzloser sind als Arbeiter mit richtigen Arbeitsverträgen. Dieses Anliegen wird von dem Oxfam-Projektpartner ICAR (Ausbildungs- und ländliches Unterstützungszentrum) unterstützt, der ein Ausbildungsprogramm und Beratungen für Zeitarbeiter in der Landwirtschaft, besonders für Frauen und Slumbewohner, einrichtet. ICAR glaubt, daß dies der einzige Weg ist, die Arbeits- und Lebensbedingungen zu verbessern, in dem sie ihnen helfen, sich zu organisieren und ihre Grundrechte durchzusetzen.

Gewerkschaftsorganisationen sind in der Fischereiwirtschaft in einem besseren Entwicklungsstadium. In einigen Gebieten mit viel Fischverarbeitungsindustrie haben Weiterverarbeitungsfirmen eine Gewerkschaftsvertretung, wobei Frauen ein großes Maß an Mitgliedern ausmachen. Der Organisationsgrad beträgt ungefähr 26 Prozent der Beschäftigten. Gewerkschaftsvertreter im Gebiet von Concepcion sagen, daß es eines langen Kampfes bedurfte, um soweit zu kommen, und daß ihre Hauptziele nun die Erhöhung der Mitglieder und eine immense Verbesserung der Arbeitsbedingungen sind.[30] Die Organisierung innerhalb der Forstwirtschaft ist weitaus schwieriger, da die Arbeit oft ohne Vertrag stattfindet und die Arbeiter von Unternehmen zu Unternehmen weitergegeben werden.

Die ökologischen Konsequenzen des Wirtschaftswunders

Während man sich in Chile sehr um die miserablen Arbeitsbedingungen und die steigende Zahl der Wanderarbeiter sorgt, gibt es aber auch wachsende Bedenken wegen Umweltschäden durch das «Wunders». Die Exportausdehnung hat sich vorrangig auf eine Produktion gestützt, die Rohstoffe ausbeutet. Kupfer, Fischfang und Forstwirtschaft verbuchen zusammen ungefähr 65 Prozent der chilenischen Exporteinnahmen.[31] Es gibt aber auch Sorgen wegen der Umweltverschmutzung, die durch mineralische Abfälle der Minen, Chemikalien der Zelluloseindustrie und weitgestreuter Einsätze von Pestiziden in der Obstwirtschaft, verursacht wird.

Forstwirtschaft

Die Mehrzahl der chilenischen Nutzholzexporte kommt aus Plantagen, nur ungefähr zehn Prozent kommen aus den natürlichen Wäldern. Ungeachtet dessen gibt es eine zunehmende Sorge um die Vernichtung der natürlichen Wälder.[32] Einige Oxfam-Projektpartner wurden nach der Bekanntgabe vom Verlust von 500.000 Hektar Naturwaldes und der drohenden weiteren Vernichtung von Wäldern aktiv.[33] Die Zerstörung der Wälder wurde durch zwei Ursachen ausgelöst. Einmal, da die Regierung großzügige Beihilfen für die anfänglichen Kosten der Anlage und anschließende Erhaltung von Plantagen gab. Um diese Subventionen zu erhalten, hatten die Holzfirmen Naturwald niedergebrannt und an seiner Stelle Plantagen angelegt. Eine Studie beweist, daß zwischen 1978 und 1987 allein in zwei Regionen neun Prozent oder 50.000 Hektar Naturwald auf diese Weise zerstört wurden.[34]

Die andere Ursache besteht darin, daß zwar die Forstindustrie nur zehn Prozent ihres Nutzholzes aus dem Naturwald gewinnt, aber dieses Nutzholz für den schnell wachsenden Bereich «Holzspäne» eingesetzt wird. Wertvolle Harthölzer wie Buche und Eiche werden zu Holzspänen gedrechselt. Im Jahre 1989 waren es 1,8 Millionen Tonnen, ein vierzehnfacher Zuwachs in nur drei Jahren.[35] Die Hälfte davon kommt aus den Regionen um Puerto Montt, einer Kleinstadt im Süden von Chile.[36]

Puerto Montt, wie sein Name andeutet, liegt an der Küste und der Humboldt-Strom, der dort von der Antarktis heranfließt, erzeugt ein Klima ähnlich dem schottischen. Wie in vielen Kleinstädten gibt es auch in Puerto Montt nicht viel zu sehen, obwohl der Horizont von zwei Vulkanen geprägt wird. Jedoch gibt es einen Berg der anderen Art, den die Menschen unbedingt den Besuchern zeigen möchten. Puerto Montt ist gegenwärtig berühmt für seinen Berg aus Holzspänen. Eigentlich gibt es zwei davon, nebeneinandergelegen im Hafen, die darauf warten, nach Japan verschifft zu werden. Der örtliche Gemeindearbeiter, der sie uns zeigte, war ein wenig enttäuscht. Er sagte, daß sie niedriger als sonst seien, da ein mit Holzspänen beladenes Schiff vor einigen Tagen abgelegt hatte. Aber uns erschienen sie hoch; sie übertürmen die Lagerhäuser. Sie lassen die Lastwagen winzig erscheinen, die stetig aus den chilenischen Naturwäldern heranströmen und ständig Chiles Naturwälder ausspucken, nun reduziert auf Schnipsel von wenigen Quadratzentimetern.[37]

Die Ortsansässigen beobachteten das Anwachsen der Holzspanstapel in ihrer Mitte und wurden immer besorgter wegen des offensichtlich unkontrollierten Plünderns der natürlichen Rohstoffe, von denen sie so abhängig sind. Man kann leicht sehen, warum sie beunruhigt sind. In Puerto Montt ist alles aus Holz gemacht. Ihre Häuser und Möbel wurden aus Holz hergestellt. Holz ist die einzige Quelle für Brennstoffe, für Heizungen und zum Kochen. Sie suchten Hilfe bei der CODEF (Comite Nacional Pro Defenso de la Fauna y Flora – Nationales Komitee zum Schutz von Fauna und Flora), einer von Oxfam unterstützten Umweltgruppe, die die Umweltauswirkungen in der Forstwirtschaft in ihrem Gebiet beobachtet.

CODEFF beschreibt, wie man der japanischen Firma Marubeni und ihren chilenischen Partnern die Erlaubnis erteilte, 120.000 Hektar Naturwald zu roden. Sie weisen darauf hin, daß 2,5 Millionen Hektar des Naturwaldes, das sind 33 Prozent des gesamten chilenischen Waldes, nun bedroht sind.[38]

Die Forstwirtschaft gibt Anlaß zu weiteren Sorgen um die Umwelt. Die Flora und Fauna der Naturwälder wurden durch die Einrichtung von Plantagen zerstört, und weitere Rodungen verursachen häufig Bodenerosionen. Hohe Dosen von Hasengift wurden gestreut, die größere fleischfressende Säugetiere, Vögel genauso wie Hasen, töten. Sind die Kiefernplantagen erst einmal angelegt, tragen sie zu einer rapiden Bodenübersäuerung bei, die Heimatgewächse und Mikroorganismen im Boden zerstört.[39]

Der Ersatz des Naturwaldes durch eine Kiefermonokultur verändert den hydrologischen Zyklus, zieht Wasser und Nährstoffe aus dem Boden, reduziert die Wasserversorgung der Täler, läßt Böden erodieren und kontaminiert folglich auch die Flüsse. Andere Flora, die in Laubwäldern wächst, kann in den Kiefernanpflanzungen nicht überleben. Die Forstwirtschaft setzt Giftstoffe wie Quecksilber und verschiedene Bleichpulver in den Zellulosefabriken ein, und diese Gifte finden sich nun in den Flüssen nahe der Fabriken.[40] Quecksilber

In Chile: Eine Kiefernplantage – Monokultur in diesem Ausmaß entzieht dem Boden Wasser und Nährstoffe, Holzfällen führt zur Erosion. Foto: Julio Etchart/Oxfam

wurde in Konzentrationen von siebenmal höheren Dosen als für den menschlichen Körper erlaubt im Fluß Bio-Bio, dem längsten Fluß in Chile und Trinkwasserquelle für Concepcion und Talcahuano, gefunden.[41]

Die Fischerei-Industrie

In Falle der Fischerei-Industrie drehen sich die ökologischen Sorgen um zwei Probleme. Das erste ist die Überfischung durch meist ausländische Fischfangflotten. Das andere Problem stellt die Umweltverschmutzung, die durch die fischverarbeitende Industrie verursacht wird dar.

Es ist augenscheinlich, daß die Fischbestände entlang der chilenischen Küste schneller verringert werden, als sie in der Lage sind, sich zu vermehren. Ein Arbeiter in einer Verarbeitungsfabrik sagte: «Als dieser Industriezweig entstand, maß eine durchschnittliche zu verarbeitende Makrele 60 Zentimeter. Nun ist die meisten, die durch die Produktion gehen, 15 Zentimeter bis 25 Zentimeter lang, und manchmal sogar noch kleiner, während die minimale Fortpflanzungsgröße 30 Zentimeter beträgt.»[42] Dies wirkt sich natürlich auch auf die örtlichen Küstenfischer aus, die jetzt mehr Zeit auf dem Meer verbringen müssen, um die gleiche Menge wie früher zu fischen. Einer der Präsidenten der ansässigen Fischereigewerkschaft erklärte: «Vor einigen Jahren fuhren wir täglich mit der Tageszeitung und frischem Brot hinaus und kehrten um drei oder vier Uhr nachmittags mit vollen Netzen zurück. Nun müssen wir für zwei bis drei Tage ausfahren, um den gleichen Fang zu bekommen.»[43]

Ein weiteres Problem ist das völlige Fehlen einer Kontrolle der Umweltverschmutzung, die durch die Fischverarbeitungsfabriken verursacht wird. Ein Oxfam-Mitarbeiter beschrieb es so:

«Organischer Abfall der fischverarbeitenden Fabriken, flüssig wie fest, hat tatsächlich die gesamte Bucht von San Vincente und Coronel verunreinigt. Die Gewässer sind tot. Nichts lebt mehr darin. Die Abfälle der Fischfabriken werden in die Flüsse und das Meer gepumpt, und diese Abfälle, Chemikalien wie das hochgiftige Quecksilber und Fungizide (Pentachlorphenol) wurden von Muscheln und Krabben sowie anderen Fischen in solch einem Ausmaß aufgenommen, daß sie nun gefährlich für den menschlichen Verzehr geworden sind.

Die organischen Abfälle der Fischfabriken wurden in einigen Regionen von Japanern, die diese neue Fabriken errichtet haben, direkt mit Baggern ins Meer geschoben. Man teilte uns mit, daß die Küste dieser Regionen nun keine Muscheln und Krabben mehr hat. Das ganze geht nun schon acht bis zehn Jahre und wird immer schlimmer. Eine hoffnungsvolle Entwicklung ist, daß Unternehmen wie Indus Lever (eine Tochtergesellschaft von Unilever) Fischabfälle aufkaufen, um diese in Lachsfutter zu verarbeiten.

Die Luft um die Fischfabriken ist faulig. Die Fabriken setzen ein schädliches Gas frei, daß die Menschen, die in der Umgebung wohnen, ständig einatmen. Diese Gase könnten eigentlich leicht abgebrannt werden, aber man unterließ es, Geld dafür zu investieren.»

Die Gewerkschaften sagen voraus, daß die Fischindustrie im Gebiet von Puerto Montt bald zusammenbrechen wird.[44] Fangzahlen des Seehechts, ein Hauptexportfisch, zeigen einen Rückgang zwischen 25 bis 35 Prozent in den Jahren von 1988 bis 1990 an.[45] Andere Studien weisen darauf hin, daß 60 Prozent der Fanggründe der Fischindustrie Anzeichen einer Überausbeutung haben.[46] Trotz allem steigen die Investitionen, vor allem die der ausländischen Unternehmen, gewaltig an. Im Jahre 1988 verzeichnete die Industrie eine Fangquote von 18,5 Millionen Tonnen. Die Fangquote 1991 von nur 5,3 Millionen Tonnen war ein klarer Beweis des Ausmaßes der Überausbeutung.[47] Die Ängste der Ortsansässigen werden von einem Gewerkschaftsführer zusammengefaßt: «Wir wissen, daß, wenn die ausländischen Investoren abgewandert sind, kein Fisch mehr da sein wird, und daß man uns mit einer öden See zurückläßt.»[48]

Die Obstindustrie

Jedes Jahr werden rund vier Millionen Kilo Pestizide, d.h. drei Kilo pro Chilene, routinemäßig auf die 220.000 Hektar Land gespritzt, das man für die Obstproduktion zum Export bereitgestellt hat.[49] Viele dieser Chemikalien sind hochgiftig. Darunter sind neun der zwölf giftigsten Pestizide der Welt.[50] Die zwölf sind internationalen Organisationen, die bereits seit Jahren versuchen, diese zu verbieten oder zumindest streng kontrollieren zu lassen, als «Das schmutzige Dutzend» bekannt. Obwohl einige von ihnen in Chile verboten wurden, setzt man sie immer noch ein. Eines von ihnen ist das besonders giftige Folidol. Ein einziger Teelöffel davon auf der Haut reicht aus, um einen Erwachsenen umzubringen.[51]

Oxfam kennt die Auswirkungen des Einsatzes von Schädlingsbekämpfungsmitteln in der Dritten Welt seit den frühen achtziger Jahren. Im Jahre 1982 beleuchtete ein Oxfam-Report ihre Gefahren für Gesundheit und Umwelt. In Ländern der Dritten Welt sind diese Probleme teilweise akut, weil mangelnder Anwendungskontrolle starke und manchmal wahllose Einsätze folgen.[52]

AGRA, eine Partnerorganisation in Chile, hat versucht, den Einsatz von Pestiziden in der Obstwirtschaft zu beobachten und publizierte deren Auswirkungen.[53] Es wurde der Mangel an offiziellen Aufzeichnungen von Unfällen, Vergiftungen und chronischen Gesundheitsproblemen beklagt, die durch die Pestizide verursacht wurden. Durch Informationen, die AGRA durch sein ausgebautes Kommunikationsnetzwerk mit Industriearbeitern bekam, weiß man, daß dieses Problem äußerst ernst ist. Totgeschwiegene Zwischenfälle von Pestizidvergiftungen wurden von der chilenischen Presse aufgedeckt, und AGRA glaubt, daß dies nur der Gipfel des Eisberges sei. Im Januar 1988 wurden beispielsweise 26 Traubenleser in Mapocho vergiftet, als man anordnete, Desinfektionsmittel auf die Traubenfelder zu sprühen, während die Arbeiter auf den Feldern schufteten. Alle benötigten später Krankenhausbehandlungen. Man verweigerte ihnen eine Entschädigung und selbst die Entlohnung für die Tage, an denen sie arbeitsunfähig waren.[54] Einen Monat später berichtete man von 90 Arbeitern, die in einer Saatgutfabrik in Colina, wo sie mit einer Mischung von giftigen Pestiziden in Berührung kamen, vergiftet wurden. Nur die schnelle Hilfeleistung des Notfalldienstes konnte verhindern, daß der Unfall zu einer Tragödie wurde.[55] Es gibt außerdem Berichte über Vergiftungen unter Kindern, die oft tödlich endeten. Dieses ereignete sich, weil Eltern, die die Warnettiketten nicht lesen konnten, ihre Kinder ungewollt hohen Dosen Pestiziden aussetzen, weil sie glauben, daß diese gegen Läuse und andere Parasiten wirksam seien.[56]

Unfälle und akute Vergiftungen sind Teilgefahren des unkontrollierten Einsatzes von Pestiziden. Man stellte ferner fest, daß es chronische Gesundheitsprobleme verursacht, wenn man längere Zeit Pestiziden ausgesetzt ist. Auch hier beklagte AGRA mangelnde Kontrollen. Forscher sagen, daß viele Ärzte nicht für bestimmte Gesundheitsprobleme, die Pestizidvergiftungen verursachen, ausgebildet sind. Dies führt zu einer mangelnden medizinischen Datensammlung in Chile, die einen Zusammenhang der chronischen Gesundheitsprobleme, vor allem bei Landarbeitern, mit Pestizidkontakten zu Tage bringen könnte. Die Wissenschaft ist sich schon lange einig: Pestizideinwirkungen führen zu Krebs, Mißbildungen bei Geburten, neurologischen Schwierigkeiten, Fortpflanzungs- und Fruchtbarkeitsproblemen.[57] Viele Gutachten über die den Giften ausgesetzten Arbeiter bestätigten die Ergebnisse der hohen Dosen von Pestiziden. In Indien fanden sich Landarbeiterinnen, die einem erhöhten Risiko einer spontanen Fehlgeburt, Totgeburten und Sterilisationen ausgesetzt waren.[58] In den USA stellte man bei Männern, die in der Pestizidherstellung arbeiteten, höhere Raten von Sterilität fest. Das Pestizid Paraquat, das überall in Chile einsetzt wurde, konnte man mit Nervensystemerkrankungen und Muskelschwäche in Verbindung bringen, und manchmal führte es auch zu Lähmungserscheinungen. In Kolumbien berichteten Arbeiter, die dieser Chemikalie ausgesetzt waren, von chronischen Hautverätzungen und abfallenden Fingernägeln.[59] Eine Studie unter Landarbeitern auf den Philippinen, die mit Pestiziden arbeiteten, fand heraus, daß 55 Prozent von ihnen Abnormalitäten in den Augen, 41 Prozent Abnormalitäten der Lunge und 54 Prozent Abnormalitäten der Herzmuskelgefäße aufwiesen.[60]

Es gibt in den chilenischen Obstanbaugebieten viele Befürchtungen um die Folgen des langfristigen, intensiven Pestizideinsatzes. Oxfam-Kanada startete ein Projekt zur Untersuchung von Gesundheits- und Umwelteinwirkungen, die durch den Einsatz von Chemiekalien im Aconcagua-Tal entstehen. Ärzte sind geschockt über die wachsende Anzahl von genetisch deformierten Kindern in den letzten zehn Jahren. Weitere Forschungen werden darüber Aufschluß geben, ob dies mit dem Einsatz von Pestiziden in Verbindung gebracht werden muß.[61]

Der intensive Gebrauch von Pestiziden fordert auch seinen Tribut von der Umwelt. Die Menschen, die in den Obstanbauregionen leben, bemerken den Rückgang der Flora und Fauna. Studien, die in den USA durchgeführt wurden, haben Chlordan, Endrin und Heptachlor, die alle in Chile eingesetzt werden, mit der Ausrottung von Bienen und Erdwürmern in Verbindung gebracht.[62] Zudem gibt es Berichte über Wasservergiftungen durch toxische Chemikalien.[63]

Das Wunder erhalten

Wenn die Fischvorräte zu Ende gehen und die ausländischen Firmen abwandern, wird man die Menschen von Puerto Montt auf dem Trockenen sitzen lassen. Ihre ursprüngliche Lebensweise und die Basis ihres Lebensunterhaltes werden zerstört sein. Dies wird nicht nur eine lokale Tragödie mit sich ziehen, sondern auch durch den Verlust ausländischer Devisen zu nationalen Katastrophen führen. Damit wird die zerbrechliche Natur des chilenischen «Wirtschaftswunders» unterstrichen, und es entsteht die Frage, wie lange das Wunder noch andauern wird.

Viele chilenische Organisationen und auch mehrere Oxfam-Projektpartner haben einen pragmatischen Standpunkt. Sie akzeptieren zwar, daß die neuen Exportindustrien inzwischen zu einem lebenswichtigen Teil von Chile geworden sind, aber sie glauben auch, daß man sie so entwickeln muß, daß sie tragfähig sind. Wesentliche Veränderungen und Regierungsaktivitäten sollen die Unternehmen und auch die Direktinvestitionen steuern. Der Weg zurück in die Demokratie bietet die Gelegenheit, diesen Wandel durchzuführen. Viele chilenische Universitäten und Forschungsstätten haben Programme für eine alternative Entwicklung der neuen Industrien Chiles unter einer demokratischen Regierung erstellt. Die Regierung hat auch die sehr hohen augenblicklichen Umweltkosten erkannt und sucht die Hilfe nicht-staatlicher Organisationen für die Planung einer neuen Politik. So hat man eine Umweltkommission gegründet, die diese Probleme genauer ergründen soll. Man hat CODEFF gebeten, daran mitzuwirken.

CODEFF hat eigene Vorschläge für die Fischerei unterbreitet. Diese gründen sich auf das doppelte Prinzip der nachhaltigen Nutzung von Rohstoffen und einer Berücksichtigung der menschlichen Bedürfnisse. Vorgeschlagen wird eine Kreditpolitik, die vor allem die Klein-Fischerei begünstigt. Dieser Sektor beliefert den Heimatmarkt und ist sehr arbeitsintensiv; CODEFF denkt, daß mehr Investitionen zu einem größeren Fischangebot für die Chilenen führen werden und mehr Arbeitsplätze schaffen können. CODEFF sieht eine wichtige Regierungsaufgabe darin, daß die Aktivitäten der Fischindustrie reguliert werden, um einerseits die Grundrohstoffe zu schützen und andererseits Mindeststandards für die Beschäftigten zu garantieren. CODEFF erwartet die Übernahme staatlicher Verantwortung für die Durchführung von Forschungsprojekten zur Erhaltung der Meere sowie die Entwicklung neuer Produkte für den heimischen Markt und den Export. Die Beiträge, die die Exporte zum Wirtschaftswachstum leisten können, sollen in den Rahmen einer ganzheitlichen und andauernden Entwicklung gesetzt werden.[64]

CODEFF machte auch Vorschläge zur Entwicklung der Forstwirtschaft des Landes. Diese betonen die Wichtigkeit einer nachhaltigen Entwicklung chilenischer Naturwälder, indem man die Politik der Militärs umkehrt, die Subventionen in die Plantagen fließen läßt, während man gleichzeitig die Rodung des Naturwaldes zuläßt. CODEFF hofft, daß eine gute Forstwirtschaftspolitik einen dauernden Holzertrag und die Erzeugung anderer Waldprodukte sichern könne.[65] Es wurde ebenso vorgeschlagen, daß die Regierung die Plantagen nationalisieren solle, um diese einer großen Zahl von Kleinproduzenten und Kleingewerbetreibenden zugänglich zu machen.[66]

Die zukünftige Entwicklung der Landwirtschaft wird nun ebenfalls debattiert. AGRA beteiligt sich an der Schulung der Arbeiter im Umgang mit Pestiziden und stellt die Forderung nach strengeren Gesetzen für deren Verwendung auf. Es wäre von Vorteil, wenn sich die landwirtschaftliche Industrie von Exporten abwendet, um sich den Bedürfnissen der Chilenen zuzuwenden.[67] Kreditpolitik soll die kleinen Getreidebauern begünstigen, die Getreide für den lokalen Markt anbauen, was einen Weg aufzeigt, die inländischen Nahrungsmittelproduktion und die Beschäftigung zu erhöhen.[68]

Die Herausforderung, die die demokratisch gewählte Regierung vorfindet, besteht darin, ein Gleichgewicht zwischen dem Wirtschaftswachstum und einer tragfähigen Entwicklung zu schaffen. Die Festsetzung strenger Umweltkontrollen und die Einrichtung eines akzeptablen minimalen Gesundheitsstandards wird dafür lebenswichtig sein. Es ist notwendig, die Unternehmen zu kontrollieren und zu steuern, besonders jene, die sich in den neuen Industriezweigen bewegen, um sicherzustellen, daß die Umwelt- und Lebensbedingungen respektiert werden. Dies wird keine einfache Aufgabe sein, aber sie ist entscheidend, wenn das Wirtschaftswachstums verträglich sein soll, und sich auch das Leben des einfachen Chilenen verbessern soll.

Kapitel 12: *Garnelen im Angebot*
Wirtschaftliche Diversifikation in Bangladesch

*D*er Schlüssel zur Umwandlung der chilenischen Wirtschaft bestand in der Diversifikation seiner Exportwirtschaft. Indem der Expansion seiner Obst-, Fischerei- und Forstwirtschaft allergrößte Priorität eingeräumt wurde, gelang es der Regierung Chiles die Abhängigkeit vom Kupfer zu mindern. Die Notwendigkeit für die Länder der Dritten Welt zu einer Diversifikation ihrer Wirtschaft ist ein immer wieder auftauchendes Thema in diesem Buch. Wie wir schon feststellen konnten, ist die Festlegung auf einige wenige Rohstoffe für ein Land tödlich und macht dessen Wirtschaft für die Fluktuation der Weltmarktpreise oder Veränderungen in den Marktzugangs-Mechanismen nur allzu anfällig, wie sich dies auch neuerdings im Falle der Bananenproduzenten auf den Windward-Inseln zeigt.

Auch unter den Politikern ist diese Notwendigkeit zur ökonomischen Diversifikation weitgehend erkannt worden und insoweit auch ein Hauptziel der meisten Strukturanpassungsprogramme des Internationalen Währungsfonds und der Weltbank. Auch in der Konvention von Lomé und dessen STABEX-Programm und seitens der UNCTAD-Projekte ist dies ein wichtiges Hauptziel. So hat auch der neueste UNO-Bericht zu den Handelsproblemen afrikanischer Länder diese Notwendigkeit zur Diversifikation ihrer Exportwirtschaft unterstrichen. In dem Bericht wird hervorgehoben, daß die afrikanischen Länder angehalten werden sollen, «weiterhin oberste Priorität der Diversifikation im Warensektor beizumessen, um neue Produkte zu entwickeln und Märkte dafür zu gewinnen, und die Grundlagen für die weitere Entwicklung von Produkten agrarischer und nicht-agrarischer Natur zu legen und sich dabei immer weiter zu industrialisieren mit einer Stärkung der dafür erforderlichen Infrastruktur und der Entwicklung des für die Produktion solcher Waren notwendigen Know-hows.»[1]

Natürlich ist so etwas leichter gesagt als getan. Wie aus einem UN-Bericht dazu hervorgeht, ist eine erfolgreiche Diversifikation abhängig von einer sicheren Nische auf dem Markt für eben dieses Produkt. Die Regierung muß dazu die notwendigen Investoren gewinnen, Technologie und Ausbildungsprogramme zur Verfügung stellen und dabei auch sicherstellen, daß diese Maßnahmen mit den allgemeinen Zielen der Entwicklungspolitik – wie z.B. die Sicherstellung der ständigen Versorgung der Bevölkerung mit Nahrungsmitteln – übereinstimmen und diesen nicht zuwiderlaufen.

Seit einigen Jahren ist in Bangladesch, einem der ärmsten und bevölkerungsreichsten Länder der Welt, eine neue Exportindustrie entstanden: Garnelen. Diese ist bereits gut eingeführt und leistet einen nennenswerten Beitrag zur Devisenerwirtschaftung des Landes. Wie im Falle neuer Industriezweige in Chile ist dies aber auch mit sozialen und ökologischen Kosten geschehen.

Die Geschichte von Rohina Khatoon

Rohina Khatoon und ihre Familie leben in einem der vielen *bustees* Bangladeschs, das sind slumähnliche Siedlungen aus Wellblechhütten. Die Gegend, in der sie wohnen, heißt Notun Bazaar und befindet sich im Vorstadtgebiet von Khulna City, das im Innern des Landes am Bengalischen Golf liegt. Wie viele der Wellblechhüttensiedlungen in Bangladesch liegt Notun Bazaar an den Flußufern, die während der Zeit des Monsums überflutet werden. Dies 1,6 qkm umfassende Areal ist mit 16000 Einwohnern dicht besiedelt; es gibt dort weder Wasser, Strom noch sanitäre Einrichtungen, die Häuser sind aus Bambus, Binsen und manchmal auch aus Pappe errichtet. Alles, was es dort gibt, ist eine kleine Grundschule, die von einer örtlichen Oxfam-Gruppe namens Gono Shahjjo Sangstha getragen wird und in zwei täglichen Unterrichtsschichten zweihundert Kinder versorgt[2].

Nahe dieser Siedlung befindet sich eine Halle, die von einem örtlichen Unternehmer zum Zwecke der Garnelenverarbeitung errichtet wurde. Diese stellt eine der ganz wenigen Erwerbsmöglichkeiten für die Bewohner dieser Siedlung dar. Manchmal findet Rohina Arbeit für einige Tage in dieser Halle während der dreimonatigen Garnelensaison, obwohl der Konkurrenzdruck unter den vielen Arbeitswilligen immer sehr groß ist – jeder in der Siedlung sucht einen Job! Wird sie eingestellt, muß sie zehn bis zwölf Stunden am Tag zusammen mit anderen Frauen auf eine kleine Sitzbank gepfercht schuften. Sie müssen die Garnelen säubern und schälen und dann zum Frieren einlagern. Ihre beiden jüngsten Kinder nimmt sie mit zur Arbeit, weil sie für den Schulbesuch noch nicht alt genug sind; diese müssen dann auf einem Platz vor der Halle spielen und ihre Zeit totschlagen, was Rohina immer beunruhigt. Das lange Sitzen auf den Bänken läßt ihren Rücken ständig schmerzen, und das Schälen der Garnelen unter unhygienischen Arbeitsbedingungen führt laufend zu Geschwüren an den Händen. Den Unternehmer schert die Fabrikgesetzgebung einen Dreck. Diese fordert, daß Salben zur Vermeidung solcher Beschwerden zu stellen sind. Vielmehr bleibt Rohina eben arbeitsunfähig, bis die Wunden verheilt sind. Denn für Rohina findet sich leicht Ersatz in Notun Bazaar.[3]

Das Eldorado der Meeresfrüchte

Bangladesch wird oft das «Land der Flüsse» genannt, denn das Land liegt im Deltagebiet der großen Flüsse Ganges, Meghna und Brahmaputra. Geht man von einem 1,58 Millionen Hektar umfassenden Gebiet mit ständigen Gewässern und einem weiteren von 2,83 Millionen Hektar mit saisonbedingten Binnengewässern aus sowie von einer Küste von 480 Kilometern, so ist man kaum überrascht, zu erfahren, daß die Fischerei von allergrößter Bedeutung für dieses kleine Land ist.[4] Mehr als fünf Millionen Menschen gründen darauf ihren Lebensunterhalt, durch Fischprodukte wird zu 80 % der landesweite Bedarf an tierischen Eiweißen abgedeckt. Sie bringen für das Land die so sehr benötigten Devisen.[5]

Rohina Khatoon arbeitet in einer der neuesten und profitabelsten Exportindustrien Bangladeschs. 1988/89 wurden zwölf Prozent der Deviseneinnahmen durch den Export von Meeresfrüchten erwirtschaftet, unter denen sich meist Garnelen und Krabben befanden, nämlich über 80 % der Exporte (vgl. Tabelle 11). Allein Großbritannien hat 1988 Fischereiprodukte im Wert von elf Millionen Pfund aus Bangladesch importiert, drei Viertel davon waren Garnelen.[6]

Mit Garnelen kann man heute in Bangladesch das große Geld machen. Sie stellen nach Textilien und Jute unter den exportierten Waren die drittgrößten Umsätze, doch sind Garnelen als Exportware relativ neu. Fisch- und Garnelenverarbeitung sind immer schon wichtige Gewerbezweige gewesen, Fisch ist eines der wichtigsten nationalen Nahrungsmittel; die industrielle Verarbeitung von Fisch und insbesondere von Garnelen für den Export wurde hingegen erst in den achtziger Jahren aufgenommen.

Diese Industrie ist geographisch und auch finanziell gespalten; die geographische Verteilung über das Land ist vor allem durch die Lebensbedingungen der zwei Garnelenarten, die Bangladesch exportiert, bestimmt. Die ganze Südwestküste entlang, zwischen den Städten Chittagong und dem Dorf Teknaf am südlichsten Zipfel von Bangladesch, findet sich eine Salzwassergarnelenart, die *Garnele des Schwarzen Tigers* genannt wird und in den Gezeitengründen der Küste gewonnen wird. Und gerade dort ist die kommerzielle Garnelenherstellung am verbreitetsten. Die Internationale Entwicklunsagentur, eine Tochter der Weltbank, hat in dieser Gegend eine große Musterzuchtfarm eingerichtet. Das gilt auch für Lever Brothers Bangladesch, ein von Unilever abhängiges Unternehmen, das ein Joint-Venture-Projekt mit der Regierung von Bangladesch mit einer Kapitalverteilung von 61 % zu 39 % laufen hat. Beximco, ein einheimisches Export/Importunternehmen und einer der größten Konzerne des Landes, unterhält ein Garnelenkultivierungsprojekt in Cox's Bazaar, aus dem es 1988 einen Gewinn von acht Millionen Pfund durch den Garnelenexport erzielte.[7]

Tabelle 11: ***Export von Fischereiprodukten aus Bangladesch (in Millionen Taka, gegenwärtige Preise, frei Schiff)***

	Fisch	Krabben/ Garnelen	Frosch-schenkel	Exportwert	% der gesamten Exportwerte
1985/6	29	205	26	260	9
1986/7	511	3147	306	4234	13
1987/8	476	3612	424	4512	11
1988/9	465	3821	438	4715	12

(Durchschnittlicher Wechselkurs: 1 Pfund Sterling = 32,27 Taka)

Quelle: Economist Intelligence Unit: «Bangladesch Country Profile», 1991-1992, London: Business International Ltd., Seite 25

Im Südwesten von Bangladesch auf der anderen Seite des Golfes von Bengalen im Bezirk Khulna wird eine andere Art von Garnelen für den Export gezüchtet. Hier liegen die Fanggründe viel weiter im Inland, aber doch noch im Küstenbereich, und es werden Brackwasser-Garnelen gezüchtet in dem weniger salzigen Wasser. In diesem Gebiet wurde hauptsächlich heimisches Kapital investiert, und dies in einem viel bescheideneren Umfang als in der Gegend von Chittagong. Ende der achtziger Jahre müssen schätzungsweise 25000 Hektar in dieser Gegend für die Garnelenzucht umgewandelt worden sein.[8] Viele der Garnelenfarmen haben eine Größe zwischen 5 Hektar und 50 Hektar, das meiste Land auf dem die Garnelenproduktion entstanden ist, wurde von kleinen Reis- und Jutebauern gepachtet, die das Land zuvor zum Anbau von Reis und etwas Jute genutzt hatten.

Garnelen und die Wirtschaft von Bangladesch

Der größte Teil der 115 Millionen Menschen zählenden Bevölkerung Bangladeschs ist auf einer Fläche zusammengepfercht, die gerade einmal ein bißchen mehr als die Hälfte Großbritanniens ausmacht, sie lebt von der Landwirtschaft und vom Fischfang, ihre wirtschaftlichen Aktivitäten finden oft außerhalb der Geldzirkulation statt. Naturkatastrophen wie Überflutungen, die unübersehbare Schäden anrichten, suchen die Menschen und die Wirtschaft von Bangladesch immer wieder heim.

Bangladesch ist überwiegend von ausländischer Hilfe abhängig. Seit der Trennung von Pakistan 1971 ist diese Hilfe ständig angewachsen. Mitte der achtziger Jahre erhielt das Land eine Summe von 21 Milliarden US-Dollar ausländische Wirtschaftshilfe.[10] Im Haushaltsjahr 1989/90 sollen 99 % aller

Ausgaben für die Entwicklung des Landes durch auswärtige Quellen abgedeckt worden sein.[11] Einen Grund, daß es so abhängig ist, stellt der geringe natürliche Reichtum des Landes dar, der es so stark auf Importe angewiesen sein läßt. Es hat keine mineralischen Rohstoffe, und die Holzreserven wurden in den vergangenen Jahren schwer ausgebeutet. Was es allerdings in Hülle und Fülle gibt, ist Naturgas, das aber nicht ausgeführt wird, und dabei hat das Land immer noch beträchtliche Ausgaben für Brennstoffimporte.

Traditionell wird Jute exportiert. Jute wurde bereits in Bengalen für den heimischen Gebrauch angebaut, und erst im 19. Jahrhundert wegen ihres Einsatzes bei der Industrialisierung Großbritanniens wurde Jute zur wichtigsten Exportpflanze. Als Kolonialmacht stellte Großbritannien einen ständigen Nachschub an Rohmaterial für die Weiterverarbeitung, vor allem in der schottischen Stadt Dundee, sicher. Das feuchtheiße Klima Bengalens war ideal für den Juteanbau, und so wurde die heimische Wirtschaft schnell davon abhängig. Bis heute stellt Bangladesch über 70 % der weltweiten Juteexporte.[12] Jute, un- oder weiterverarbeitet, ist auch weiterhin ein Hauptfaktor in der Wirtschaft des Landes und bringt fast 30 % der Exporteinnahmen ein (vgl. Tabelle 12).

Eine solch starke Abhängigkeit von einer Exportpflanze wäre nicht notwendigerweise ein Problem, wenn da nicht die schwache Stellung von Jute auf dem Weltmarkt wäre. Auf der Nachfrageseite kommt Jute hauptsächlich als Verpackungsmaterial zum Einsatz, dem allerdings beständigere und kostengünstigere synthetische Verpackungsmaterialien langsam den Rang ablaufen, vor allem Polypropylen. Auf der Angebotsseite mit ihrer starken Konzentration der Produktion in Bangladesch, führen Überflutungen und Trockenheit zu Ernteverlusten, die dramatische Effekte auf die Weltmarktpreise haben. Der Jute-

Tabelle 12: Bangladeschs Hauptexporte 1988/89

	Taka (in Millionen)	*% des Gesamtumsatzes*
Textilien	14274	33,4
Juteprodukte	9259	21,7
Fischereiprodukte	5239	12,3
Leder	4526	10,6
Jute	2813	6,6
Tee	1214	2,8
Düngemittel	1543	3,6
Raffinierte Erdölprodukte	520	1,2
Insgesamt (mit anderen)	42686	100

Quelle: Economist Intelligence Unit: Bangladesh Profile 1991-92, London: Business International Ltd., 1991, S. 44

In Bangladesch: Mitglied einer Garnelenkooperative fischt mit einem Netz in der Nähe von Südkhulna Garnelen. Foto: Badal/Oxfam

preis ist daher Gegenstand eines wilden Auf und Abs, neigt aber dazu, niedrig zu sein. Aus ökologischen Gründen kann man nur hoffen, daß die Produktion von Jute die Herstellung von synthetischen Stoffen zukünftig wieder ersetzen wird. Denn Jute ist im Gegensatz zu seinen Konkurrenten nicht nur auf natürliche Weise auflösbar, sondern auch frei von jeder Verunreinigung.

Aber selbst bei einer Stärkung der Juteposition auf dem internationalen Markt besteht die Notwendigkeit zur Diversifikation der Wirtschaft Bangladeschs nach wie vor – besonders was die traditionellen Juteexporte angeht, aber auch Felle und Tee. Sie alle unterliegen instabilen und schwankenden Weltmarktpreisen. Die Diversifikation war im Falle der Textilbranche erfolgreich und hat nun auch Jute als den Hauptexportschlager im Jahre 1987/88 übertrumpft. Deviseneinnahmen für Textilexporte in Höhe von sieben Millionen US-Dollar 1982 stehen 700 Millionen US-Dollar im Jahre 1991 gegenüber.[13] Ein anderer Bereich erfolgreicher Diversifikation ist die Garnelenproduktion.

Ein kleiner Fisch in einem großen Meer

Unglücklicherweise war Bangladesch nicht das einzige Land, das im Zuge wirtschaftlicher Umstellung während der achtziger Jahre auf Garnelen gesetzt hat, denn die Garnelenproduktion wuchs in Asien um 700 % zwischen 1980 und 1988 an – von insgesamt 57200 Tonnen auf 441500 Tonnen.[14] In Bangladesch selbst stieg die Produktion von 2700 Tonnen auf 25000 Tonnen in der gleichen Zeit an, und so ist dieser Industriezweig Bangladeschs im internationalen Vergleich wirklich nur ein kleiner Fisch im großen Wasser. Andere Exporteure während der achtziger Jahre waren China, Indien, Indonesien, die Philippinen, Taiwan, Thailand, Vietnam – die alle mehr auf den Markt bringen als Bangladesch.

Die achtziger Jahre waren ein Verlustjahrzehnt für die Länder der Dritten Welt, umso mehr war es aber ein Jahrzehnt der Garnelen für viele Länder Asiens. Dieses bemerkenswerte Anwachsen der asiatischen Garnelenindustrie wurde durch drei Faktoren stimuliert: Erstens innovative Produktionstechnologie, für die Taiwan ein Vorreiter war, die sich aber schnell in anderen Ländern Asiens ausbreitete. Diese neue Technologie stellte eine verfeinerte Methode der Produktion von Kleinstgarnelen dar, wobei man sich auf die Kultivierung der Penaeus monodon, der Schwarztigergarnele, konzentrierte, deren Erträge von 284 kg/ha auf 7,7 Tonnen/ha anstiegen. In gleicher Weise war aber auch der zweite Faktor – Marketing – ausschlaggebend. Auch hier spielte Taiwan wieder die Vorreiterrolle, indem es die naheliegendsten und besten Märkte Asiens dafür eroberte und so vor allem die sonst übliche Vermarktung weißer Garnelen zurückdrängte. Der dritte Faktor ist der japanische Markt: Denn in den achtziger Jahren machten Garnelen den großen Sprung von einer Delikatesse im Restaurant zum Leibgericht in den japanischen Hausküchen. Sie wandelten sich von einem Luxusgericht zu einem relativ kostengünstigen, ständig verfügbaren Nahrungsmittel. In den drei Jahren von 1984 bis 1987 hatte man in Japan einen Spitzenverbrauch von Garnelen vorausgesagt, und tatsächlich stieg der Pro-Kopf-Verbrauch an Garnelen von 2,5 kg jährlich auf über 3 kg an.[15]

Das waren natürlich gute Nachrichten für die asiatischen Garnelenproduzenten, die in erster Linie auf den japanischen Markt eingestellt sind. Der Verbrauch in anderen wohlhabenden Ländern wie den USA und der Europäischen Gemeinschaft ist hingegen mit 1 kg pro Kopf bzw. 300 g pro Kopf viel niedriger, und die asiatischen Produzenten können mit ihren zentral- und lateinamerikanischen Konkurrenten wegen der viel höheren Transportkosten nicht mithalten.

Gegen Ende des Jahrzehnts sah es danach aus, daß der Boom vorbei sei, die Preise für den Export rutschten um 40 bis 50 % nach unten. Die asiatischen Garnelenexporteure machen Krankheit und Tod des japanischen Kaisers Hirohito dafür verantwortlich, denn der Respekt, den die Japaner ihrem Kaiser zollten, hemmte auch merklich den Appetit der Japaner, was folglich zu einem geringeren Verzehr von Garnelen und überquellenden Garnelenlagern führte.[16] Inzwischen hat die Nachfrage wieder angezogen, aber längst nicht so stark wie vorher. Der Preisverfall bedingte auch einen Kurswechsel im Garnelengeschäft, nämlich eine Wendung von der Produktionsorientierung hin zur Marktorientierung. Mittlerweile geht die Suche nach neuen Märkten und kostengünstigeren Produktionsweisen weiter. Garnelen stellen zwar immer noch ein lohnendes Geschäft dar, aber bei der zunehmenden Konkurrenz auf dem Markt ist es nur eine Frage der Zeit, bis die weniger effizienten Produzenten, zumeist die mit den geringsten Ressourcen und den höchsten Kosten, von der Liste der Exporteure verschwinden.

Ein lohnendes Geschäft

Inzwischen sind die Erträge, die man aus der Garnelenvermarktung erzielen kann, immer noch profitabel. Im Bezirk von Khulna ergibt ein Morgen Grund immer noch 400 Pfund (Pfund ca. 0,45 kg) Garnelen. Die Garnelen werden zur Weiterverarbeitung in Khulna verkauft zu einem Gegenwert von 400 Pfund Sterling. Zieht man davon die Lagerungskosten ab, ergibt sich immer noch ein Reingewinn von 350 Pfund Sterling pro Morgen während des siebenmonatigen Produktionszykluses. Am anderen Ende der Vermarktungskette landen jene Garnelen zum Beispiel in Oxford, wo sie im Mai 1989 für sieben Pfund Sterling das Pfund verkauft wurden. Die Garnelen haben dann zwar etwas Gewicht durch den Reinigungs- und Schälprozeß verloren – 400 Pfund Ursprungsgewicht ergeben später 350 Pfund Reingewicht –, aber bei sieben Pfund Sterling für diese Garnelen ist der Ertrag aus einem Morgen Garnelengrund in Khulna immer noch 2520 Pfund Sterling.[17]

Zuvor wurden die Garnelen noch weiterverarbeitet: gesäubert und geschält in einer Weiterverarbeitungshalle so wie jene außerhalb von Notun Bazaar, durch Arbeiterinnen wie Rohina Khatoon. Das allein läßt die Herstellungskosten noch nicht wesentlich ansteigen, weil Arbeiterinnen wie Rohina nur 15 Taka (0,30 Pfund Sterling) für einen Tag Arbeit erhalten.[18] Die Garnelen werden schließlich eingefroren und auf die nördlichen Märkte transportiert. Bei solch enorm hohen Profitmargen, so beeindruckend die Exportzahlen auch sind, sieht es nicht danach aus, daß die Volkswirtschaft Bangladeschs von ihrer höchst lukrativen Industrie erhalten würde, was möglich ist.

Auch von den Philippinen wird von hohen Profitraten bei der Garnelenvermarktung berichtet. Nach dem Zusammenbruch der Zuckerindustrie Mitte der achtziger Jahre dachten die wohlhabenden Großgrundbesitzer auf der zuckerproduzierenden Insel Negros über einen Ausweg nach. Angesichts der auf dem japanischen Markt erzielten hohen Umsatzraten erwarteten sie einen Gewinn von 20.000 Pesos (896 US-Dollar) pro Hektar, fast viermal so viel Reingewinn im Vergleich zu den 5000 Pesos pro Hektar bei Zucker. Die Probleme tauchten aber später auf, als die Preise auf dem japanischen Markt fielen, und wieder einmal sahen sich die Produzenten den Gefahren, die eine Abhängigkeit von nur einer Marktbranche beinhaltet, ausgesetzt.[19]

Nahrungsmittel für den Export: Land- und Garnelenkultivierung

Der Export von Luxusproteinen aus einem Land, das noch nicht einmal seine eigene Bevölkerung richtig ernähren kann, ist fragwürdig angesichts der vielen Nahrungsmittelimporte, die Bangladesch tätigen muß und angesichts der klimatischen Folgeerscheinungen. Die Hauptfrage ist aber die Auswirkung, die die Garnelenkultivierung auf die Versorgung der Bevölkerung mit Nahrungsmitteln hat, denn die Nahrungsmittelversorgung hängt vom Zugang der Menschen zu Land oder Einkommen ab.

Das Land für die Züchtung von Garnelen im Khulna-Distrikt ist in den meisten Fällen bei den kleinen und mittleren Bauern von örtlichen Unternehmen gepachtet worden. Der Garnelenproduktionszyklus, von der Auffüllung der Garnelengründe bis zur Ernte, dauert sieben bis acht Monate. Dann wird das Land dem Besitzer zurückgegeben, der während der restlichen Zeit des Jahres darauf Reis anbauen kann. Bei dieser zweigeteilten Landnutzung stellen sich aber zwei Probleme: Die Beschaffung von Land läuft erstens nicht ohne Korruption ab, so daß eine neue Art von «Landlosigkeit» entsteht, und zweitens werden dadurch die Reiserträge gemindert.

Man schätzt, daß etwa 25000 Morgen Land im Khulna-Distrikt für die Garnelenproduktion genutzt werden. Davon gehen noch einmal 3000 Morgen Land ab, die gemeinschaftlich bewirtschaftet und von reichen Geschäftsleuten aus der Stadt vergeben werden. Und ihre korrupten Methoden der Landvergabe sind unter der örtlichen Dorfbevölkerung nur allzu bekannt. Nach Schilderungen von Betroffenen, ist eine dieser Methoden der Landbeschaffung, sich die Kontrolle über die in kommunalem Besitz befindlichen Wasserwege zu verschaffen. Denn der Schlüssel für die Garnelenproduktion ist eine ausreichende Versorgung mit Salzwasser. Und so verschaffen sich die großen Garnelenproduzenten die Kontrolle über die so lebenswichtigen Flüsse und Kanäle durch «Anmietung» über korrupte Kommunalbeamte, manchmal auch auf inoffiziellen Auktionen über Meistgebot. Sobald sich der Unternehmer die Kontrolle über Flüsse und Kanäle gesichert hat, wird er lukrative Angebote für die Anmietung von Land, das seitlich dieser Wasserwege liegt, machen; danach wird das angemietete Land in einem solchen Ausmaß geflutet, daß auch die benachbarten Ländereien kleinerer Bauern, die nicht Garnelen produzieren, in Mitleidenschaft gezogen werden.

Die damit verbundene Versalzung des Bodens mindert die Reiserträge in erheblichem Umfang, nämlich auf zwei Drittel der sonst möglichen Ernte. So wird das Land für sie weniger ergiebig, und oft bleibt ihnen keine andere Wahl, als auch ihr Land zu Tiefstpreisen den Geschäftsleuten für die Garnelenproduktion zu überlassen.[20]

Auf diese Weise haben sich die Reiserträge nach diesem «Landteilungs»-System vor Ort gemindert. Die Reisbauern, die ihr Land verpachten mußten, führen den nachlassenden Reisertrag auf die zunehmende Versalzung des

Bodens durch die Garnelenproduktion zurück. Außerdem beklagen die Bauern, daß es vieler Jahre Arbeit bedarf, um das Land wieder fruchtbar zu machen.[21]

Beschäftigung und Garnelenproduktion

Die Garnelenproduktion bringt saisonale Landlosigkeit, denn für die sieben bis acht Monate der Garnelenproduktion reihen sich jene Kleinbauern, die ihr Land an die Garnelenproduzenten vermietet haben, in das Heer der landlosen Saisonarbeiter ein. Immerhin beansprucht die Garnelenproduktion ja nicht nur das für den Reisanbau notwendige Land, sondern erhöht auch das Potential an untereinander konkurrierenden Arbeitskräften, was natürlich zu sinkenden Beschäftigungszahlen führt.

Es liegt in der Natur der Sache, daß die Produktion von Garnelen zwar höchst kapitalintensiv, dafür aber umso weniger arbeitsintensiv ist. Arbeitskräfte werden nämlich nur zur Anlage der Teichflächen und manchmal zur Ausbesserung der Uferdeiche benötigt. Mit Ausnahme der Aufsicht über die Garnelenteiche werden also sonst keine Arbeitskräfte benötigt. Wenn also im Reisanbau oder in der Juteproduktion Arbeitskräfte über das ganze Jahr hinweg benötigt werden, entfällt im Falle der Garnelenproduktion dies nicht nur, sondern trägt zur Arbeitslosigkeit im Prinzip noch bei. Nach Feststellungen der Oxfam-Projektpartner hat dies auch eine Abwanderung der Leute vom flachen Land in die Slums der Vorstädte zur Folge.[22]

Und jene, die auf dem Land geblieben sind, sehen sich manchmal zu Straftaten genötigt, um ihre Familien überhaupt über Wasser halten zu können. Mohammed Hassan aus dem Dorf Agerhat in Süd-Khulna ist ein solcher Fall. Mitte der achtziger Jahre hatte er sein ein Morgen großes Stück Land an einen Geldverleiher verpfändet, von dem er sich einen Kredit zum Einkauf von Saatgut und Düngemittel gewähren ließ. Dann wurde seine Gegend von einem tropischen Wirbelsturm heimgesucht, der seine ganze Ernte vernichtete. Und so blieb ihm gar nichts anderes übrig, als dem Geldverleiher sein Stück Land abzutreten und sich im übrigen in das Heer landloser Saisonarbeiter einzureihen.

So hat Hassan für einige Jahre als Saisonarbeiter in der Landwirtschaft überlebt. Dann gelang es plötzlich einem wohlhabenden Geschäftsmann aus Dhaka, sich alles Land der Gegend unter den Nagel zu reißen. Er stellte das Land für die Garnelenproduktion bereit. So schwand auch Hassans letzter Broterwerb über Nacht. Nun gehört er zu dem Heer landloser Arbeiter, die Garnelen stehlen, um zu überleben. Nachts sucht er die Garnelengründe auf und trifft dabei manchmal auf privates Wachpersonal, das er austricksen muß. Seine Beute reicht er an Mittelsmänner weiter, die die gestohlenen Garnelen an die Weiterverarbeitungsfabriken der Stadt Khulna verhökern. Hassan bekommt dafür eine Summe, die weit unter dem üblichen Marktwert liegt, aber wenigstens ist er in der Lage, sich und seine Familie vor dem Hungertod zu bewahren.[23]

Widerstand

Der bandenmäßige Diebstahl ist nicht die einzige Art des Widerstands der Kleinbauern gegenüber den Großen. Mehr als 1000 Betroffene haben inzwischen Rückgabeansprüche auf ihr Land in Bezirk Süd Khulna gegen die Geschäftemacher, an die sie ihr Land vermietet hatten, durchgesetzt, und benutzen dies nun selber zur Garnelenproduktion. 1986 kam es zur Errichtung einer Garnelengenossenschaft mit Unterstützung der Entwicklungsagentur in Khulna, Gono Shahajjo Sangstha, die auch Alphabetisierungs- und Ausbildungsprogramme durchführt.

Diese Aktivitäten werden von Oxfam unterstützt. Es war schwer und schmerzlich, das Land endlich zurückzugewinnen. Denn die Geschäftemacher griffen oft auf Methoden der Einschüchterung und der Gewalt zurück unter Einsatz ihrer Privatarmeen, um mit Mitteln des Terrors die Kleinbauern von ihrem Land zu vertreiben. Die Bauern haben sich das aber nicht gefallen lassen und Widerstand geleistet, und die Bauern konnten schließlich ihre legitimen Ansprüche auch durchsetzen. Nun kultivieren sie in Gemeinschaftsarbeit Garnelen, nachdem sie sich selber innerhalb kleinerer Arbeitseinheiten organisiert haben.

Die Produktion von Garnelen und die Folgen für die Umwelt

Auch unter dem Gesichtspunkt ihrer Folgen für die Umwelt sind Einwände gegen die Garnelenproduktion erhoben worden. Denn in vielen asiatischen Ländern, so auch in Bangladesch, sind die Mangroven-Sümpfe zugunsten der Garnelenzucht ohne Rücksicht auf die Folgen vernichtet worden. Besonders wird dies in der Gegend um den Golf von Bengalen deutlich, bekannt als Sunderban, wo die Zerstörung der Mangroven-Pflanzungen auch die Garnelenressourcen der Gegend ausgelaugt hat.[24]

Sorgen macht man sich aber auch um die Folgen der Garnelenproduktion im Hinblick auf den zunehmenden Salzgehalt des Bodens. Die Weltbank hat immer die Ansicht vertreten, daß gerade die Produktion von Garnelen dafür günstig sei, weil die Notwendigkeit zur Errichtung von Deichen die Überflutung von Ackerland mit salzhaltigem Wasser aufhalten würde.[25]

Nach den praktischen Erfahrungen der Bauern im Khulna-Gebiet führt aber gerade die Garnelenproduktion zur Versalzung des Bodens und schädigt somit den Anbau von Reis. Hinweise finden sich auch, daß Deiche, in die Durchlässe gegraben wurden, um das Brackwasser auf das Land zu lassen, dazu neigen, vom Salzwasser unterspült zu werden.

Diversifikation und Demokratisierung

Diversifikation ist eine wichtige politische Aufgabe in den Ländern der Dritten Welt, die ihre Exportbasis weiter ausbauen müssen. Das Beispiel der Garnelenindustrie in Bangladesch zeigt jedoch nur allzu deutlich, welche Probleme in Zusammenhang mit einer wirtschaftlichen Entwicklung entstehen können, wenn diese Wirtschaftsentwicklung sich nicht im Einklang mit den sozialen Bedingungen und Umweltanliegen befindet. Denn hier gibt es einen klaren Interessengegensatz zwischen der Nutzung von Land zur Garnelenproduktion und dem Anbau von Nahrungsmitteln. Dieser Industriezweig hat auch die Arbeitslosigkeit verschärft und zeitigt schlimme Auswirkungen auf die Umwelt. Die in diesem Industriezweig erzielten Erträge sind ungleichmäßig verteilt, denn während die jeweiligen örtlichen Unternehmer satte Gewinne machen, verarmt die übrige Bevölkerung immer mehr.

Viele dieser Probleme ließen sich lösen, wenn es mehr solcher Initiativen wie die Garnelengenossenschaft gäbe und solche Projekte seitens der Regierung und internationaler Organisationen mehr Unterstützung und Investitionen fänden – beispielsweise durch die Weltbank. Dies unterstreicht die Notwendigkeit einer Teilnahme der Bevölkerung und einer demokratischen Kontrolle, nicht nur auf Regierungsebene, sondern vor Ort selbst, bei der Entwicklung solcher Projekte. Eine an den Bedürfnissen der Bevölkerung orientierte Entwicklungspolitik ist der Kern eines Handelsmodells, das von der Bewegung für Alternativen Handel, wie im folgenden Kapitel beschrieben, umgesetzt wird und beachtliche Vorteile für die Kleinproduzenten bringen kann.

Kapitel 13: *Eine Brücke bauen*
Alternativer Handel

Armut und Leid können nicht effektiv gelindert werden, wenn nicht ihre Wurzeln erkannt und angegangen werden. Aus dieser Erkenntnis heraus rief die britische Hilfsorganisation Oxfam ihr beispielgebendes «Bridge»-Programm ins Leben. Die Idee wurde erstmals im Jahre 1964 diskutiert, als «Oxfam- Mitarbeiter, die Katastrophengebiete im Ausland besuchten, einige handgefertigte Waren zu Gesicht bekamen, die sie verkaufen wollten, nicht zuletzt um das Selbstwertgefühl der Betroffenen zu stärken». Es sollte versucht werden, die Güter in den Oxfam-Läden zu verkaufen, die seinerzeit vorwiegend gespendete Second-Hand-Waren verkauften und überall in Großbritannien Fuß gefaßt hatten. So wurde die Idee des *Bridge*-Programms geboren.[1] «Bridge», heute der wichtigste Teil des Oxfam-Handels, ist eine alternative Handelsorganisation. Gegründet wurde sie im Jahre 1965.[2] Ihr Geschäftsprinzip läßt sich wie folgt zusammenfassen:

Durch den Ankauf von Handarbeiten und Nahrungsmitteln von Handelspartnern, die sich der wirtschaftlichen und sozialen Gerechtigkeit verpflichtet fühlen, versucht Bridge, armen Menschen in den Entwicklungsländern zu helfen, ihren Lebensstandard zu verbessern.[3]

Oxfam schafft einen Absatzmarkt für Produkte aus der Dritten Welt und zahlt Preise, die von den Erzeugern als gerecht empfunden werden. Oxfam kauft über Organisationen ein, die gewährleisten, daß der Löwenanteil der Erlöse auch tatsächlich den Produzenten zugutekommt. So soll einer Wurzel der Armut zu Leibe gerückt werden: Der Abhängigkeit von Kleinproduzenten von lokalen Zwischenhändlern, die nur geringe Preise zu zahlen bereit sind. Als einen weiteren Akt der Solidarität, unterstützt Bridge mit seinen Gewinnen kleine Unternehmungen in den Produzentenländern.

Der Ausstellungsraum im Erdgeschoß der «Bridge»-Zentrale bei Bicester/England führt in die Zauberwelt der Dritte-Welt-Handarbeiten. Panama-Hüte, peruanische Wandteppiche, Arm- und Fußringe aus Sri Lanka, kenianische Körbe, indianische Kerzen, bolivianische Strickarbeiten und Kerzen von den Philippinen zieren die Regale und den Raum; jedes Erzeugnis steht für eine Gruppe hoffnungsvoller Anbieter. Viele von ihnen werden enttäuscht. Für die meisten werden die Geschäfte und Versandkataloge weiterhin geschlossen bleiben. Die Ansprüche der Konsumenten an die Qualität sind hoch. Farben und Design müssen dem gegenwärtigen britischen Geschmack entsprechen.

Auch ist die Zahl der Hegelong-Gitarren vom T'Boli-Stamm aus den südlichen Philippinen oder der Fußmassagegeräte aus Java, die der britische Markt aufnehmen kann, begrenzt.

Alternativer Handel mit handwerklichen Erzeugnissen

93 Prozent der durch Bridge verkauften Produkte sind handgearbeitete Erzeugnisse. Arme Gemeinden erzielen zahlreiche Vorteile durch den Handel mit handgefertigten Waren. Ihre Herstellung verschafft den Frauen, deren Arbeit gewöhnlich unterbezahlt wird, ein lebenswichtiges Einkommen. Inzwischen ist dazu übergegangen worden, die Frauen direkt zu bezahlen. So kann am ehesten sichergestellt werden, daß die Kinder ernährt und gekleidet werden und die Schule besuchen. Die Handarbeit steigert den Wert heimischer Materialien wie Jute, Baumwolle oder Wolle. Vielfach kann die Herstellung zuhause durchgeführt werden, vor allem in den ruhigen Zeiten des Jahres, beispielsweise nach der Ernte. Somit werden gehen keine Kräfte für andere Aktivitäten wie zum Beispiel die Nahrungsmittelproduktion verloren. Am Beispiel eines der ältesten Handelspartner für Handarbeit, der CORR aus Bangladesch, wird dieses deutlich.

CORR – The Jute Works

Die Jute Works wurde im Jahre 1973 von einigen Entwicklungsorganisationen, darunter Oxfam, ins Leben gerufen. Es war die Zeit, als die Kämpfe der nachkolonialen Phase zuende gingen. Viele Männer waren in den Kämpfen getötet worden; sie hinterließen Witwen und Kinder ohne Einkünfte, abhängig von Hilfszuwendungen. Die Jute Works wurde für die notleidenden Frauen eingerichtet, um ihnen eine Möglichkeit zu geben, etwas Geld zu verdienen.

In den Jute-Regionen Bangladeschs haben die Frauen Jute traditionell verwendet, um nützliche Dinge für den Haushalt herzustellen. Lange Zeit war Jute das Hauptexporterzeugnis Bangladeschs, aber die Nachfrage des internationalen Marktes flachte ab. Synthetik war auf dem Vormarsch. Die Preise fielen, doch weiterhin stellte Jute, die im großen Stil im Wechsel mit Reis angebaut wurde, die einzige Einnahmequelle vieler Bauern dar. Die Nachfrage im eigenen Land nach Jutewaren war sehr gering. Doch einige der in Bangladesch arbeitenden Hilfsorganisationen spürten, daß man einen ausländischen Markt für diese attraktiven Erzeugnisse finden könnte, wenn alternative Handelsorganisationen eingeschaltet würden. Nonnen aus Dakar gründeten Jute Works in der Hoffnung, daß die Nachfrage des Westens nach traditionellen Waren mit dem hohen Angebot an Jute und der verzweifelten Hoffnung vieler Frauen auf einen Verdienst, zusammengebracht werden könnten. Sie behielten Recht. Der bekannteste Exportartikel von Jute Works ist der «Sika», ein Hängekorb, der in Bangladesch der Aufbewahrung von Lebensmitteln dient. Dieser fand den Weg in Haushalte auf der gesamten Welt und wird besonders als Blumentopf für Hauspflanzen benutzt. Richard Adams, der Begründer einer anderen britischen Handelsorganisation «Traidcraft», beschreibt sein erstes großes Geschäft mit Jute Works in Dhaka im Jahre 1974:

«Mein erstes Telefonat an diesem Morgen führte ich mit Jute Works. Die Nachricht von meinem Besuch hatten sie nicht erhalten, aber sie erkannten mich als einen ihrer Überseekunden, obwohl ich nur einen Kleinauftrag vergeben hatte. Ich kündigte an, genug Handarbeiten zu kaufen, um ein großes Frachtflugzeug zu füllen. Ungläubigkeit schlug in Erstaunen und schließlich in einen großen Enthusiasmus um. In den Jute Works herrschte eine Atmosphäre wie Weihnachten, und emsige Helfer begannen, dem Weihnachtsmann den Schlitten zu beladen! Sie hatten nicht genug am Lager. Es wurden Boten in die Dörfer geschickt, um zu holen, was greifbar war. Ob ich genug Zeit mitgebracht hätte? Ob ich auch Palmenmatten, Häkelarbeiten und Stickereien kaufen wollte? Bambusmöbel, Peddigrohrkörbe oder Besen? Ja, sagte ich, ich würde alles nehmen, was man möglicherweise in England verkaufen könne, vorausgesetzt daß es nicht mehr als 15 Tonnen, 100 Kubikmeter oder 10.000 Pfund Sterling zusammen ausmachen würde.»[4]

Die Jute Works kann sich heute durchaus selbst finanzieren. Gegenwärtig stellen mehr als 7000 Frauen Erzeugnisse für Jute Works her. Sie sind in kleinen Produktionsgruppen organisiert, die ihre Jute am Ort kaufen oder selbst anbauen. Jute Works verschafft ihnen Aufträge. Jute Works arbeitet mit den Frauen in der Produktgestaltung und Qualitätskontrolle zusammen und richtet Schreib- und Lesekurse ein. Ein Fonds der Organisation unterstützt die Menschen, andere Einkommensquellen zu erschließen, wie Rinder-, Ziegen- und Geflügelzucht, Textilarbeiten, Reisanbau sowie Fischfang. Es gibt auch einen Vorsorgefonds der Produzenten und ein Kleinkreditprojekt.[5]

Der monatliche Durchschnittsverdienst eines Produzenten liegt bei ungefähr 150 Taka. Das sind die Einnahmen einer Nebenbeschäftigung. Jute Works ist realistisch genug, einzugestehen, daß Handarbeiten allein niemals eine Lösung für die wirtschaftliche Misere armer Frauen sein können. Doch sie verschaffen ein beachtliches Zusatzeinkommen und können daher den Schlüssel zu einer Schulbildung und zu gesteigertem Selbstwertgefühl liefern.[6] Die Geschichte von Kazuli illustriert die Auswirkungen eines solchen Projektes auf das Leben einer Frau:

Kazuli und ihr Ehemann Bishu leben mit ihren fünf Kindern in einer kleinen Lehmhütte mit zwei Räumen unter einem flachen Blechdach. In den Zimmern gibt es keine Fenster oder Möbel. Die Familie schläft auf Grasmatten, die auf dem Lehmboden liegen. Im Sommer sind sie warm und trocken, aber die Familie wird durch Insekten und Moskitos geplagt. Im Winter wird der Boden feucht und kalt, und die Familie leidet daher oft an Bronchitis und Lungenentzündung.

In Bangladesch: Sie knüpft eine Hängmatte, die durch die Jute-Kooperative Jute Works verkauft wird. Foto: Ro Cole/Oxfam

Kazuli und Bishu, deren Hochzeit durch ihre Familien arrangiert wurde, als Kazuli 16 Jahre alt war, haben bessere Zeiten gekannt. Kazuli entstammt einem angesehenen Landbesitzerclan. Bishus Familie besaß auch Ländereien, verlor diese aber durch Hochwasser und Bodenerosion. Das Paar besitzt heute kaum mehr als das Stückchen Land, auf dem ihre Hütte steht, und ist abhängig von Bishus Verdienst als Gelegenheitsarbeiter auf Feldern der örtlichen Landeigentümer. Sein Lohn ist sehr dürftig. Während der Pflanz- und Erntezeiten arbeitet er die ganze Woche. Während dem Rest des Jahres versucht er, zwei bis drei Tage pro Woche Arbeit zu finden.

An einem zehnstündigen Arbeitstag bringt er zwischen 25 und 30 Taka nach Hause, was für ein halbes Kilo Reis, ein viertel Kilo Weizenmehl und einige Gewürze reicht. Kazuli kann manchmal ihre kargen Mahlzeiten durch grüne Blätter oder Gemüse, die sie gesammelt hat, anreichern. Oft bleiben ihnen aber nur die mageren Reste vom Vortag zu essen.

In der ersten Zeit ihrer Ehe verdiente Kazuli als Hausmädchen hinzu. Aber bald verbot ihr Bishu diese Arbeit. Es verletzt seine Ehre, wenn eine Frau aus seiner Familie außer Haus arbeitet. Um ihrer Ehe und Familie willen hatte

Kazuli keine andere Wahl, als ihre Arbeit aufzugeben und zuzusehen, wie sich ihr Mann allein damit abplagte, die Familie zu ernähren.

Von anderen Frauen im Dorf erfuhr Kazuli von einem Programm, in dem eine Gruppe aus der Stadt Dakar Landfrauen in Handarbeit und in Schreiben und Lesen ausbildeten. Die Frauen verdienten zwischen 60 bis 100 Taka monatlich und hatten sich Respekt in ihren Familien und ihren Dörfern erworben. Kazuli schloß sich dem Kathalia Mothers' Club an, einer Jute Works Arbeitsgruppe, die aus 26 Frauen bestand. Nach drei Jahren war Kazuli eine der produktivsten Arbeiterinnen dieser Gruppe und verdiente bis zu 200 Taka monatlich. Sie beteiligte sich zudem an einem Reisenthülsungsprogramm. Die finanzielle Kraft ihrer Gruppe im Rücken, nahm sie einen Kredit auf, um sich die zum Enthülsen des Reis benötigten Gerätschaften zu kaufen. Den Reis kann sie auf dem Markt veräußern. Ihr Ehemann beteiligte sich an dieser Arbeit, und gemeinsam konnten sie schließlich ihren Kredit abzahlen. Sie verdient genug, um zwei ihrer Kinder zur Schule zu schicken, und auch ein drittes Kind soll demnächst eingeschult werden. Aber das wichtigste bleibt für Kazuli, daß dank Jute-Works, die regelmäßige Ernährung ihrer Kinder gesichert ist.[7]

Alternativer Handel mit Rohstoffen

Ungefähr sieben Prozent der «Bridge»-Verkäufe stammen aus dem Verkauf von Nahrungsmitteln, wie Kaffee, Tee, Nüsse, Honig und Gewürze. Für den preisbewußten Käufer ist der alternative Handel nicht geschaffen. So ist z.B. auch alternativ gehandelter Kakao einige Groschen teurer als die meisten Handelsmarken. Der höhere Preis wird durch den Anspruch gerechtfertigt, zu einer höheren Lebensqualität der Erzeuger beizutragen. Dies steht unzweifelhaft auf der Kakao-Verpackung der britischen Organisation Oxfam:

Dieser Kakao stammt aus El Ceibo, einer Genossenschaft von Bauern im nördlichen Bolivien. Die Genossenschaft trägt den Namen eines dort beheimateten Baumes, der die jungen Kakaopflanzen vor der Sonne schützt. Gleichzeitig ist El Ceibo die Dachorganisation für ihre 1000 Mitglieder. Diese zahlt ihnen höhere Preise für die Kakaobohnen und sorgt für die Bereitstellung technischer Geräte, Transportmittel und Ausbildung. Ebenfalls betreibt sie eine kleine Verarbeitungsfabrik in La Paz, die es den Bauern ermöglicht, von den großen Weiterverarbeitern unabhängig zu bleiben. Auch in Deutschland ist dieser Kakao in einigen Dritte-Welt-Läden zu erhalten.

El Ceibo

In einem Gemeinschaftsraum in Sapecho, einem kleinen Dorf im Norden Boliviens, sind 40 oder 50 Kakaobauern – Männer, Frauen und Kinder – erstmals dabei, Schokolade zu probieren. Schokolade in jeder nur erdenklichen

Gestalt, Größe und Form liegt auf dem Tisch: Schokoladenhäschen, Eier und Tafeln, jedes Teil geschmackvoll und hochwertig verpackt, die hochwertigsten Schweizer Schokoladen aus den kleinen eleganten Züricher und Genfer Geschäften. Die Bauern sind nur zu gut mit den gelbbraunen Kakaoschoten vertraut, die sie Jahr für Jahr ernten. Heute aber ist es das erste Mal, daß sie mit den Endprodukten konfrontiert werden.

Die Genossenschaftsbauern nehmen an einem Seminar über organische Kakaoproduktion teil, das von dem deutschen Entwicklungshelfer Joachim geleitet wird. Joachim unterhält schon lange Verbindung zur Bauernorganisation und arbeitet mit den Bauern zusammen, um ihre organische Produktion zu fördern. «Alles ist vom Marktgeschehen abhängig», erklärt er. Vor einigen Jahren wurde er von einer deutschen Unternehmung, die Lieferanten von organischem Kakao suchte, um diesen in den schweizerischen Schokoladenfabriken zu verwenden, angesprochen. «In Deutschland wächst die Nachfrage nach gesundheits- und umweltverträglichen Produkten. Außerdem macht unsere Tätigkeit auch für die Produzenten hierzulande einen Sinn.» Joachim hofft, daß El Ceibo bald organischen Kakao exportieren darf. Noch warten sie auf die offizielle Beglaubigung, daß ihre Erzeugnisse wirklich organisch sind, denn die internationalen Standards sind hoch. Wenn sie erst einmal die Bestätigung in den Händen halten, könnten sich neue Märkte für die Genossenschaft eröffnen.[8]

El Ceibo ist die Dachorganisation für 36 Einzelgenossenschaften. Diese verteilen sich über das ganze Land. Einige liegen ungefähr 50 Kilometer von Sapecho, wo die Zentrale von El Ceibo ihren Sitz hat, entfernt. Sie alle liegen im bolivianischen Hochdschungel Alto Beni. Sapecho liegt 372 Meter über dem Meeresspiegel, am Rande des Amazonas-Regenwaldes. Es herrscht subtropisches Klima, das ideal für die Kakaoerzeugung ist. Das Dorf ist nur 240 km von der bolivianischen Hauptstadt La Paz entfernt. Die Fahrt jedoch dauert, wenn es gut läuft, etwa zwölf Stunden. Die Straße, ein besserer Lehmpfad, ist während der Regenzeit oft wegen Erdrutschen gesperrt; aus einer Höhe von 3636 Metern schlängelt sie sich herab durch die Yungas oder «Hängenden Täler». An einigen Stellen wird es so eng, daß ein Lastwagen soeben passieren kann; ein mehrere Hundert Meter tiefer Abgrund gähnt auf der einen, ein überhängender Felsen erhebt sich auf der anderen Seite. Unfälle sind nichts Ungewöhnliches: oft kann man Autowracks in den Schluchten entdecken. Doch dieser Weg ist der Lebensnerv von Alto Beni. Alle Produkte, ob für den heimischen Markt oder für den Export produziert, müssen diese gefährliche Route nach La Paz nehmen.

Die Familienoberhäupter treten El Ceibo als Genossenschaftsmitglieder bei. Das bedeutet, daß die meisten Mitglieder Männer sind. Aber ein Mitglied des Kooperativenkomitees räumt ein, daß es auch Genossinnen gibt, Witwen oder ledige Frauen, die als Haushaltsvorstand fungieren. Er versucht zu erklären, daß das Wort einer Frau in der Kooperative gleich viel gilt, wie das eines Mannes und daß es für die Familien keine Rolle spielt, ob ihr Familienvorstand weiblich oder männlich ist.[9] Tatsächlich jedoch haben die Männer die Hosen an, denn schon traditionell sind sie verantwortlich für die Produktion von Agrarerzeugnissen, während sich die Frauen um die Lebensmittel für den Eigenbedarf kümmern.

Der Familienvorstand Don Pedro gehört der El Ceibo Genossenschaft seit ihren Anfängen Mitte der siebziger Jahre an. Wie viele andere Bauern dieser Region war auch er vom Umsiedlungsprogramm der Regierung während der sechziger und siebziger Jahre betroffen. Damals versuchte man, Menschen aus den Hochebenen und Minengebieten um La Paz in die unterbevölkerte Alto-Beni-Region umzusiedeln, wobei die Regierung jedem ein Stückchen Land gab, der sich zum Umzug bereiterklärte. Einige jedoch fühlten sich im Tropenklima nicht wohl und zogen zurück ins Hochland. Andere, wie auch Don Pedro, sind geblieben. Don Pedro bebaut ein zehn Hektar großes Landstück vor den Toren Sapechos. Man erreicht es über eine enge Straße, die durch den Wald führt und auf einer Lichtung endet, wo seine Strohhütte steht. Hier lebt er mit seiner Frau und vier Kindern. Die Straße führt weiter in den Wald zu Don Pedros Kakaobäumen.

Don Pedros Parzelle ist nicht gerade als Glücksgriff zu bezeichnen. Ein Teil seiner zehn Hektar ragt über eine steile, abfallende Hügelseite hinaus. Zwischen seinen Kakaobäumen ließ er Obstbäume wachsen, die dem Kakao Schatten spendeten. Ihre Früchte ernähren die Familie, aber es sollte sich als schwierig erweisen, Gemüse und Reis am Abhang anzubauen.

Mit Hilfe der Genossenschaft begann Don Pedro vor zwei Jahren mit organischem Anbau. Er ist mit den Erträgen zufrieden. Den teueren Düngemitteln, die er während der letzten zehn Jahre eingesetzt hat, und die die Kakaoqualität verschlechterten, zieht er heute die stickstoffhaltigen Kudzu-Hülsenfrüchte vor. Kudzu wächst ausgesprochen gut. Es wirkt wie eine Decke und hält damit den Oberboden fest und bewahrt Don Pedro vor dem Ärger, nach heftigen Regenfällen wieder Erde um die Bäume schaufeln zu müßen. Er sagt, daß seine Bäume nun gesünder sind und daher beachtliche Erträge erzielen.

Das einzige Problem der organischen Produktion ist der höhere Arbeitsaufwand. Immer wieder muß er die Bäume nach Schädlingen untersuchen, schlechte Früchte ernten und Äste zurückschneiden – Arbeit, die bei chemischer Behandlung nicht anfällt. Diese Mehrarbeit sorgt dafür, daß seine finanzielle Situation nicht unbedingt besser geworden ist. Die Vorteile seiner verbesserten Produktion, geringere Einsatzkosten und die höheren Preise, die für organisch angebauten Kakao bezahlt werden, wird durch die notwendige zusätzliche Arbeit ausgeglichen. Die Kakaoherstellung beansprucht nun seine gesamte Zeit, und das bedeutet, daß er auf, andere Einkommensarten und die Nahrungsmittelherstellung verzichten muß.[10]

In Bolivien: Don Pedro Bernebe pflanzt in organischem Anbau Kakao auf seinem kleinen Landbesitz nahe Sapecho, 200 Kilometer nördlich von La Paz. Er verkauft seine Bohnen an die El-Ceibo-Kooperative, die sie dann verarbeitet. Kakao von El Ceibo wird von alternativen Handelsorganisationen wie Oxfam, UK oder der Gepa, Deutschland nach Europa eingeführt. Foto: Belinda Coote/Oxfam

Don Pedro verkauft seine Kakaobohnen an die örtliche Genossenschaft, die diese dann weiter an ihre Zentrale verkauft, die die Möglichkeiten zum Trocknen der Bohnen besitzt. Die Genossenschaften, die zu weit entfernt liegen, trocknen ihre Bohnen selbst und verkaufen sie anschließend an die Zentrale. Diese transportiert die Bohnen nach La Paz zu den kleinen Verarbeitungsfabriken, die von El Ceibo betrieben werden. Die Fabrik beschäftigt ungefähr zehn Arbeiter, die den Kakao verarbeiten und verpacken. Jährlich exportiert die Genossenschaft circa 200 Tonnen an OS3, eine alternative Handelsorganisation in der Schweiz. Der Preis, den OS3 für den Kakao zahlt, wird jährlich mit der Genossenschaft ausgehandelt und hängt von deren Produktionskosten ab. Dies schützt El Ceibo vor den Fährnissen auf dem Weltmarkt, wo die Preise für Kakao und andere Erzeugnisse während der vergangenen zehn Jahre unstabil und sehr niedrig waren. OS3 zahlt die Transportkosten vom chilenischem Hafen Arica nach den Niederlanden und verkauft anschließend den Kakao an andere alternative Handelsorganisationen, z. B. Traidcraft, die diese Erzeugnisse als Einzelhändler weiterveräußert. Früher kaufte Oxfam von OS3, aber nun bezieht Oxfam direkt von El Ceibo. Die Gewinne decken die laufenden Kosten der Genossenschaft mit und werden unter den Mitgliedern aufgeteilt.[11]

In der Zeit vor El Ceibo hatten die Alto-Beni-Bauern nur eine Möglichkeit, ihren Kakao abzusetzen. Sie verkauften den Kakao an einen Zwischenhändler, der ein Aufkaufmonopol in diesem Gebiet besaß und nur sehr niedrige Preise für ihre Erzeugnisse bezahlte. Die Bauern versuchten, den Zwischenhändler zu umgehen, in dem sie den Kakao gemeinsam absetzten. Mit ausländischer Hilfe entstand daraus eine Organisation, die gegenwärtig circa 35 Prozent des Kakaos dieser Region vermarktet.

Als Mitanbieter auf dem internationalen Kakaomarkt ist Bolivien nur einer von vielen, der zudem nur sehr wenig Kakao exportiert. Der Markt wird von einer Handvoll Großproduzenten beherrscht. Beispielsweise gingen im Jahre 1988 auf das Konto der Elfenbeinküste, Malaysias, Ghanas, Nigerias, Brasiliens und Kameruns 75 Prozent aller Kakaobohnenexporte.[12] Der Markt ist zudem übersättigt. Der Weltverbrauch betrug im Jahre 1988 nur 2015100 Tonnen Kakaobohnen, während die zusammengefaßten Exporte von Kakaobohnen und Kakaoerzeugnissen 2460500 Tonnen betrugen. Diese Differenz, selbst wenn einige Kakaoprodukte re-exportiert würden, trägt die Verantwortung für die niedrigen Weltmarktpreise. Der Absatz durch den Verbund alternativer Handelsorganisationen garantiert dagegen, daß die El-Ceibo-Bauern, wie Don Pedro, von einem relativ stabilen Markt profitieren können und ihre Preise von ihren Produktionskosten bestimmt werden. Am anderen Ende der Vermarktungskette können die Verbraucher bei einer Tasse Kakao entspannen, mit dem Bewußtsein, daß die höheren Preise, die sie in den Geschäften zahlten, die bolivianischen Bauern unterstützen.

Zunehmende Nahrungsmittelverkäufe

Um den Verkauf von Handarbeiten wird sich Bridge wahrscheinlich immer am meisten kümmern. Völlig abgesehen von den Vorteilen für die Produzenten, eignen sie sich sehr gut für Werbung in den Oxfam Geschäften und in Versandkatalogen. Beim Aufbau eines Marktes für Nahrungsmittel stellen sich neue Herausforderungen: «Es gibt viel mehr Probleme beim Nahrungsmittelimport zu überwinden», sagte Edward Millard, der Zuständige von Bridge für Lateinamerika und Afrika. «Die Produkte müssen sich strengen Gesundheitsbestimmungen unterziehen. Honig beispielsweise muß beim Transport bei einer bestimmten Temperatur gehalten werden, sonst würde der HMF-Gehalt über die erlaubten Grenzen steigen.[13] Eine weitere Schwierigkeit liegt in der Auslieferung. Wenn wir die Honigtöpfe nicht ordnungsgemäß verpacken, können unsere Geschäfte möglicherweise beim Öffnen der Gläser eine ungenießbare Masse und Glassplitter finden. Das größte Problem ist allerdings, 365 Tage im Jahr alles auf Lager zu haben. Wenn Kunden kommen, um Kaffee oder Tee zu kaufen und wir gerade ausverkauft sind, gehen sie wieder in die Supermärkte zurück. Allerdings können wir auch manchmal Lieferungsverzögerungen aufgrund von Schiffsverspätungen nicht vermeiden.»

Aber in den letzten Jahren fühlen sich Edward und seine Kollegen bei anderen alternativen Handelsorganisationen verpflichtet, sich das Wissen um Importe, Verarbeitung und Verpackung von Lebensmitteln anzueignen, da sie die zunehmende Verarmung in den ländlichen Gebieten der Dritten Welt feststellen mußten. «Der Preiszusammenbruch auf den internationalen Märkten hatte schlimme Folgen für die Hersteller. Kaffeebauern, beispielsweise, konnten nicht länger ihre Produktionskosten decken. Ich kann nicht länger durch Länder wie Bolivien reisen und ihre verzweifelte Suche nach Märkten ignorieren, auch wenn Handarbeiten leichter zu importieren sind!»

Bridge reagierte auf dieses Bedürfnis auf verschiedene Art und Weise. Zuerst erhöhte man die Angebotspalette der Erzeugnisse wie Kakao von El Ceibo, der eines der ersten Waren im neuen Angebot war. Danach produzierte man Verpackungsaufkleber, wodurch man die Aufmerksamkeit der Verbraucher für die Lage der Produzenten wecken konnte. Und schließlich schloß man sich einer neuen Kaffee-Handelsinitiative an. Bis vor kurzem war Kaffeeabsatz durch alternative Handelsorganisationen in England mit Kampagnen zu bestimmten Ländern verbunden. Das Hauptinteresse bestand eher darin, Verbrauchern die Möglichkeit zu geben, sich mit einer politischen Kampagne solidarisch zu zeigen, als den Produzenten einen Markt zu bieten. Beispiel dafür ist der Kaffee aus den afrikanischen Frontstaaten, als Teil der Anti-Apartheid-Kampagne, Kaffee aus Nicaragua und Tansania, deren Regierungen sich einer fortschrittlichen Entwicklungspolitik verpflichtet hatten. Nach dem Wahlsieg der konservativen Präsidentschaftskandidatin Violeta Barrios de Chamorro in Nicaragua Anfang 1990, wurde das US-Embargo gegen nicaraguanische Exporte aufgehoben. Das bedeutete, daß nicaraguanische Kaffeeproduzenten sich plötzlich in der gleichen Situation wie andere Kaffeeanbieter befanden. Obwohl sie nicht länger an den schlimmen Auswirkungen des Handelsembargos litten, schauten sie hoffnungslos auf die niedrigen Weltmarktpreise für Kaffee.

Bridge ist eine von vier alternativen Handelsorganisationen, die als erste ihre Kräfte bündelten, um Kaffee zu vermarkten.[14] Der neue Markenname «Cafédirect» wurde im Oktober 1991 vorgestellt. Wie der Name ausdrückt, wurde der Kaffee direkt von den kleinen landwirtschaftlichen Genossenschaften gekauft. Die ersten Lieferungen kamen aus Zentral- und Mittelamerika. Man hofft, daß es in Zukunft eine afrikanische Kaffeemischung als «Cafédirekt» geben wird. Der Preis, der den Herstellern gezahlt wird, beruht auf dem Mindestpreis des Internationalen Kaffeeabkommens, der zum Zeitpunkt des Auftaktes 1,20 Dollar pro Pfund Kaffee betragen hat. Dieser ist im Vergleich mit dem Weltmarktpreis von ca. 85 Cents pro Pfund günstig. Der ICO-Grundpreis wurde zwischen der Hersteller- und Aufkäuferseite der Mitglieder des Abkommens ausgehandelt und bezieht sich soweit es geht auf die Herstellungskosten. Als Minimum wurde festgesetzt, daß die Anbauer wenigstens ihre Kosten decken und einen kleinen Gewinn aus ihrer Ernte ziehen können. Falls der Weltmarktpreis jedoch über den ICO-Grundpreis steigt, wird man den Cafédirect-Lieferanten den Weltmarktpreis zahlen. Zusätzlich werden die Hersteller teilweise im voraus bezahlt. Dies tut man, um ihnen über die Zeit zwischen der Ernte und dem Verkauf zu helfen, während der viele Kaffeeanbauer gezwungen sind, von Kredithaien Geld zum Überleben zu leihen.

Die alternativen Handelsorganisationen hoffen, sobald wie möglich Cafédirect durch eine weitgestreute Verkaufskette absetzen zu können. Dafür wird ein mit den Produzenten vereinbarter Preis in einen Marketingfond eingezahlt. Zwischenzeitlich wird Cafédirect durch eigene Vertriebsnetze verkauft. Im Falle von Bridge geschieht dies durch einige der 625 Oxfam-Geschäfte, die Handarbeiten und Nahrungsmittel verkaufen sowie einen Versandhandel betreiben. In Deutschland besteht mit der Gepa eine vergleichbare Handelsorganisation, die Hunderte von Dritte-Welt-Läden beliefert. Daneben existieren noch einige kleinere Handelsorganisationen wie El Rojito e.V., die den Kaffee auch per Post versenden.

Ein Tropfen auf dem heißen Stein

Bridge ist eine von mehr als 50 alternativen Handelsorganisationen in der nördlichen Hemisphäre. Es gibt weit mehr davon im Süden, die für die Hersteller exportieren. Mögen sich die nördlichen alternativen Handelsorganisationen auch unterscheiden in der Art, wie sie arbeiten oder welche Waren sie einkaufen, teilen sie jedoch alle prinzipiell drei gemeinsame Ziele: die Kooperation mit Kleinbauern, um diesen durch gerechten Handel bessere Lebensumstände zu verschaffen; die Verbraucher über Probleme der Kleinbauern aufzuklären, die durch ungerechten Handel entstanden sind und sich für fairere Handelsbedingungen in der Welt einzusetzen.

In den vergangenen Jahren bemerkten die Organisationen, wie wichtig es ist, sich stärker zu organisieren, um ihre Ziele bei Handel, Aufklärung und Kampagnen durchzusetzen. Im Mai 1989 gründeten ungefähr 30 alternative Handelsorganisationen, Bridge eingeschlossen, den Internationalen Verband für Alternativen Handel (IFAT). Das IFAT-Büro in Amsterdam erfüllt die Funktion des Unterhändlers und Importeurs im Namen ihrer Mitgliedsorganisationen. Vor der Gründung von IFAT trafen sich zehn europäische alternative Handelsorganisationen regelmäßig zum Ideenaustausch und um sich gegenseitig zu unterstützen. Ihre Entscheidung, ihre Gruppe zu formalisieren, führte zur Errichtung der European Fair Trade Association. Einige EFTA-Mitglieder gehören auch IFAT an.

Bridge zählt zu den vier größten alternativen Handelsorganisationen. Im Geschäftsjahr 1990/91 verkaufte Oxfam Bridge-Waren im Wert von ca. 8,5 Millionen Pfund Sterling, ein Anstieg von 2,5 Millionen Pfund im Geschäftsjahr 1985/86. Zusammengenommen hat sich der Umsatz aller alternativen Handelsorganisationen in den letzten fünf Jahren wohl mehr als verdoppelt, Schätzungen gehen von einem Jahresumsatz von 250 Millionen Pfund aus.[15] Dies ist nur ein Tropfen auf den heißen Stein, wenn man diese Zahl mit dem Umsatz des mittelgroßen britischen Zuckerhändlers, Tate und Lyle vergleicht, der 3.431.900 Millionen Pfund im Jahr 1990 betrug.[16]

Während alternativer Handel zweifelsohne zunimmt, sollte man nicht verkennen, daß alternativ gehandelte Waren sich am Rande des Konsums bewegen. Alternativer Handel zeigt jedoch auf, wie man den Welthandel organisieren könnte, beruhend auf mehr Gleichheit zwischen Nord und Süd. Berücksichtig man auch seine zweifellos erreichte Qualität und seine wichtige Rolle bei der entwicklungspolitischen Bewußtseinsbildung einer bedeutenden Minderheit in der Öffentlichkeit, so hat er es jedoch nicht geschafft, einen ihm gebührenden Umfang anzunehmen. Sicherlich brachte er einigen Produzenten, wie z. B. den Frauen, die vertraglich bei CORR oder bei der El Ceibo Kakaogenossenschaft angestellt sind, eine wirkliche Unterstützung, aber ihre Zahl ist gering. Mit seinem geringen Anteil am Welthandel, stellt der alternative Handel weder eine Bedrohung für das Welthandelssystem dar, noch eine ernsthafte Alternative für die überwältigende Mehrheit der Produzenten.[17]

Als sich die achtziger Jahre dem Ende zuneigten, wurde es augenscheinlich, daß diese Dekade tatsächlich ein «verlorenes» Jahrzehnt für viele Entwicklungsländer war und sich die Armut ausdehnte. Niedrige Warenpreise und ein schrumpfender Weltmarkt für einige Produkte, kombiniert mit Schulden und sich erhöhenden Zinsen, trafen viele Länder sehr hart. Je ärmer sie werden, desto schwieriger ist es für sie, Investitionen und gewünschte Technologie zu erhalten, um die Produktion zu erhöhen oder zu verändern, um sich somit einen Weg aus den Schulden zu bahnen. Sie sitzen wirklich in einer Handelsfalle fest. Der Notwendigkeit eines gerechteren Welthandels ist niemals größer gewesen. Die Herausforderung der neunziger Jahre liegt darin, das alternative Modell zu verbreiten und Fairen Handel zu einem Bestandteil allgemeiner kommerzieller Aktivitäten werden zu lassen.

Kapitel 14: *Vom Schattendasein zum Mittelpunkt*
Faire Handelsinitiativen

*O*xfam und andere Entwicklungshilfeorganisationen träumen gemeinsam von einem Supermarkt der Zukunft: In den Kaffeeregalen wird man ein vertrautes Warenangebot vorfinden, aus dem man wählen kann: Filterkaffee, Espresso, Kaffee für Kaffeemaschinen, Kaffee aus Kolumbien, Jamaika Blue Mountain Kaffee, Kontinentalkaffee, Instantkaffee, Kaffeebohnen und so weiter. Man kann aus verschiedenen Marken wählen sowie zwischen einigen koffeinfreien Sorten. Zwei Drittel davon tragen ein kleines, aber besonderes Logo als Gütesiegel. Es teilt dem Käufer mit, daß jener Kaffee unter fairen Bedingungen produziert worden ist. Man zahlte den Kaffeebauern einen Preis, der sie in die Lage versetzte, damit ihre Produktionskosten und ihren Lebensunterhalt zu decken. Dieser Preis liegt allerdings über dem Weltmarktpreis. Teilzahlungen werden vor der Lieferung geleistet, damit die Produzenten sich kein Geld von Kreditwucherern leihen müssen. Man sicherte ihnen auch eine angemessene Absatzgarantie für die Zukunft zu.

In den Teeregalen gibt es die üblichen Teesorten und Mischungen: Teeblätter, Teebeutel, teeinfreien Tee, Instanttee, Tee aus Darjeeling, Lapsang Souchong Tee usw. Aber einige der bekannten Mischungen werden Gütesiegel auf ihren auffälligen Verpackungen tragen, und einige Markenetiketten werden auch ein Gütesiegel tragen. Dies wird garantieren, daß man den Teepflückern ein angemessenes Einkommen zahlt, daß ihre Wohnverhältnisse auf der Pflanzung gut sind, daß die Arbeiter eigenständig Gewerkschaften gründen und daß sie Grundleistungen wie Gesundheit und Ausbildung in Anspruch nehmen können.

Dies ist der zukünftige Supermarkt, falls der Traum realisiert werden kann. Für jedes Produkt, das aus der Dritten Welt kommt, gibt es einen Marke, oder mehrere, die das Logo tragen. Für Konsumenten, die faire Handelsbedingungen mit der Dritten Welt unterstützen, kann der Einkaufskorb eine aussagekräftige Erklärung ihrer Verbundenheit mit den Armen sein – eine Verbundenheit, die echte Auswirkungen zeigt.

Einige Marktforscher behaupten, daß es nicht lange dauern wird, bis diese neuen Produkte auch ins Blickfeld bester Einkaufsgeschäfte fallen. Ihre Voraussage fußt auf der Marketinglogik. Die historisch gesehen erste Welle einer Produktauszeichnung mit einem Qualitätssiegel bezog sich auf die Sicherheit des Produktes. Wenn ein Kunde beispielweise einen Toaster kaufte, wollte der Käufer versichert sein, daß sein neuer Toaster nicht gleich nach dem ersten Gebrauch explodiert. Danach folgt die zweite Welle der Produktsiegelung. Dies war die «Grüne Welle», die Käufer wollen sicher sein, daß das Produkt beim Gebrauch die Umwelt nicht belastet; daß das Waschpulver das Grundwasser nicht verunreinigt oder Aerosoldosen nicht die Ozonschicht zerstören. Eine dritte Welle kam als Weiterentwicklung des ökologischen Konsums. Die Käufer wollen nun sicher gehen, daß das Erzeugnis, das sie kaufen, keine Umweltschäden bei seiner Herstellung verursacht hat: Wurden Delphine in Fischnetzen abgeschlachtet oder wurde der Thunfisch vorschriftsmäßig gefangen? Kommt das Holz aus den brasilianischen Regenwäldern oder aus neu angelegten Plantagen?

So scheint die Geschichte der Produktauszeichnung eine zwangsläufige Entwicklung zu nehmen. «Bisher ist bei jeder Welle von Betroffenheit ihr eigentlicher auslösender Grund, die Sorge um den Einzelnen am Ende der Vermarktungskette, dem Käufer, gewesen. Aber wenn man einmal damit begonnen hat, darauf zu achten, wie das Produkt angepflanzt, verarbeitet oder hergestellt wird, kann es nicht mehr lange dauern, bis man sich über den Menschen am Anfang der Vermarktungskette bewußt wird.[1]

Max Havelaar

Es war die Sorge um die Produzenten, die das holländische Max Havelaar-Projekt anregte, das den ersten Versuch, ein Gütesiegel zu vergeben, darstellt. Das Max-Havelaar-Gütesiegel, ein Projekt um gerechteren Kaffeehandel zu unterstützten, begann im November 1988. Man übernahm den Namen «Max Havelaar» aus einem Roman, der von einem holländischen Verwaltungsbeamten geschrieben wurde, der in den ehemaligen holländischen Ostindischen Inseln, dem heutigen Indonesien, im 19. Jahrhundert arbeitete. Während er dort war, konnte er sich nicht mit der Politik der Kolonialregierung, die die Bauern zwang, auf den holländischen Kaffeeplantagen zu arbeiten, mit dem Ergebnis, daß diese den Nahrungsmittelanbau vernachlässigen mußten und es zu einer Hungersnot kam, abfinden. Als der Autor nach Holland zurückkehrte, entschied er sich, darüber ein Buch zu schreiben. «Max Havelaar, or the Coffee Auctions of the Dutch Trading-Society» von Eduard Toupets Dekker wurde zu einem holländischem Klassiker.

Das Projekt begann am 15. November 1988. Die Initiative ging von einer kleinen Anzahl von Kaffeeherstellern in Mexiko aus und wurde von einer großen Koalition holländischer Organisationen unterstützt, die Konsumenten, Entwicklungshilfe-Organisationen, religiöse Gruppierungen und Handelsorganisationen vertreten. Die Max Havelaar Stiftung basiert auf »...einer breit akzeptierten – obwohl weniger breit ausgeübten – Methode zur Entwicklungszusammenarbeit. Die Dritte Welt benötigt Grundpreise und Einkommensgarantien, die eine vernünftige Agrarentwicklung garantieren. Ähnliche Grundsteine garantierte die Gemeinsame Europäische Agrarpolitik und die der Vereinigten Staaten, und zwar nicht nur auf Druck der Bauern, sondern auch um eigene Interessen zu verfolgen. Auch wenn es letztendlich notwendig wird, diesen Protektionismus wegen seiner Kosten zu beseitigen, ist es weiterhin anerkannt, daß gewisse Schutzmaßnahmen wichtig für das Gleichgewicht und eine schnelle Entwicklung sind.»[2]

Sie entschieden sich, mit den holländischen Kaffeeröstern, zusammenzuarbeiten, die eingeladen wurden, an dem Projekt teilzunehmen, falls diese einige bestimmte Kriterien anerkennen würden. Der Kaffee, der von ihnen gekauft wurde, mußte von einer demokratisch arbeitenden Organisation von kleinen Kaffeeproduzenten stammen, die von der Max-Havelaar-Stiftung empfohlen würde. Von den Röstern wurde gefordert, daß sie Langzeitverträge mit diesen Gruppen abschließen und 60 Prozent des vereinbarten Preises als Vorleistung auf die Ernte zahlen. Der vereinbarte Preis würde gleich dem Weltmarktpreis sein zuzüglich einer Marge. Je niedriger der Weltmarktpreis ist, desto höher wird die Marge ausfallen und umgekehrt. Der Preisunterschied würde sich im Verkaufspreis niederschlagen. Dafür würde der Kaffee von der Max-Havelaar-Stiftung durch das eigene Siegel der Stiftung anerkannt. Grundsätzlich kauft Max Havelaar von einer Organisation nur bis zu 30 Prozent der Ernte auf, um mögliche Abhängigkeiten zu vermeiden.

Das Programm erwies sich als erfolgreich. Mitte 1991 verkauften mehr als 300.000 Kaffeebauern an die Stiftung, und dies veränderte ihre Lebensumstände entscheidend. Rufino Herrera und die Genossenschaft der Kaffeebauern in der Dominikanischen Republik, die wir bereits im ersten Kapitel kennengelernt haben, sind im Max Havelaar-Produzentenregister eingetragen. Für den Kaffee, den sie mit Hilfe des Gütesiegels absetzen, machen sie einen Gewinn zwischen 10 und 15 Dollar pro Doppelzentner, und das ist mehr als der Verlust, den sie auf dem internationalen Markt machen. Aber nicht nur der Preis hilft ihnen. Rufino sagt, daß auch der durch das Programm gewährte Kredit besonders wichtig ist, denn er bedeutet, daß sie sich kein Geld mehr von den Kredithaien leihen müssen.[3]

Die Max-Havelaar-Stiftung berichtet, daß sie Anfragen von Produzenten aus aller Welt erhält, die sich an diesem Programm beteiligen möchten, und sie kann zur Zeit nicht mehr als einen Bruchteil der Angebote wahrnehmen. Aber man ist optimistisch, daß das Gütesiegel-Programm einen Nachahmungseffekt haben wird. Es gibt Hinweise darauf, daß in jenen Gebieten, in denen die Bauern über Max Havelaar verkaufen können, die dortigen Zwischenhändler beginnen, höhere Preise zu zahlen, um die Bauern davon abzuhalten, daß sie ihre besten Kaffeebohnen an Max Havelaar veräußern.[4]

Zum Vorteil der Konsumenten wird Gütesiegelkaffee inzwischen in mehr als 6000 Supermärkten in den Niederlanden angeboten, statt in den bisher zahlenmäßig auf 230 begrenzten Dritte-Welt-Läden. Während der ersten zweieinhalb Jahre des Programms erreichte man einen Marktanteil von 2,3 Prozent, verglichen mit den 0,2 Prozent des Kaffees, der vor Beginn des Programms durch die Dritte-Welt-Läden verkauft wurde. Als ebenso wichtig gilt die Bewußtseinsarbeit des Projektes. Marktbeobachtungen zeigten auf, daß 73 Prozent der Durchschnittsholländer das Gütesiegel kennen und wissen, was es beabsichtigt.

Die Stiftung untersucht nun die Möglichkeit, das Gütesiegel auf andere Güter zu übertragen. Kakao, Textilien und Tee zählen zu den Bewerbern. Man hat auch ein Max-Havelaar-Programm in Belgien gegründet, und Pläne werden entwickelt, eine ähnliche Initiative für Frankreich ins Auge zu fassen. Seit 1991 ist Max Havelaar Kaffee der offizielle Kaffee im Europäischem Parlament. Aber der größte Erfolg ist vielleicht, daß es zu einem Modell und einer Anregung für gleichgesinnte Organisationen in anderen Ländern wurde.

Seit 1993 existiert in Deutschland das Trans-Fair-Siegel, das vom Transfair e.V. vergeben wird. Als erste Handelsorganisation hat die Gesellschaft zur Partnerschaft mit der Dritten Welt, GEPA ,dieses Siegel erworben und beliefert Hunderte von Dritte-Welt-Läden mit diesem Kaffee, ist aber auch in Supermärkten präsent. Auch kommerzielle Großröster vertreiben mittlerweile Kaffee mit Trans-Fair-Siegel über viele Supermärkte. Transfair e.V. plant, demnächst eine Gütesiegel für Honig zu vergeben, weitere Produkte werden folgen.

Gerechter Handel verbreitet sich

Im August 1989 trafen sich Vertreter von 14 Organisationen in Gateshead, England, in den Büros von Traidcraft. Es war eine Versammlung von Mitgliedern alternativer Handels- und Entwicklungshilfeorganisationen, die inspiriert durch den Erfolg von Max Havelaar zusammengekommen waren, um festzustellen, ob ähnliche Richtlinien auch in England geschaffen werden könnten.

Das Treffen fand zu einer Zeit statt, als die Kampagne für einen «ökologischbewußten Konsum» auf ihrem Höhepunkt stand. Vielfältige Umweltprobleme, wie die Zerstörung der Ozonschicht, globale Erwärmung und Wasserverschmutzung, hatten die Verbraucher dahin geführt, nach Sicherheiten zu fragen, damit ihre Ausgaben nicht zu einer weiteren Gefährdung der Umwelt führen würden. Für Hersteller und Großhändler war dies eine neue Marktform, ein neuer Weg also, den Wert der Produkte zu erhöhen. Sie reagierten darauf, indem sie ihre Regale in den Geschäften und Supermärkten überall mit «öko-freundlichen»-Produkten jeglicher Art auffüllten. Aus Angst, auf dieser erfolgsversprechenden «grünen» Welle nicht mitreiten zu können, deklarierten Handelsunternehmen jede Ware als «grün, grüner, am grünsten». Einige beantragten

Trans Fair: Das Gütesiegel der deutschen Trans-Fair-Stiftung garantiert dem Käufer und der Käuferin, daß die damit ausgezeichnete Ware zu fairen Bedingungen – Mindestpreis, Abnahmegarantie, Vorfinanzierung – von den Produzenten in der Dritten Welt gekauft wurde.
Bisher ist das Siegel in der BRD auf Kaffeetüten zu finden, demnächst auch auf Honiggläsern.

sogar neue «ökologische» Standards. Andere forderten einfach neue Maßstäbe für bestehende Erzeugnisse. Während man sich in Diskussionen über die Berechtigung einiger dieser Forderungen auseinandersetzte, wurde eines jedoch klar: ökologische Erzeugnisse waren in den Markt gut eingeführt. Dies war sowohl die Ursache dafür als auch das Ergebnis davon, daß die Allgemeinheit ein Umweltbewußtsein entwickelt hat.

Wenn «rücksichtsvoll gegenüber der Umwelt», warum dann nicht auch «rücksichtsvoll gegenüber den Produzenten»? Das war die Frage im Kopf der Teilnehmer an der Konferenz in Gateshead. Tatsächlich war für einige Teilnehmer die Frage nicht ob, sondern wann der Markt den «entwicklungsfreundlichen» Weg einschlagen wird. Sie wurden von Marktanalysen unterstützt, die den nächsten Schritt einer Produktkennzeichnung als sehr erfolgreich erschienen ließen.

Diese Analysen zusammen mit der drückenden Wirklichkeit infolge völlig abgestürzter Preise, mit der sich heute die Produzenten in der Dritten Welt konfrontiert sehen, läuteten die Geburtsstunde eines Warenzeichens für «Gerechten Handel» (Fairtrade Mark) ein.

Die besondere Zielsetzung dieses Projektes ist es, einen gerechteren Handel für die Dritte-Welt-Produzenten im internationalen Handel zu gewährleisten. Die Fairtrade-Marke will dies durch Veränderung in Geschäftspraktiken und Verbraucherverhalten versuchen, so daß die Konsumentennachfrage in Europa durch ein größeres Angebot von fair gehandelten Produkten angeregt und befriedigt wird. Es besteht die Hoffnung, daß die Kräfte verfügbar sind, um einige Zielvorstellung umsetzen zu können, wie z.B. die Anregung einer Diskussion und die Umsetzung praktischer Maßnahmen für einen gerechteren Handel zwischen den Herstellern, Großhändlern und der Öffentlichkeit.[5]

Theoretisch kann jeder Hersteller, der ein Produkt vertreibt, das aus den Entwicklungsländern stammt, sich bei der Fairtrade Stiftung um das Gütesiegel – der Fairtrade Mark – bemühen, um dieses an sein Erzeugnis zu heften. Aber um sich für dieses Gütezeichen qualifizieren zu können, muß das Unternehmen nachweisen, daß bestimmte Kriterien erfüllt werden. Die Kriterien ähneln jenen, die für das Max-Havelaar-Gütesiegel zutreffen. Man muß dem Produzenten in der Dritten Welt einen Preis zahlen, der die Produktionskosten sowie die Produktqualität widerspiegelt, plus einer annehmbaren Marge für Investitionen und Entwicklung sowie eine Rücklage für zukünftige Produktionsunsicherheiten. Zinsgünstige Kredite sollten den Produzenten angeboten werden, um Unsicherheiten vor dem Verkauf zu reduzieren und um den Produzenten vor finanzieller Ausbeutung zu schützen. Gekauft werden sollte von Produzentengenossenschaften, deren Interessen sich mit denen der Produzenten decken und die sich für die Produzenten verantwortlich zeigen. Die Handelsbeziehungen sollten auf der Basis von Qualität, Kontinuität und gegenseitiger Unterstützung errichtet werden.[6]

Dies sind allgemeinere Kriterien, die durch detailliertere Kriterien für jedes einzelne Produkt ergänzt werden. Sollte zum Beispiel die Fairtrade-Mark für Erzeugnisse, die auf Plantagen wachsen, vergeben werden, muß die Fairtrade-Stiftung davon überzeugt sein, daß die Arbeiter frei sind, sich gewerkschaftlich zu organisieren und Tarifverträge abzuschließen, daß die Wohnverhältnisse und andere soziale Grundleistungen angemessen sind, daß die Gehälter über dem nationalen Minimum liegen. Es wird notwendig sein, daß Männer und Frauen für ihre Arbeit gleiches Geld erhalten, daß Gesundheit und Sicherheitsregeln festgelegt sind und daß die Produktion ökologisch unbedenklich geführt wird.

Diese Maßstäbe sind nicht neu. Die Standards für die Arbeitsbedingungen entsprechen im Prinzip denen der Internationalen Arbeitsorganisation. Maßstäbe für Preise und Handelsverträge reflektieren eng die Ziele der meisten internationalen Rohstoff-Abkommen; viele davon beinhalten auch soziale Bestimmungen, die ein Minimum an gerechten Arbeitsbedingungen festsetzen. Gerechte Handelsprojekte sowie das Max Havelaar-Gütesiegel oder Trans Fair, versuchen lediglich sicherzustellen, daß die Ziele dieser internationalen Kodizes von den Herstellern beachtet werden. Wenn man danach handelt, werden die Unternehmen direkt gefordert, bessere Handelsbedingungen für die Produzenten herzustellen. Ein Schlüssel zum Erfolg der Fairtrade-Mark ist der Verbraucher. Wenn die Nachfrage für die gerecht gehandelten Produkte steigt, wird das Angebot erweitert. Auch das hat man von der Bewegung der «Grünen Konsumbewegung» gelernt.

In der Wirklichkeit läßt die «Welle fairgehandelter Produkte» in den Regalen der Supermärkte noch auf sich warten. Jedoch ist die Flamme für einen gerechteren Handel entzündet. In dieser Ära der engeren Zusammenarbeit zwischen alternativen Handelsorganisationen werden weitere Handelsformen in anderen Teilen der Welt diskutiert, unter anderem auch eine «Europäische Vereinigung für Fairen Handel» für gerechten europaweiten Handel. Diese Formen erlauben uns einen Blick in die Zukunft, wo der gerechte Handel ein integrierter Teil der globalen Wirtschaftsbeziehungen geworden sein wird.

Kapitel 15: *Handeln für Fairen Handel* Zusammenfassung und Empfehlungen

Zusammenfassung

Oxfams vorrangiges Ziel besteht darin, die Armut und das Leid zu verkleinern. Die Art und die Ursachen der Armut unterscheiden sich von einem Land zum anderen deutlich. Augenblicklich werden die zusammenhängenden Probleme stärkerer Rohstoffabhängigkeit und der Verfall der Terms-of-Trade von vielen Entwicklungsländern geteilt.

Der Zusammenbruch der realen Rohstoffpreise seit Anfang der achtziger Jahre hat sich für die ärmeren Entwicklungsländer, die fast ausschließlich bei ihren Exporteinnahmen von Rohstoffen abhängen, als verhängnisvoll erwiesen. Fallende Preise hatten schwerwiegende Auswirkungen gehabt, die wesentlich zur Zunahme der Armut in der Dritten Welt beigetragen und den Keil zwischen den armen und reichen Ländern tiefer getrieben haben. Überraschenderweise wurde, während die Schuldenlast ausführlich diskutiert und eine Lösung gesucht wurde – und vielleicht auch aus diesem Grund –, keine vergleichbare Aufmerksamkeit seitens der internationalen Gemeinschaft auf das grundsätzliche Problem des langfristigen Niedergangs der Rohstoffpreise, mit dem so viele Entwicklungsländer konfrontiert sind, gelegt.

Am schwersten werden vom Verfall der Rohstoffpreise die Produzenten getroffen. Der Zusammenbruch des Zinnpreises, der Mitte der achtziger Jahre stattfand, besiegelte das Schicksal der bolivianischen Zinnindustrie, mit der Folge eines tausendfachen Verlustes von Arbeitsplätzen bei den Bergarbeitern. Weitverbreitet war das Gefühl, es würde kein anderer Ausweg bleiben, als der Versuch, sein Überleben durch illegalen Drogenhandel zu sichern. Andere reihten sich in die anschwellende Schicht der Arbeitslosen in den städtischen Elendsquartieren ein. Ein ähnliches Schicksal blickte den philippinischen Zuckerarbeitern auf der Insel Negros ins Antlitz, nachdem der internationale Zuckerpreis kollabierte und sie mit dem Hunger konfrontiert wurden. Kleinbäuerliche Kaffeeproduzenten in vielen Ecken Lateinamerikas erlebten, daß sie selbst ihre Produktionskosten nach dem Zusammenbruch des Kaffeepreises nicht mehr decken konnten. Gemeinsam mit vielen armen Bauern in einer sich entwickelnden Welt müssen sie gleichsam mit unzureichenden oder unfairen

Kreditmöglichkeiten, einem Mangel von Lagermöglichkeiten sowie Schwierigkeiten beim Transport und Verkauf ihrer Waren kämpfen. Viele sind landlos oder durch den Mangel an Land gezwungen, schlechte Böden zu überbeanspruchen und dabei einen weiteren Rückgang der Fruchtbarkeit des Bodens in Kauf zu nehmen.

Die Zukunft dieser von Rohstoffexporten abhängigen Länder einer Dritten Welt hängt unausweichlich mit ihrer Fähigkeit zusammen, sich neue Quellen zu erschließen. Um dies zu erreichen, brauchen sie eine substantielle Steigerung ihrer Exporteinnahmen. Dies kann nur erreicht werden, wenn die Rohstoffpreise steigen und ihre Ökonomien diversifiziert werden.

Die Frage nach verbesserten Rohstoffpreisen wirft Schwierigkeiten auf beiden Seiten des Angebot- und Nachfrage-Gleichgewichtes auf. Auf der Angebotsseite herrscht die Tendenz, ungeachtet der Nachfrage, die Produktion auszuweiten. Dies wurde durch mehrere Faktoren ausgelöst – nicht zuletzt durch den Druck auf die Entwicklungsländer, ihre Schulden zurückzuzahlen. Auf der Nachfrageseite gibt es die langfristige Entwicklung auf einen relativen Konsumrückgang zu vermelden. Zusätzlich verwehrt ein ansteigender Protektionismus in den Industrienländern den Entwicklungsländern häufig den Zugang zu den Märkten im Norden. Im Zusammenhang mit der Diversifizierung ihrer Wirtschaft, sehen sich die Entwicklungsländer vielen Schwierigkeiten gegenüber. Ihnen mangelt es an Kapital für Investitionen, sie erleben wie Zollschranken und nichttarifäre Handelshemmnisse ihre Anstrengungen, Märkte für ihre neuen Export zu finden, zunichte machen. Jene Länder wie Chile, die eine Diversifizierung geschafft haben, erreichten dieses Ziel unter hohen sozialen und ökologischen Kosten.

Keine der bestehenden internationalen Handelseinrichtungen – GATT oder UNCTAD – war in der Lage, mit den gewaltigen Problemen umzugehen, die den Entwicklungsländern entgegentreten. Die sich ablösenden GATT-Verhandlungsrunden haben weitgehend versagt, wenn es darum ging, den wachsenden Protektionismus zu kontrollieren. Aus der Sicht des Südens ist GATT eine undemokratische und in sich abgeschlossene Einrichtung, dominiert von einer kleinen Zahl entwickelter Länder, die die Interessen der Multinationalen Konzerne im Norden betreibt. Es verfährt mit Handelsfragen getrennt von den anderen für die Dritte Welt entscheidenden finanziellen Fragen, wie die Schuldenkrise und die hohen Zinsen.

Die Fragen nach einer Entwicklung der Dritten Welt stehen im Zentrum der UNCTAD-Verhandlungen. Dessen ungeachtet, besonders in den letzten Jahren hat der Norden wenig Willen an den Tag gelegt, Maßnahmen zu verhandeln, die die Ungleichheiten im Weltwirtschaftssystem zugunsten der Dritten Welt zurückdrehen würden. Aus diesem Grund, und obwohl sein Sekretariat als ein wichtiger Think-tank für die Entwicklungsländer wirkt, ist UNCTAD nur geringfügig mehr als ein Nord/Süd-Debattenzirkel.

Die neunziger Jahre präsentieren den Entwicklungsländern viele neue Herausforderungen, die sowohl Gefahren als auch Chancen beinhalten. Die Vollendung des Europäischen Binnenmarktes und das Wirtschaftswachstum, das von ihm erwartet wird, könnte zu gesteigerten Exportmöglichkeiten für einige Länder führen, aber auch anderen Ländern den Handel beschneiden. Vergleichsweise könnte das Nordamerikanische Freihandelsabkommen Mexiko die Gelegenheit bieten, seine Entwicklungsmöglichkeiten zu verbessern – allerdings mit dem Risiko hoher sozialer und ökologischer Kosten. Der Aufstieg der Handelsblöcke EG und USA und möglicherweise eines dritten in Ostasien, könnte die Interessen ärmerer Entwicklungsländer, besonders in Afrika, in Gefahr bringen.

Eine weitere Bedrohung stellt die globale Umweltkrise dar. Allzuoft versagen exportorientierte Entwicklungsstrategien beim Erhalt nichterneuerbarer Ressourcen oder erfüllen soziale Bedürfnisse unzureichend. Durch rapide Abholzung und Überfischung ist der Lebensunterhalt der ärmeren Menschen bedroht. Zugleich zwingen zunehmende Verelendung und Ausgrenzung, gepaart mit einem schnellen Bevölkerungswachstum, die Armen dazu, bei ihrem Überlebenskampf die Umwelt weiter zu zerstören. Es wächst die Einsicht, daß Armut im Süden und Überkonsumtion von Energie im Norden einen unverträglichen Druck auf die globale Umwelt ausüben.

Eine steigende Zahl von Konsumenten im Norden reagieren auf die Umweltkrise mit der Forderung nach umweltfreundlichen Produkten. Während die achtziger Jahre zweifellos als Jahrzehnt des sich entwickelnden ökologischen Konsumverhaltens gelten werden, bestehen Anzeichen, daß die neunziger Jahre als das Jahrzent des «entwicklungsfreundlichen Konsumverhaltens» in die Annalen eingehen könnten. Einige Strukturen haben sich bereits entwickelt, die den gerechten Handel mit Produkten aus der Dritten Welt fördern wollen, indem sie Gütesiegel für Waren (wie Tee, Kaffee und Kakao) vergeben, um zu zeigen, daß die Firmen bestimmte Kriterien eingehalten haben, die den armen Produzenten ein besseres Auskommen sichern.

Oxfam verfügt über direkte Erfahrungen mit der Armut und dem Leiden von Kleinproduzenten in Afrika, Asien und Lateinamerika. Oxfams Übersee-Programme packen einige dieser Probleme an, indem sie die Selbsthilfe lokaler Gemeinschaften unterstützen. Diese Erfahrungen haben gelehrt, daß Armut nur wirksam gelindert werden kann, wenn Initiativen auf «Graswurzelebene» ergänzt werden durch politische Veränderungen im nationalen und internationalen Rahmen.

Die erforderlichen grundlegenden Änderungen hängen vom politischen Willen sowohl im Norden als auch im Süden ab. Überall im Süden führt das Drängen des Volkes auf demokratische und verantwortungsbewußte Regierungen zu einer Veränderung. So könnte das wichtigste Hindernis für den Beginn einer Entwicklung, in der die Armen selbst teilhaben und an Entscheidungen teilnehmen können, beseitigt werden. Heute besteht die Pflicht für die Regierungen im Süden darin, bei einer Umstrukturierung ihrer Volkswirtschaften, dem Abbau der Armut Vorrang zu geben. Zugleich besteht für die Regierungen im Norden die Verpflichtung auf die positiven Veränderungen, die im Süden vor sich gehen, zu antworten. Um die zerbrechlichen Demokratien im Süden zu erhalten, müssen die Regierungen des Nordens ernsthafte Anstrengungen unternehmen, um die Ungleichheiten in den wirtschaftlichen Nord/ Süd-Beziehungen wiedergutzumachen. Dafür ist die öffentliche Meinung entscheidend – wie die Macht der Konsumenten im Norden, um einen gerechteren Handel Wirklichkeit werden zu lassen.

Empfehlungen

Gestützt auf seine fünfzigjährige Erfahrung bei der Arbeit in Übersee kommt Oxfam zu dem Schluß, daß es eine Reihe von Aufgaben gibt, die ernsthaft angegangen werden müssen, um einen Fairen Handel entstehen zu lassen und den armen Produzenten im Süden zu helfen.

Regierungen im Süden
Ein wirklicher Fortschritt könnte gemacht werden, wenn sich die Regierungen im Süden zu folgenden Aufgaben verpflichten würden:

Die Verringerung der Armut und der Erfüllung von Forderungen der Bevölkerung nach mehr Demokratie und einer verantwortlichen Regierungsführung durch
- Die Respektierung der Menschenrechte und ein größeres Mitspracherecht der Armen in der Gesellschaft.
- Ein Angehen der starken Unterschiede in der Verteilung des Reichtums, zum Beispiel mit der Durchführung von Agrarreformprogrammen, die einen gleichmäißgeren Zugang zu Land und anderen Ressourcen gewährleisten sollen.
- Verfolgung einer ökonomischen Reform mit dem Ziel, eine soziale und ökologisch tragfähige Entwicklung zu erreichen.
- Die Erfüllung der Grundbedürfnisse der Armen: Nahrung, Wohnraum, Ausbildung, Arbeit und Gesundheitsversorgung.

Hilfe für Produzenten durch
- Anreiz zur Zahlung von angemessenen Löhnen.
- Verbesserung der Preise, die den Produzenten gezahlt werden.
- Verbesserung der Vermarktungs- und Kreditmöglichkeiten.

Förderung der Selbstversorgung mit Nahrungsmitteln durch
- Unterstützung des Anbaues von Grundnahrungsmitteln

- Förderung der Vermarktung von lokal produzierten landwirtschaftlichen Waren

Kontrollierte Rohstofflieferungen, die die Preise stabilisieren würden, durch
- Zusammenarbeit mit anderen Entwicklungsländern, um das Angebot von Rohstoffen zu steuern und zu kontrollieren, zum Beispiel durch eine Anlehnung an die Regeln internationaler Rohstoffabkommen (wie im Kapitel 4 ausgeführt).

Diese Empfehlungen, die zahlenmäßig geringer als jene für die Regierungen im Norden sind, beinhalten wichtige strukturelle Veränderungen und eine Umverteilung der Ressourcen, um Gerechtigkeit neben einem wirtschaftlichen Wachstum sicherzustellen.

Regierungen im Norden

Regierungen der Industriestaaten könnten sich selbst zu folgendem verpflichten:

Hilfe für die Entwicklungsländer bei deren Bemühungen um Sicherheit bei der Ernährung und eine tragfähige Entwicklung durch
- Eindeutige Anerkennung deren Rechtes auf Schutz und Unterstützung der landwirtschaftlichen Produktion im Rahmenwerk des GATT, um die Selbstversorgung mit Nahrungsmitteln zu fördern (siehe Kapitel 9). Dieses Recht sollte nicht durch andere Abkommen, wie zum Beispiel ein Strukturanpassungsprogramm, eingeschränkt oder unterlaufen werden können.
- Eine Gewährleistung, daß Umweltkosten bei der Preisbildung von auf natürlichen Ressourcen beruhenden Produkten miteinbezogen werden (siehe Kapitel 9).

Absicherung und Verbesserung von Märkten für Exporteure aus Entwicklungsländern durch
- Erhalt des Multilateralismus im Welthandel (Kapitel 9 und 10).
- Maßnahmen, die das Dumping von subventionierten landwirtschaftlichen Exporten auf den Weltmärkten, die in eine unfaire Konkurrenz zur Produktion aus der Dritten Welt treten, beenden. Dies würde Maßnahmen beinhalten wie den schrittweisen Abbau des Systems von Exportsubventionen der Europäischen Gemeinschaft (Kapitel 8 und 9).
- Fortschreitende Zurücknahme von Zöllen und nichttarifären Handelshemmnissen gegenüber Produkten aus dem Süden (siehe Kapitel 8).
- Verbesserung von Allgemeinen Präferenzsystemen, indem diese leichter handhabbar werden und ihre Produktpalette auf Waren wie Textilien, landwirtschaftliche Produkte und Mineralien ausgedehnt werden.
- Hilfe für jene Länder, die Verluste durch die Beendigung von Export-«Dum-

ping», die Aufhebung von Zöllen und nichttarifärer Handelsschranken und einer Verbesserung Allgemeiner Präferenzsysteme erleiden. Diese beinhalten die ärmeren nahrungsmittelimportierenden Länder, deren Rechnungen für Nahrungsmittelimporte steigen würden, sowie die AKP-Länder, die Verluste erleiden könnten, infolge eines Rückgangs ihrer Vorzugsbehandlung auf dem Europäischen Markt. Die Europäische Gemeinschaft hat eine besondere Verantwortung, gegenüber den AKP-Ländern Rücksicht zu nehmen (siehe Kapitel 10). Die EG könnte gegenüber den AKP-Ländern auf vielfältige Weise für einen Ausgleich sorgen, unter anderem durch

— Lockerung der Ursprungsregeln im Lomé-Abkommen, um die Entwicklung exportorientierter Verarbeitungsindustrien in den AKP-Ländern zu fördern (siehe Kapitel 10);

— Zusätzliche Finanzzuschüsse und Anregung von Investitionen, um den AKP-Ländern entweder bei der Steigerung ihrer Konkurrenzfähigkeit (durch verbesserte Produktion, Förderung des Marketings und Entwicklung der Infrastruktur) oder einer Diversifizierung in andere wirtschaftliche Bereiche zu helfen (siehe Kapitel 10);

— Errichtung neuer Mechanismen, um die Auswirkungen von (durch den Europäischen Binnenmarkt) umgeleiteten Handelströmen auf die Entwicklungsländer – besonders auf die AKP-Staaten – zu beobachten (siehe Kapitel 10); und falls Länder Märkte verlieren, sollten zusätzliche Abkommen getroffen werden sowie Hilfe gegeben werden, um die Diversifizierung und eine Verbesserung der Produktion zu unterstützen;

— Beendigung des Multifaserabkommens und die Garantie, daß keine weiteren Handelsschranken gegenüber den Importen von Textilien und Kleidung aus den Entwicklungsländern errichtet werden. Dies würde begleitende Maßnahmen erforderlich machen, um die Umstrukturierung der Textilindustrie im Norden zu unterstützen, damit die bei einem Auslaufen des Multifaserabkommens entstehenden sozialen Kosten abgemildert würden (siehe Kapitel 8).

Maßnahmen, die helfen würden, die internationalen Rohstoffpreise zu verbessern und zu stabilisieren:

- Bereitstellung von Mitteln, um Ausgleichslager zu finanzieren für jene Rohstoffe, die für die Entwicklungsländer am wichtigsten sind, beispielsweise für die von der UNCTAD in ihrem Integriertem Rohstoff-Programm festgelegten zehn «Kernrohstoffe» (siehe Kapitel 4).
- Wesentliche Schuldenerleichterungen für die Entwicklungsländer, um von ihnen den Druck zu nehmen, Schulden mit gesteigerten Rohstoffverkäufen zurückzuzahlen (siehe Kapitel 3). Von den Schuldnerländern sollte nicht erwartet werden, daß sie mehr für den Schuldendienst bezahlen, als sie sich ohne Schädigung ihrer Wirtschaft leisten können. Die Regierungen der

Gläubigerländer sollten deutlichen Schuldenstreichungen für die ärmsten und am höchsten verschuldeten Länder zustimmen. Wenn Gläubigerregierungen von Schuldnerländern die Zustimmung zu einem Strukturanpassungsprogramm fordern, sollten sie nicht auf einer strengen Befolgung der vom IWF gutgeheißenen Programme bestehen, wenn die Schuldnernationen sich ein alternatives Programm mit Schwerpunkten auf sozialen und ökologischen Bedürfnissen neben dem wirtschaftlichen Wachstum auferlegen. Ähnliche Bedingungen wie für die Verringerung öffentlicher Schulden könnten auf andere verschuldete Länder der Dritten Welt ausgedehnt werden, zusammen mit deutlicheren Reduzierungen der Schulden bei privaten Gläubigern und einer Initiative, die Lasten durch den Schuldendienst für Kredite von multilateralen Institutionen zu verringern.

- Eine Überprüfung der Politik von Weltbank und Internationalem Währungsfonds, die darauf abzielt, als Teil von Strukturanpassungsprogrammen die Rohstoff-Ausfuhren zu erhöhen. Große Sorgfalt ist darauf zu legen, nicht eine Steigerung von Exporten zu planen, für die die Märkte bereits gesättigt sind (siehe Kapitel 3).
- Stärkung des STABEX-Systems der EG, indem der Fonds bei Erschöpfung wieder aufgefüllt wird. Die Kompensatorische Finanzierungsfazilität des IWFs könnte für die ärmeren Entwicklungsländer zugänglicher gemacht werden, indem flexiblere Bedingungen für Auszahlungen erarbeitet werden (siehe Kapitel 4).
- Mittel der Weltbank für die Entwicklungsländer zur Verfügung stellen, damit sie am Warenterminhandel teilnehmen können (siehe Kapitel 4).

Unterstützung für die Entwicklungsländer bei deren Anstrengungen, die Exporte zu diversifizieren, durch

- Bereitstellung von Mitteln für Diversifizierungsprogramme im Süden zum Beispiel durch das zweite «Fenster» des Gemeinsamen Fonds. Vorrang sollte den Ländern mit der höchsten Rohstoffabhängigkeit eingeräumt werden (siehe Kapitel 4).
- Abbau der Zollprogression für tropische Produkte, um die Weiterverarbeitung in den Erzeugerländern zu fördern.

Unterstützung beim Aufbau einer neuen Internationalen Handelsorganisation

- Eine ernsthafte Beachtung sollte den Vorschlägen aus dem Süden für eine neue Internationale Handelsorganisation gegeben werden, in der GATT und UNCTAD aufgehen sollen und in der umfassendere ökonomische Gesichtspunkte in Betracht gezogen würden. Eine Voraussetzung für ein solches Zusammengehen wäre, daß die augenblicklichen Aufgaben der UNCTAD einen Teil der neuen Organisation bilden würden. Zusätzlich zu den Bereichen, mit denen sich aktuell das GATT beschäftigt, muß zu den Aufgaben einer neuen Internationalen Handelsorganisation der Schutz der globalen

Umwelt, ein verbesserter Technologietransfer in die Entwicklungsländer sowie die Kontrolle der Transnationalen Unternehmen gehören (siehe Kapitel 9).

Konsumenten im Norden
Konsumenten in den Industrieländern könnten helfen indem sie:

Wenn möglich, fair-gehandelte Produkte kaufen
- die ein Gütesiegel für Fairen Handel tragen, wie das Max-Havelaar-Siegel oder das Transfair-Siegel in Deutschland.
- in alternativen Weltläden, wie Oxfam-Shops oder Dritte-Welt-Läden (siehe Kapitel 13).

Schlußfolgerung

Diese Empfehlungen sind in der Tat weitreichend und werden große Anstrengungen erfordern, im Norden wie im Süden. Allerdings sind sie, wie die vorausgehenden Kapitel gezeigt haben, untermauert durch Oxfams unmittelbare Erfahrung bei der Arbeit mit armen Produzenten in vielen Teilen der Dritten Welt, und sie spiegeln die Bedeutung und Schwierigkeit der Probleme wieder, denen sich die Armen gegenübersehen. Diese Empfehlungen sind als ein Beitrag zu einer unbedingt notwendigen öffentlichen Debatte gemeint, weil sie nach unserer Meinung einmal angewandt jenen Gemeinschaften, zu deren Unterstützung Oxfam existiert, zum Wohle gereichen würden.

Anmerkungen

Kapitel 1

1 Interview mit dem Forscher Francis Rolt, Shinyanga, August 1988
2 Ein Kanga wiegt 225 g, unter Berücksichtigung eines hohen Verlustes durch Entkörnen, Spinnen und Weben würden die von ihr geernteten 912 kg zur Herstellung von 720 Kangas reichen.
3 African's Commodity Problems: Towards a Solution, Bericht einer Expertengruppe des Generalsekretariats der Vereinten Nationen über die Rohstoffprobleme Afrikas, UNCTAD/EDM/ATF/1, Tabelle 2
4 UNCTAD, Commodity Yearbook 1989, Tabelle 2.31.3, New York: Vereinte Nationen, 1990
5 African's Commodity Problems, a.a.O.
6 Während Rohölexporte für einige Länder, in denen Oxfam arbeitet, sehr wichtig sind, wurden Analysen der Ölmarktes von dieser Studie ausgeschlossen. Die Einflüsse auf Nachfrage und Angebot von Öl sind komplex und hängen in großem Ausmaß von Faktoren ab, die nur für den Ölmarkt typisch sind. Jedoch können plötzliche Preisänderungen am Ölmarkt einen starken Einfluß auf die Entwicklungsländer ausüben. Der Einfluß der Golfkrise auf LDC-Länder wurde in einem Bericht herausgestellt, den das Overseas Development Institut, London im Februar 1991 für Oxfam anfertigte. Er zeigt, wie viele arme Länder stark von den hohen Ölpreisen, die von August 1990 bis Januar 1991 anhielten, getroffen wurden. Zusätzlich gab es einige Länder, die durch eine Kombination von anderen Ereignissen wie den Verlust von Gastarbeiter-Rücküberweisungen, Verlust von Exportmärkten und Verlust von Fremdenverkehrseinnahmen, getroffen wurde.
7 The ACP-EC Courier, Nr. 116, Juli-August 1989, S. 59
8 A. Powell: Commodity and Development country terms of trade – what does the long run show?, Economic Journal, November 1991
9 UNICEF: The Social Consequences of Adjustment and Dependency on Primary Commodities in Sub-Saharan Africa, ein von UNCTAD vom 1. bis 3. Mai 1989 in Genf organisierten ACC Inter Agency Expert Meeting on Commodities vorgelegtes Papier.
10 Primary Commodities – Market Developments and Outlook, vom Commodities Division of the Research Department, Internationaler Währungsfonds, Washington DC, Juli 1990 (Anhang, Tabelle 1)
11 Besonders Raul Prebisch und Hans Singer, die die Prebisch-Singer-Hypothese entworfen haben.
12 H.W. Singer: The relationship between debt pressures, adjustment policies and deterioration of terms of trade for developing countries (with special reference to Latin America), Working papers Series Nr. 59, Den Haag: Institute of Social Studies
13 UNCTAD: The Least Developed Countries 1989 Report, New York: Vereinte Nationen, 1990
14 ebd. S. 22
15 Weltbank: Global Economic Prospects and the Developing Countries, Washigton DC: Weltbank, 1991, S. 12
16 ebd., S. 10
17 ebd., S. 25
18 ebd., S. 15

19 A new world order, The Economist, 28. September / 4. Oktober 1991
20 Annual Review of Cotton, 1987 Marketing Development Bureau, Dar Es Salaam
21 Informationen über Tansanias Baumwollindustrie nach dem Forscher Francis Rolt, Shinyanga, August 1988 und von Oxfams Ländereferenten für Tansania, Alfred Sakafu, interviewt in Oxford, Juli 1991
22 Oxfams Länderreferent Alfred Sakafu, Juni 1991, Oxford
23 Economist Intelligence Unit: Dominican Republic Country Profile 1988-1989, London: Business International
24 Caribbean Tour Report, Oktober/November 1987, von John Clark, Oxford: Oxfam
25 Rufino Herrea, interviewt von der Autorin am 22. Oktober, Oxford
26 Rosalinda Pineda-Ofreneo: The Philippines – Debt and Poverty, Oxford: Oxfam, 1991
27 Vgl. v.a. die Oxfam Projekte PHL 137 – FESIN: Federation of Small Fisherfolk in Negros; PHL 124 – NAFCAR: National Coalition of Fisherfolks for Aquatic Reform; PHL 149 – National Consultative Assembly for Fisherfolk Empowerment

Kapitel 2

1 Rechercherereise der Autorin, Siglo Veinte, März 1990
2 John Cabtree et. al.: The Great Tin Crash – Bolivia and the World Market, London: Latin America Bureau, 1987
3 ebd., S. 4
4 Stefan Wagstyl: The Crisis no one is ready to resolve, Financial Times, 1. November 1985
5 Auszüge eines von Ken Duncan geschriebenen Berichtes zur Einwerbung von Spenden für das Krankenhaus in Coposa, 14. Juni 1979, archiviert als BOL 33, Volume II Oxfam Archiv
6 Doña Zenobia Reynaga de Chavarria, interviewt von der Autorin, Llallagua, Bolivien, März 1990
7 Crabtree, a.a.O., S. 80
8 Auszug: Oxfamprojekt-Bericht, BOL 88
9 Economist Intelligence Unit: Bolivia Country Profile 1991-92, London: Business International.
10 ebd.
11 Bolivia – where the nuts come from, Financial Times, 18. Juli 1991
12 ebd.
13 Economist Intelligence Unit, a.a.O.
14 A war that is far from being won, Financial Times, 18. Juni 1991
15 Poverty thwarts drugs fight in Bolivia, Financial Times, 18. Juli 1991
16 US drug force faces inquiry in Bolivia, The Independent, 8. Juli 1991
17 NACLA: Coca the real green revolution, NACLA Report on the Americas, Vol. XXII Nr. 6, März 1989, Seite 26, New York: North American Congress on Latin America
18 Poverty thwarts drugs fight in Bolivia, Financial Times, 18. Juli 1991
19 Interview mit Jose Maria Herrea Penaloza von QUANA – Centro de Education Popular, Irupana, 16. März 1990
20 Während eines Treffens mit Mitgliedern von ACCOPCA (Association Central de Comunidades Productores de Cafe), Coripata, 17. März 1990
21 Interview durch die Autorin, Coripata, Bolivien, 17. März 1990
22 Amando Supo, CORACA, Zuständiger für Vermarktung, interviewt von der Autorin, 17. März 1990, Irupani

Kapitel 3

1 UNCTAD: Handbook of International Trade and Development Statistics, 1989, New York: Vereinte Nationen, 1990 (Tabelle 3.2 – 1987)
2 Vgl. z.B. IWF Berichte: Primary Commodities and Market Developments für 1986, 1987 und 1988 und ODI Briefing Paper: Commodity Prices: Investing in Decline?, London: Overseas Development Institute, März 1988
3 IWF: International Financial Statistics – Supplement on Trade Statistics, Washington DC: Internationaler Währungsfonds, 1988, S. XV
4 IWF: Primary Commodities – Market Developments and Outlook, Washington DC: Internationaler Währungsfonds, 1986, S. 6
5 IWF: IMF Survey, Washington DC: Internationaler Währungsfonds, 29. April 1991
6 World recovery not assured, Financial Times, 11. Juni 1991
7 John Peterson: International trade in services: the Uruguay Round and cultural and information services, National Westminster Bank, Quaterly review, August 1989
8 Zur Verfügung gestellte Statistiken von Central Statistical Office, Newport, Gwent, August 1989
9 Central Statistics Office, Dublin
10 Central Statistical Office, Newport, Gwent
11 UNCTAD: Impact of Technological Change on Patterns of International Trade, UNCTAD/ITP/16/TEC/3, New York: Vereinte Nationen, 19. Mai 1989
12 UNCTAD: Impact of New and Emerging Technologies an Trade and Development (A Review of the UNCTAD Secretariat's Research Findings), TD/B/C.6/136, S. 48, New York: Vereinte Nationen, 1986
13 Roskill: The Economics of Tin – 1990, 6. Ausgabe, London: Roskill Information Services, S. 245, Tabelle 97
14 ebd., S. 257
15 UNCTAD 1986, a.a.O., S. 49
16 Sartaj Aziz: Agricultural Policies for the 1990s, S. 46, Paris: OECD, 1990
17 IOCU Trade Kit: Facts sheet: The cost of protectionism, The Consumer View on GATT and International Trade, Den Haag: IOCU, 1990
18 M. Kelly et al.: Issues and Developments in International Trade Policy, Occasional Paper 63, Washington DC: Internationaler Währungsfonds, 1988, S. 48. Für 1986 wurde die Gesamtunterstützung für die Milchwirtschaft in den USA mit 1.400 US-Dollar pro Kuh angegeben (beruhend auf dem Wechselkurs vom August 1991: 1 £ = 1,42 ECU; 1 $ = 1,17 ECU)
19 UNCTAD: Commodity Yearbook 1990, Tabelle 2.9.3 und 2.9.4, New York: Vereinte Nationen, 1990
20 Kelly et al.: a.a.O., S. 47
21 IWF: Primary Commodities – Market Developments and Outlook, Tabellen 43, 45 und 47, Washington DC: Internationaler Währungsfonds, 1989
22 Vgl. z.B. folgende Oxfam-Veröffentlichungen: Debt and Poverty in Jamaica (Belinda Coote, 1985); Zambia: Debt and Poverty (John Clark, 1989); The Philippines: Debt and Poverty (Rosalinda Pineda-Ofreneo, 1991)
23 H.W. Singer: The relationship between debt pressures, adjustment policies and deterioration of terms of trade for developing countries (with special reference to Latin America), Working Paper Series, Nr. 59, S. 4, Den Haag: Institute of Social Studies, 1989
24 ebd., S. 10
25 ebd.
26 Commodities Division of the Research Department, IMF: Primary Commodities – Market Developments and Outlook, Tabelle 54, S. 78, Washington DC: Internationaler Währungsfonds

27 Weltbank und UNDP: Africa's Adjustment and Growth in the 1980s, S. 26, Washington DC: Weltbank, 1989
28 Belinda Coote: The Hunger Crop – Poverty and the Sugar Industry, S. 72-76, Oxford: Oxfam, 1987
29 Biotechnology and Development Monitor, Nr. 2, März 1990, gemeinsame Publikation von Directorate General International Cooperation of the Ministry of Foreign Affairs, Den Haag und der University of Amsterdam, The Netherlands
30 Coffee and biotechnology, Biotechnology and Development Monitor, Nr. 4, September 1990
31 ODI, a.a.O.
32 Belinda Coote, a.a.O., 1987
33 Martin W. Holgate et al.: Climate Change – Meeting the Challenge (Bericht einer Commonwealth-Gruppe von Experten), S. 57, London: Commonwealth Secretariat, September 1989

Kapitel 4

1 Economist Intelligence Unit: Cameroon, Central African Republic, Chad Country Profile 1990-91, London: Business International Ltd., 1991
2 Guy de Lusignan: French-Speaking Africa Since Independence, London: Pall Mall Press, 1969
3 Economist Intelligence Unit, a.a.O.
4 Aus Fallstudien aufbereitet von Sarah Westcott, Länderrepräsentantin von Oxfam für den Tschad, März 1989
5 Oxfam Projekt Tschad 054 – Savings and Credit Cooperations, «CREC».
6 Beruhend auf dem Wechselkurs vom Juni 1991 1 £ = 503,80 CFA Franc
7 Sarah Westcott, a.a.O.
8 Fiona Gordon-Ashworth: International Commondity Control, London and Canberra: Croom Helm, 1984, S. 88
9 Jock Finlayson and Mark Zacher: Managing International Markets, New York: Colombia University Press, 1988, S. 285
10 ebd., S. 284
11 John Jackson: reconstructuring the GATT system, London Printer, 1990, S. 10
12 Finlayson and Zacher, a.a.O., S. 140
13 Gordon Ashworth, a.a.O. S. 82
14 International Cocoa Agreement 1986, Oktober 1990, Kapitel XV, Artikel 64; International Cocoa Council
15 Finlayson and Zacher, a.a.O., S. 31
16 ebd., S. 33-37
17 Gordon Ashworth, a.a.O., S. 40
18 ebd., S. 42
19 ebd., S. 42-43
20 Die 18 Rohstoffe, die vom Integrierten Programm erfaßt werden sind: Bananen, Kakao, Baumwolle und Baumwollgarn, Hartfaser, Jute und Juteprodukte, Rindfleisch, Gummi, Zucker, Tee, Tropenholz, Pflanzenöle und Ölsaaten, Bauxit, Kupfer, Eisenerz, Mangan, Phosphate und Zinn. Von diesen sind die zehn «zentralen» Rohstoffe, die hauptsächlich von den Entwicklungsländern ausgeführt werden: Kakao, Kaffee, Baumwolle und Baumwollgarn, Hartfaser, Jute und Juteprodukte, Gummi, Zucker, Tee, Kupfer und Zinn.
21 IMF: Primary Commodities – Market Developments and Outlook, Washington DC: International Monetary Fund, 1990
22 C.L. Gilbert: International Commodity agreements: design and performance, World Development, Vol. 15, Nr. 5, Mai 1987

23 ebd.
24 ebd.
25 Gordon-Ashworth, a.a.O., S. 45
26 UNCTAD Bulletin Nr. 254, Juli-August 1989
27 Information zur Verfügung gestellt von United Nations Non-Goverment Liason Service, Genf, August 1991
28 ebd.
29 Finlayson and Zacher, a.a.O., S. 67
30 A.P. Hewitt: Stabex and commodity export compensation schemes: prospects for globalisation, World Development, Vol.15, Nr. 5 Mai 1987
31 Pownell and Stuart: The IMF's compensatory and contingency financing facility, Finance and Development, Dezember 1988
32 Artikel 186 der Vierten AKP-EG Konvention, unterschrieben in Lomé am 15. Dezember 1989
33 ebd.
34 Hewitt, a.a.O.
35 Daten vom Ministerium für Handel und Industrie, August 1991
36 Independent Group of British Aid: Real Aid: What Europe Can Do, London: IGBA, 1990
37 Informationen zur Verfügung gestellt vom Overseas Development Administration, August 1991
38 UK Policy on Compensatory Financing, Papier on Overseas Development Administration zur Verfügung gestellt
39 ebd.
40 Informationen vom Ministerium für Handel und Industrie, August 1991
41 Finlayson and Zacher, a.a.O., S. 235-241
42 Informationen vom Ministerium für Handel und Industrie, August 1991

Kapitel 5

1 Clairmonte and Cavanagh: Merchants of Drink: Transnational Control of World Beverages, Penang: Third World Network, 1988, S. 72
2 R.M. Eldridge and R. Maltby: On the Existence and Implied Cost of Carry in a Medieval English Forward / Futures Market, University of Leeds
3 Genaugenommen sind mit einem FORWARD CO. keine finanziellen Flüsse verbunden. Wie später gezeigt wird, beinhalten FUT CONT finanzielle Flüsse während der Abwicklung.
4 The Concise Oxford Dictionary, 7. Ausgabe, Oxford, Oxford University Press, 1982
5 nach von London Fox und London Metall Exchange zur Verfügung gestellten «Fact Sheets».
6 Auszug aus «The tin men» von Alan Rusbridger, The Guardian, 12. März 1986 (erlaubter Nachdruck)
7 A. Powell: The management of risk in development country finance, Oxford Review of Economic Policy, Vol. V Nr. 4, Winter 1989, S. 69-87

Kapitel 6

1 UNCTAD: Commodity Yearbook 1989, New York: United Nations, 1990 Tab. 2.13.3, S. 169
2 ebd.; und UNCTAD: Statistical Pocketbook, New York: United Nations, 1984 und 1989
3 H. Hobhouse: Seeds of Change: Five Plants that Transformed Mankind, London: Sidgewick and Jackson, 1985, S. 94

4 International Tea Committee: Annual Bulletin of Statistcs, 1988, Tabelle G2, 1984 to 1986. Zahlen kalkuliert auf Schätzungen des Komitees, daß das 1 lb Tee 200-240 Tassen ergibt.
5 Der Per-Kopf-Konsum ging nieder von einer Spitze von 4,50 kg 1961 auf 2,77 in den Jahren 1984-1986; nach: Primary Commodities: Market Developments and Outlook, vom Commodities Division of the Research Departement, IWF, Washington DC, Juli 1989, S. 62
6 Keynote Report on Hot Drinks, 4. Ausgabe, 1988
7 Research Department, IWF, a.a.O., S.62
8 International Tee Committee, a.a.O., S. 62
9 The Grocer, 20.7.1991, S. 31
10 Commonwealth Development Corporation Report and Accounts, Project Report, 1986.
11 M. Vije: Where Sherfdom Thrives: The Plantation Tamils of Sri Lanka, Madras: TIRU, 1987, S. 43
12 Edinburgh World Developement Movement: Unacceptable Faces of Tea: James Finlay of Glasgow, 1983
13 Anwarullah Cowdury: Women Tea Workers in Bangladesh: A Study of Plantation Women Workers of Sylhet, Lecture Series 3, November 1988, Bangladesh: Centre for Women and Development
14 ebd.
15 In einem Brief an die Autorin von R.J.K. Muir, Vorsitzender von James Finlay PLC, Glasgow, 20. September 1991
16 P. Roussos: Zimbabwe: An Introduction to the Economics of Transformation, Harare, Baobab Books, 1988, S. 172
17 Roy Trivedy: Oxfam Action Research Program, Mulanje, 1987-88, Oxford: Oxfam, 1990
18 Research Department, IWF, a.a.O.
19 a.a.O.
20 Diese sind Thompson, Lloyd and Ewart; Geo. White and Co; Wilson Smithett and Co; und Haines and Co (London) Ltd. Haines befindet sich im Besitz einer Tochtergesellschaft von Brooke Bond und zählt zu Brooke Bonds vertikaler Eingliederung in die Industrie.
21 Basierend auf einem Besuch bei der London Tea Auction in Sir John Lyon House, 2. Mai 1989
22 UNCTAD: Studies in Processing, Marketing and Distribution of Commodities, New York: United Nations, 1984, S. 12
23 International Tea Committee, a.a.O., S. 60-61
24 Financial Times, 16. October 1984
25 The Guardian, 27. September 1989
26 The Telegraph, 3. Oktober 1989
27 Hillsdown Holdings plc: Group Profile, 1989
28 The World Development Movement: The Tee Trade, London: WDM, 1979
29 The Financial Times, 20. April 1989
30 a.a.O.
31 Nach Informationen der Cooperative Wholesale Society, 14. Februar 1990
32 Nach Lyons Tetlys Marktforschungs-Leiter, Heather Alderton, in einem Gespräch mit der Autorin am 14. 2. 1990
33 Übernommen aus «Student's Broadsheet», produziert von The Tea Council, Sir John Lyon House, 5 High Timber Street, London EC4V 3NJ (undatiert)
34 The Grocer, 3. August 1991, S. 6
35 The Tea Council, a.a.O.
36 The Grocer, Preiszusammenstellung, 1. April 1989
37 The Financial Times, 20. April 1989

38 Mit der Ausnahme von Brooke Bond Fonds, welche keine «eigenen» Hausmarken für den Einzelhandel abpacken, nach einem Brief von Unilevers Öffentlichkeitsarbeiter Chris Bunting, 17. 10. 1991
39 Nach D. Pogson, Mischer und Verpacker von Northern Tea Merchants in Chesterfield in einem Interview von Duncan Brewer, 19. April 1989
40 New Internationalist, Juni 1987
41 Teatime in Turkey, Unilever Magazine Nr. 61, Ausgabe 3, 1986
42 a.a.O.
43 International Tea Commitee, a.a.O.
44 The Grocer, Preisbeilage, 1. April 1989, S. 68
45 a.a.O.
46 In einem Brief an Oxfam erklärt Unilever, die Muttergesellschaft von Brooke Bond: «die allgegenwärtige Annahme dahinter (dem Kapitel) ist die Verbindung zwischen schlecht bezahlten Plantagenarbeitern und einem hochprofitablen Endprodukt; die Folgerung ist, daß der Profit auf die Kosten der Plantagenarbeiter geht. Tatsache ist, die Löhne der Arbeiter in den Teeländereien sind gut verglichen mit denen von anderen landwirtschaftlichen Arbeitern in Produzentenländern. In Ländern wo Brooke Bond Teeländereien, oder Teile davon, besitzt, wird die Höhe der Zahlungen entweder zwischen Gewerkschaften und Unternehmern (gewöhnlich unter Einbindung der Regierung) vereinbart oder sie werden durch Regierungserlaß festgelegt. Allen Brook Bond Teearbeitern werden diese Löhne gezahlt, und sie erhalten eine Reihe anderer Unterstützungen. Die Einführung neuer Pflückmethoden hat zu einer zusätzlichen Verdienstkapazität für die Pflücker selbst geführt. Es (das Kapitel) widerspiegelt ebenso nicht die Tatsache, daß die Brooke Bond Gruppe eine Reihe von Unterstützungen zur Verfügung stellt, die Erziehung und medizinische Einrichtungen für alle ihre Landarbeiter umfaßt.» (17. Oktober 1991)
47 Nach Informationen von Jo Feingold, ehemaliger Generalsekretär der International Federation of Agricultural Producers
48 R.J.K. Muir, a.a.O.

Kapitel 7

1 Philippines Coconut Authority: Spectrum of Coconut Products, Quezon City: PCA, undatiert
2 Unilever: Vegetable Oils and Fats, educational booklet, 1975
3 La Lettre de Solagral, No. 67, Paris: February 1988, S. 8-17
4 Overseas Development Institute: Commodity Prices: Investing in Decline?, London: ODI, 1988
5 FAO Trade Yearbook – 1988 Volume 42, Rome: Food and Agriculture Organisation, 1990
6 Economist Intelligence Unit: Philippines Country Profile 1990-91, London: Business International Ltd.
7 Zum Zeitpunkt, als die Untersuchung durchgeführt wurde (Februar/März 1987), belief sich der tägliche Mindestlohn im nicht-landwirtschaftlichem Sektor auf 37 Pesos, und im Landwirtschaftssektor lag er etwas darunter.
8 Department of Agrarian Reform, zit. in Land Reform in the Philippines, Metro Manila: IBON Databank Philippines, Inc., 1988. S. 166
9 IBON: IBON Facts and Figures 1988, Metro Manila: IBON Databank Philippines
10 Von Adrian Moyers, Oxfam, durchgeführte Untersuchung, Februar/März 1987.
11 Nach Informationen von Community Crafts Abroad of the Philippines, August 1991
12 Philippine Daily Inquirer, 25. Juni 1991
13 United Coconut Association of the Philippines: UCAP Annual Statistics 1988, Metro Manila: UCAP, S. 2-22

14 Nach von Adrian Moyes, Oxfam, geführten Untersuchungen
15 United Coconut Association of the Philippines: Coconut Statistics 1987, Vol. VI, Nr. 21. Metro Manila: UCAP, S. 107
16 FAO a.a.o, Tabelle 126
17 Geoffrey Bastin: The CAP and the oilseeds economies of developing countries, in the CAP and the Third World, London: Catholic Institute for International Relations, 1986
18 Unilever Annual Accounts, 1989
19 The Financial Times, 7. März, 1991
20 Rhys Jenkins: Transnational Corporations and Uneven Development, London und New York, Methuen, 1987
21 Europe's top 500 companies, The Financial Times, 11. Januar 1991
22 Unilever Annual Accounts, 1989
23 Zahlen nach Unilevers Annual Report for 1988 und UNCTAD: Handbook of International Trade Statistics 1989, New York: United Nations, 1990, Tabelle 6.4, berechnet nach folgenden Wechselkursen für 1 £: Phillippinen: 45 Pesos, Tschad: 503 CFA-Franc, Tanzania: 178 Schillinge.
24 Vorhersage getroffen vom Smith New Courts Maklern (Evening Standard, 2. November 1990)

Kapitel 8

1 Kirkpatrich Sale: The Conquest of Paradise, London: Hodder and Stoughton 1991, S. 124
2 The Economist, 6. Juli 1991
3 Comite para la Defense de los Barriales (COPADEBA), Oxfam Projekt DMR 036
4 Der Begriff Dritte Welt wurde zuerst von dem französischen Ökonomen Alfred Savrey benutzt.
5 UNCTAD: Uruguay Round – Papers on Selected Issues, New York: Vereinte Nationen, 1989, Tabelle 4, S. 349
6 Economist Intelligence Unit: Bangladesh Country Profile 1989-90, London: Business International Ltd.
7 «World trade survey», The Economist, 22. September 1990.
8 UNCTAD, a.a.O., S. 221
9 Clive Robinson: Hungry Farmers – World Food Needs and Europe's response, London. Christian Aid, 1989, S. 27
10 Discussion Paper 90.6: «Proposed Strategies for Reducing Agricultural Protection in the GATT Uruguay Round», Canberra: Australian Bureau of Agricultural and Ressource Economies
11 UCAP: «The Flight of the Philippine Coconut Industry in the US», Manila: United Coconut Association of the Philippines, September 1989
12 B. Ross: «The Coconut Industry: An Appropiate Tool for Development in the Philippines?», unveröffentlichte Magisterarbeit, 1990, S. 28
13 UCAP: «Tropical Oils Issue – a Special Report», Coconuts Today, Manila: United Coconut Association of the Phillipines, 1988, S. 8
14 ebd.
15 UCAP: «The Fight of the Philippines Coconut Industry in the US», Manila: United Coconut Association of the Philippines, September 1989
16 UCAP: Coconut Statistics 1987, Vol. VI Nr. 21, Manila: The United Coconut Association of the Philippines, October 1988, S. 1-40
17 UCAP: Coconut Industry Kit, Manila: UCAP Research, Juni 1989
18 UCAP: Coconut Statistics 1987, Vol. VI Nr. 21, Manila: The United Coconut Association of

the Philippines, October 1988
19 Bantaaw – Econonic and Social Indicators of Mindanao, Vol. 11, Nr. 3, Davao City, Philippinen
20 The Financial Times, 7. März 1991
21 European Parliament Working Document A2-205/86, 19. Januar 1987, erstellt vom Ausschuß für Entwicklung und Zusammenarbeit über die Beziehungen der Gemeinschaft zu Entwicklungsländern unter Betrachtung von Handel und Rohstoffen.
22 The World Bank: World Development Report 1989, Oxford: Oxford University Press, 1989, S. 15
23 N. Hopkinson: The Uruguay Round and Prospects for World Trade, Wilton Park papers 21, London: HMSO. 1989

Kapitel 9

1 In einem Modell der komparativen Kostenvorteile spielt es keine Rolle, wenn das Land A effizienter in der Herstellung aller Produkte ist, die das Land B produziert. Denn es würde seine ökonomische Effizienz optimieren, durch die Konzentration seiner produktiven Ressourcen in jenem Sektor, in dem es die größten Vorteile (oder geringsten Nachteile) genießt.
2 RONGEAD: GATT Briefing Nr.1, Juni 1990, Lyon: RONGEAD
3 Southern African Economist, Februar/März 1991
4 M.J. Finger und A. Olechowski: The Uruguay Round – A Handbook on the Multilateral Trade Negotiations, Washington DC: Weltbank, 1987, S. 101
5 Fiona Gordon-Ashworth: International Commodity Control, London, Croom Helm, 1984, S. 40
6 Craig MacPhee: «A Synthesis of the GSP Study Programme», UNCTAD/ITP/19, New York: Vereinte Nationen, 5. Dezember 1989, vgl. 13
7 D.K. Brown: «Trade preferences for developing countries: a survey of results», The Journal of Development Studies, Vol. 24 Nr. 3, S. 347
8 MacPhee, a.a.O., Tabelle 1
9 ebd., vgl. 58 und 59
10 Brown, a.a.O. S. 350
11 Lucy Kellaway: «EC plans better deal for world poor», The Financial Times, 25. Juli 1990
12 In einer Rede auf der Konferenz – organisiert von Novib und dem Third World Network – «GATT, Uruguay Round and Development», The Hague, Juni 1990
13 John Jackson: Restructuring the GATT System, London: Printer, 1990, S. 38
14 N. Hopkinson: The Uruguay Round and Prospects for the World Trade, Wilton Park Papers 21, London: HMSO, 1989
15 ebd.
16 UNCTAD: Uruguay Round – Papers on Selected Issues, New York: Vereinte Nationen, 1989, S. 66
17 World Bank: Global Economic Prospects and the Developing Countries, 1991, Washington DC: Weltbank, 1991, S. 10
18 Hopkinson, a.a.O.
19 ebd.
20 RONGEAD: GATT Briefing – On Trade Related Aspects of Intellectual Proberty Rights, Nr. 2, Juli 1990, Lyon: RONGEAD
21 H. Hobbelink: Biotechnology and the Future of World Agriculture, London: Zed Books, 1991, S. 109
22 C. Raghavan: Recolonization – GATT, the Uruguay Round and the Third World, London: Zed Books, 1990, S. 87

23 Hopkinson, a.a.O.
24 Innerhalb des GATTs sind «agrikulturelle Produkte» definiert als solche Produkte, die nicht in die Verhandlungsgruppen der Tropischen Produkte und der auf natürlichen Ressourcen basierenden Produkte fallen. Dies sind Getreide, Fleisch, Milchprodukte, Ölsaaten/Pflanzenöle (nicht-tropische)und Zucker. Wertmäßig betrachtet, zählen diese Produkte zum Gros des Welthandels mit landwirtschaftlichen Produkten.
25 Kevin Watkins: «Changing the rules: the GATT farm trade reform and world food security», GATT Briefing – On Agriculture, Food Security and the Uruguay Round, Nr. 4, November 1990, Lyon: RONGEAD
26 Die Cairns-Gruppe besteht aus Argentinien, Australien, Brasilien, Kanada, Chile, Kolumbien, Fidschi, Ungarn, Indonesien, Malaysia, Neuseeland, Philippinen, Thailand und Uruguay.
27 «An Integrated Approach to Food Security», vorbereitet von der Arbeitsgruppe des Verbindungskomitees von Entwicklungshilfe-NGOs über Nahrungsmittelangelegenheiten für die Europäische Gemeinschaft, angenommen im Februar 1991
28 The Guardian, 13. Dezember 1990
29 Steven Shrybman: «International Trade and the Environment», Canadian Environmental Law Association, 1989 (unveröffentlicht)
30 J. Davidson und D. Myers mit Manab Chakraborty: No Time to Waste. Poverty and the Environment, Oxford: Oxfam, April 1992
31 Kevin Watkins, The Guardian, 11. Januar 1991
32 GATT Focus, GATT Information Bulletin, Dezember 1990
33 John Vidal, The Guardian, 6. September 1991
34 HIVOS, NCOS, NIO, Novib: «The South of the World Market: Preconditions for Sustainable International Trade», The Hague, 1991
35 So der Generalsekretär der OECD Jean-Claude Paye, nach Handelsblatt vom 8.2.1994

Kapitel 10

1 Untersuchung von Anna Feuchtwang auf den Windward Islands 1989
2 Robert Thomson: Green Gold – Bananas und Dependency in the Eastern Caribbean, London: Latin America Bureau, 1987
3 B. Borrell und M-C. Yang: EC Bananarama 1992, Arbeitspapier über internationalen Handel, WPS 523, Tabelle 2, Washington DC: Weltbank, 1990
4 The ACP-EC Courier, Nr. 120, März-April 1990
5 Shridath Ramphal: Rekindling the spirit of Lomé, Lomé Briefing Nr. 1, Brüssel: Liason Committee of Development NGOs to the European Communities, 1983
6 The ACP-EC Courier, Nr. 120, März-April 1990
7 K. Watkins: Africa and the European Community: The Lomé Convention, in: Afrika South of the Sahara – 1990, London: Europa
8 H.E. Leslie Armon-Wilson, Jamaikas Botschafter bei der EG und AKP•Mitglied im Lomé IV-Verhandlungsteam in einem Pressegespräch unterstützt vom World Development Movment, veranstaltet in der London School of Economics am 19. Mai 1989.
9 The Fincial Times, 21. Juli 1989
10 Drusilla Brown: Trade preferences for developing countries: a survey of results, The Journal of Development Studies, Vol. 24, Nr. 3, 1987, S. 334
11 Belinda Coote: The Hunger Crop – Poverty and the Sugar Industry, Oxford: Oxfam, 1987, S. 61
12 Watkins, a.a.O.
13 Borell and Yang, a.a.O.

14 M. Davenport: Europe: 1992 and the Development World, London: Overseas Development Institute, 1991, S. 1
15 E. Mayo: Beyond 1992, Occasional Paper 1, London: The World Development Movement, 1989
16 Borell and Yang, a.a.O.
16a Verordnung Nr. 404/93 des Rates vom 13. Februar 1993 über die gemeinsame Marktorganisation für Bananen; zit. nach: AGRA-EUROPE 11/93, 15. März 1993
17 L.J. Emmerij: Europe 1992 and developing countries, Journal of Common Market Studies, Vol. XXIX, Nr. 2
18 Paolo Cecchini: The European Challenge: 1992, London: Gower, 1988
19 C. Stevens: The impact of Europe 1992 on the South, IDS Bulletin, Vol. 21, Nr. 21 Universität von Sussex: IDS Publications Unit, Januar 1990
20 The Developing Countries and 1992, ODI Briefing Paper, London. Overseas Development Institute, November 1989
21 Davenport, a.a.O., S.60
22 Emmerij a.a.O.
23 Davenport, a.a.O., S.61
24 zum Beispiel A. Koekkoek, A. Kuyvenhoven und W. Molle: Europe 1992 and Developing Countries, Journal of Common Market Studies, Vol. XXIX, Nr. 2, Dezember 1990
25 Zum Beispiel Emmerij, a.a.O.
26 Wall Street Journal, 27. September 1989
27 W. Orme: The Sunbelt Moves South, New York: North American Congress an Latin America, May 1991
28 Herald Tribune, 12. November 1991
29 The Financial Times, 3. Juni 1991
30 N. Harris: Mexiko and North American free trade, Development Policy review, Vol. 9, Nr. 3, September 1991, London: Overseas Development Institute
31 The New York Times, 14. April 1991
32 The Financial Times,17. Mai 1991
33 Wall Street Journal, 27. September 1989
34 The Financial Times, 17. Mai 1991
35 The Financial Times, 14. Juni 1991
36 World Development Movement: Spur, Februar 1991
37 The Financial Times, 3. Juli 1991
38 Orme, a.a.O.
39 The Financial Times, 30. Januar 1991
40 The Financial Times, 6. Januar 1991
41 The Financial Times, 31. Juli 1991

Kapitel 11

1 World Commission on Enviroment and Development: our Common Future, Oxford: Oxford University Press, 1987
2 Weltbank: World Development Report 1990, Oxford: Oxford University Press, Tabelle 1, 1990
3 Richard Harthill, Oxfam-Repräsentant in Chile, März 1990
4 Raul Prebisch: The Economic Development of Latin America and its Principal Problems, New York: Vereinte Nationen, 1950
5 J. Gatica Barrios: De-industrialisation in Chile, London: Westview Special Studies on Latin America and the Caribbean, 1989
6 Weltbank: World Develop. Report 1987, Oxford: Oxford University Press, 1987, S. 87-91

7 s. Gatica Barrios, a.a.O.
8 Economist Intelligence Unit: Chile Country Profile 1990-91, London: Business International
9 Rudolfo Contreras: Mas alla del Bosque – la exploitacion forestal en Chile Amerinda, Santiago, 1989, S. 53
10 The Financial Times, 29. Juni 1989
11 Maria Helena Hurtado: Careless harvest, South, Mai 1990
12 The Finacial Times, 29. Juni 1989
13 Hurtado, a.a.O.
14 Department of Trade and Industry: Overseas Trade Statistics of the UK, 1988
15 A. Araya: Ese Mar que Tranquilo se Vende, Informa CODEFF, Juli 1989; J. Echenique: El Sector Agrario en la Perspectiva Democratica, Estudios Agrarios Boletin 24, August 1989, GEA, Universidad Academia de Humanismo Cristiano
16 Auszüge aus einem Reisebericht der Oxfam-Mitarbeiterin Sharon Thompson, März 1990
17 Echenique, a.a.O.
18 J.C. Cardenas: Perqueria Chilena y Desarrollo Democratico, Vorbereitungspapier zum Comite Nacional Pro Defensa de la Fauna y Flora (CODEF), Chile
19 D. Hojman: Neo-liberal Agriculture in Rural Chile, Basingstoke: Macmillian, 1990, S. 4
20 Echenique, a.a.O.
21 Anuarios de Atenciones y Recorsos 1975-1989, Estadisticas e Indicadores de Atenciones Dpto Coordinacion e Informacion, Ministerio de Salud, Chile
22 S. Valiente, F. Mockeberg und N. Gonzalez: The Political Economy of Nutrition in Chile, Instituto de Nutricion y Tecnologia de los Alimentos, Universidad de Chile, Serie Sisvan Inta 34/85; R. Contreras, S. Duhart, M. Echeverria und H. Lopez: Salud Publica, Privada y Solidaria en el Chile Actual, Documeto de Trabajo no. 44, Juli 1986, Programa de Economia del Trabajo Academia de Humanismo Cristiano
23 Economist Intelligence Unit: Chile Country Profile 1990-90, London: Business International, S. 13
24 Zahlen zur Verfügung gestellt von GEA (Grupo de Estudios Agro-Regionales), Santiago, interviewt am 26. März 1990
25 Vorortuntersuchung durch die Autorin, März 1990
26 Direccion General de Territorio Maritimo y de Marina Mercante, zitiert in Quepuca, Dezember 1988, Magazin von OPDEC (Oxfam-Projekt Chile 661)
27 Carlos Lopez L., Gewerkschaftsführer, interviewt von Iain Gray in Cocepcion, 28. März 1990
28 Zahlen zur Verfügung gestellt von Oxfams Projektpartner Centro de Estudios Sociales, Santiago, in einem Interview von Sharon Thompson, 19. März 1990
29 Informationen nach Oxfam Project Summary Application Form für CHI 627 B9 (Instituto de Capacitacion y Apoyo Rural)
30 Gewerkschaftsvertreter, interviewt von Sharon Thompson in Concepcion, März 1990
31 Economist Intelligence Unit, a.a.O., 1989-90
32 Contreras, a.a.O., S. 50
33 z.B.: CHI 101 – Servicio de Estudios Regionales; CHI 628 – Aurora; CHI 675 – Comite Nacional pro Defensa de la Fauna y Flora
34 South, Mai 1990
35 ebd.
36 Oxfam-Projekt CHI 628 – Aurora (1990), Antecedentes Generales del Sector Forestal Xa Region, Puerto Montt
37 Iain Gray: Oxfam staff tour report, März 1990
38 CODEFF Magazine, Juli 1989
39 Studie von CODEFF (Oxfam-Projekt CHI 675) in der Provinz Bio Bio, 1983
40 Rudolofo Contreras, interviewt von Iain Gray und Sharon Thompson, Talcahuano, 27. März 1990

41 Ernst Hajek: Problemas Ambientales de Chile, AID und Universidad de Chile
42 Von Iain Gray und Sharon Thompson interviewter Arbeiter einer Verarbeitungsfirma, 27. März 1990
43 Präsident der Gewerkschaft von Fischereiarbeitern, Talcahuano, interviewt von Iain Gray und Sharon Thompson, 28. März 1990
44 Bernard Carillo, Präsident des Verbandes der Arbeiter in der Fischereiindustrie Südchiles, interviewt im März 1990
45 Anuarios del Servicio Nacional de Pesca, Ministerio de Economia
46 Cardenas, a.a.O.
47 ebd.
48 Präsident der Gewerkschaft von Fischereiarbeitern, Talcahuano, interviewt von Iain Gray und Sharon Thompson, 28. März 1990
49 Informationen zur Verfügung gestellt von Oxfams Projektpartner, Agra (CHI 093), in einem Interview mit der Autorin, 28. März 1990, Santiago
50 Bei den Neun handelt es sich um Folidol, Pentaclorofenol, Paraquat, Lindan, Aldrin, Deildrin, Heptchlor, DDT und Endrin (la Docena Maldita, Hoja de Divulgacion, Santiago, AGRA, 1987)
51 Juan Manza Guilano: Las Plaguicidas: Una dependencia Peligrosa, Documento de Trabajo No 4, Santiago: AGRA
52 D. Bull: A Growing Problem – Pesticides and the Third World Poor, Oxford: Oxfam, 1982
53 CHI 093: Agra Limitada, Santiago
54 Fortin Mapocho, Mapucho, 29. Januar 1988
55 Las Ultimas Noticias, 5. Februar 1988
56 La Tercera, 26. Januar 1989
57 Marion Moses: Pesticide-related health problems and farmworkers, The Pesticide Handbook (hg. Saronjini Rengaru und Karen Snyder), 1991
58 ebd.
59 The FAO Code: Missing Ingredients, Pesticide Action Network International, 1989
60 New Scientist, 24. Februar 1990
61 La Epoca, 5. April 1989
62 Bull, a.a.O.
63 Laut Oxfams Projektpartner, ICAR
64 Cardenas, a.a.O.
65 Consideraciones para una politica forestal en el gobierno de transicion 1990-1994, CODEFF Documentos Serie Forestal 89/11
66 J.G. Morales: El Estado y el Sector Privado en la Industria Forestal, Grupo de Estudios Agro-Regionales, Boletin 24, August 1989
67 Giuliano Manza, a.a.O.
68 Hojman, a.a.O.

Kapitel 12

1 United Nations Secretary General's Expert Group on Africa's Commodity Problems: Africa's Commodity Problems: Towards a Solution, UNCTAD/EDM/ATF/1, Genf: UNCTAD, S. 70
2 Oxfam-Projekt Nummer Bangladesh 204
3 Interviewt von Jim Monan in Notun Bazaar, Khulna, April 1989
4 Agricultural Information Development Bulletin, Vereinte Nationen ESCAP, September1989, Vol. 11, Nr. 3, S. 18
5 New Scientist, 13. April 1989
6 UK Department of Trade and Industriy Statistics: 1988 UK imports and exports

7 The Financial Times, 15. Januar 1988
8 Environmental Country Strategy Bangladesh, Danida, Dezember 1988
9 Interview von Jim Monan mit einer Garnelenkooperative, Khulna, April 1989
10 Government of Bangladesh: Bangladesh Economic Survey 1988, Dhaka: Ministry of Finance
11 Economic Intelligence Unit: Bangladesh Country Profile, 1990-91, London: Business International, S. 8
12 UNCTAD: Commodity Yearbook 1990, New York: Vereinte Nationen, Tabelle 2.32.3
13 The Financial Times, 26. März 1991
14 Paul Handley: Cultured Revolution, Far Eastern Economic Review, 5. Oktober 1989 (nach Zahlen der FAO)
15 ebd.
16 ebd.
17 Zahlen nach dem Berichterstatter Jim Monan, in Zusammenarbeit mit der Garnelenkooperative, Khulna, April 1989
18 Interviewt von Jim Monan in Notun Bazar, Khulna, April 1989
19 Far Eastern Economic Review, 5. Oktober 1989, S. 99
20 Nach Interviews von Jim Monan mit Feldarbeitern von Gono Shahajja Sangstha, April 1989 (Oxfam-Projekt Bangladesh 204)
21 Jim Monan: Bangladesh – The Strenght to Succeed, Oxford: Oxfam, 1990, S. 36
22 Interview von Jim Monan mit GSS, Khulna, April 1989
23 Interview, South Khulna, von Jim Monan, April 1989
24 Far Eastern Economic Review, 5. Oktober 1989
25 Weltbank: Bangladesh Shrimp Culture Project, unveröffentlichter Bericht, 1985

Kapitel 13

1 Ben Whitaker: A Bridge of People, London: Heinemann, 1983, S. 145
2 Oxfams Handel besteht aus zwei Teilen: Handelsaktivitäten, um Geldmittel für Oxfams allgemeine Hilfs- und Entwicklungsprojekte zu erhalten, und «Bridge», die eine alternative Handelsorganisation darstellt. Daher wird in diesem Kapitel eher der Begriff «Bridge» verwendet.
3 Bridge policy document, 10. April 19889
4 Richard Adams: Who Profits?, London: Lion, 1989, S. 25
5 Frank Judd (Direktor von Oxfam): Notes on a Visit to Bangladesh – 8.-15. September 1989
6 Ro Cole: Memo to Jim Monan, 15. Mai 1989, Dhaka
7 Übernommen von «The Living Condition of Kazuli and a Typical Day in her Life (Ein Produzent von CORR-The Jute Works)», Oxfam-Archiv, ohne Verfasser
8 In einem Interview mit der Autorin, El Ceibo, Sapecho, 15. März 1990
9 Interview der Autorin mit vier Verwaltungsratsmitglieder von El Ceibo, Sapecho, 15. März 1990
10 Interview der Autorin mit Pedro Bernabe Choque, Sapecho, 15. März 1990
11 Interview der Autorin mit Pascual Quispe Sarco, Vize-Präsident von El Ceibo und anderen Mitgliedern der El-Ceibo-Kooperative, 22. März 1990, El Alto, La Paz
12 UNCTAD Commodity Yearbook – 1990, New York: Vereinte Nationen
13 HMF ist eine Substanz, die durch Enzymaktivitäten produziert wird. Die EG erlaubt 40 ppm. Wenn Honig erhitzt wird, steigt der HMF-Gehalt. Wird der erlaubte HMF-Gehalt überstiegen, kann der Honig u.U. als Nahrungsmittelbestandteil verkauft werden.
14 Die vier sind Oxfam Trading, Twin Trading, Traidcraft und Equal Exchange
15 Schätzung von Bridge, September 1991

16 Tate and Lyle, 1991-Zwischenbericht
17 Von der Max Havelaar Stiftung beim EUROSTEP-Treffen vorgelegtes Papier, 30. Mai 1991, Den Haag

Kapitel 14

1 Übernommen aus dem Papier «The Fairtrade Mark Presentation» von Martin Newmann, Marketing-Berater für die Fair Trade Mark
2 Forseen Developments of the Max Havelaar Initiative on the European Market, Utrecht: Stichting Max Havelaar, 13. Mai 1991
3 Rufino Herrera, Generalsekretär der Association of Coffee Producers, interviewt von der Autorin am 22. Oktober 1990, Oxford
4 Von der Max Havelaar Stiftung beim EUROSTEP-Treffen vorgestelltes Papier, 30. Mai 1991, Den Haag
5 Nach «Moving Ahead», ein von der Fairtrade Mark Vorbereitungsgruppe verfaßtes Papier, April 1991.
6 The Fair Trade Foundation background information for companies, September 1991.

Glossar

AKP
Afrikanische, Karibische und Pazifische Länder: 69 ehemalige Kolonien der früheren europäischen Kolonialmächte, die heute mit der Europäischen Gemeinschaft durch besondere Handelsbeziehungenn im Rahmen des Lomé-Abkommens verbunden sind.

Austeritätsprogramm
Wirtschaftliches Sparprogramm mit häufig harten sozialen Folgen zur Stabilisierung einer Volkswirtschaft, das einer Regierung vom IWF auferlegt wird, um die Verschuldung des Landes zu verringern. Meist werden dabei die Sozialleistungen und die Subventionen gekürzt.

CFA
Franc de la Communauté Financière Africaine; Währung der Franc-Zone, die von 13 west- und zentralafrikanischen Staaten mit Frankreich gebildet wird.

Fazilität
Finanztechnischer Begriff im Zusammenhang mit dem IWF. Eine Art von Kredit, den die Mitgliedsländer des IWFs bei diesem in Abhängigkeit von der Höhe ihrer Einzahlungsverpflichtung in Anspruch nehmen können.

GAP
Gemeinsame Agrarpolitik der Europäischen Gemeinschaft: ein System von Steuern und Subventionen, um die europäische Landwirtschaft zu schützen.

EG
Europäische Gemeinschaft, ursprünglich sechs Westeuropäische Länder, die 1957 die Römischen Verträge unterzeichneten und inzwischen die Europäische Union mit zwölf Staaten bilden.

ECU
European Currency Unit (Europäische Währungseinheit); Kunstgeld, in dem zunehmend Geschäfte in der EG getätigt werden.

BNP
Bruttonationalprodukt

BSP
Bruttosozialprodukt eines Staates

IBRD
Internationale Bank für Wiederaufbau und Entwicklung, die «Weltbankmutter»; früheste Einrichtung der Weltbankgruppe; gegründet auf der Konferenz von Bretton Woods. Zu letzterer zählen noch die Internationale Entwicklungsagentur (IDA) und die Internationale Finanzkooperation (IFC).

ICO
Internationales Kaffeeabkommen zwischen Produzenten- und Konsumentenländern, um die Kaffeepreise zu stabilisieren, z. Zt. außer Kraft.

IWF
Internationaler Währungsfonds; auf der Konferenz von Bretton Woods 1944 gegründete Institution, die mit Krediten ihren Mitgliedern bei Zahlungsbilanzdefiziten helfen sollte.

KFF, Kompensatorische Finanzierungsfazilität
Vom IWF 1963 geschaffen, um seinen Mitgliedern, die wegen vorübergehender Rückgänge der Exporterlöse und – seit 1981 – wegen vorübergehenden Anstiegs der Getreideimporte in Zahlungsbilanzschwierigkeiten geraten sind, zu helfen; hauptsächlich für Rohstoffexporteure.

LDC
Less Developed Country: Begriffskategorie der Vereinten Nationen für die nach Pro-Kopfeinkommen und Industrialisierungsgrad ärmsten Länder.

OECD
Organisation für wirtschaftliche Zusammenarbeit und Entwicklung; ihre Mitglieder bestehen aus den industrialisierten Staaten Europas, Nordamerika, Japan und Australien

OPEC
Organisation erdölexportierender Länder; gegründet 1973 nach dem Yon Kippur-Krieg zwischen Israel und Ägypten, um die Ölprodukton zu kontrollieren und die Ölpreise zu erhöhen; umfaßt hauptsächlich die Erdölproduzenten des Mittleren Ostens, aber auch Venezuela, Mexiko und Nigeria. OPEC-Mitglieder produzieren global die Hälfte des Erdöls.

SZR
Sonderziehungsrechte; Kunstgeld des IWF, das durch einen Währungskorb

(Dollar, DM, Yen, Pfund Sterling und Frank) gebildet wird. Der Wert eines SZR wird durch den Kurs dieser fünf Währung täglich festgelegt, Die SZR, 1969 eingeführt, sind eine Verrechnungseinheit zwischen Notenbanken einzelner Länder.

UN

Vereinte Nationen; nach dem II. Wekltkrieg gegründet, um den Frieden zu erhalten und die wirtschaftliche und politische Entwicklung zu fördern. Zu den vielfältigen Unterorganisationen zählen die Weltbank, der IWF und die UNCTAD.

UNCTAD

Konferenz der Vereinten Nationen für Handel und Entwicklung

Adressen von Oxfam-Läden in Deutschland

Oxfam Bonn
Maxstraße 4
53117 Bonn
Tel.: 0228/69928

Oxfam Köln
Bonner Straße 45
50677 Köln
Tel.: 0221/372252

Die gepa – eine alternative Handelsorganisation in Deutschland

*D*ie 1975 gegründete «Gesellschaft zur Förderung der Partnerschaft mit der Dritten Welt» - kurz gepa (Gesellschafter sind die kirchlichen Hilfswerke AG KED und Misereor, die kirchlichen Jugendverbände aej und BDKJ, die Arbeitsgemeinschaft Dritten Welt Läden sowie entwicklungspolitische Basisgruppen) ist eine Handelsorganisation im Rahmen der «Aktion Dritte Welt Handel», die nach wirtschaftlichen und zugleich ethisch-sozialen Zielen arbeitet. Der faire Handel soll dazu beitragen, daß Kleinproduzenten in der sogenannten Dritten Welt ihren Lebensunterhalt auf eigenständiger Basis sicherstellen können. Gleichzeitig will die gepa die Menschen in Deutschland über Lebens- und Produktionsbedingungen ihrer Handelspartner informieren und sie für deren Probleme sensibilisieren. Handelspartner der gepa sind ProduzentInnen in Afrika, Asien sowie Nord-, Süd- und Mittelamerika. Es bestehen Handelskontakte zu fast 150 Produzentenzusammenschlüssen (Stand 10/93). Der Jahresumsatz betrug im Geschäftsjahr 92/93 rund 38 Millionen DM. Importiert werden Verbrauchsgüter wie Kaffee, Tee, Honig und Gewürze sowie eine Vielzahl von Handwerksprodukten. Für die Auswahl der Handelspartner gelten als entscheidende Aspekte: Die gepa arbeitet vor allem mit Selbsthilfezusammenschlüssen von Kleinbauern und Handwerkern zusammen. Die Zusammenschlüsse sollen demokratisch und zum Nutzen der Mitglieder bzw. ArbeiterInnen organisiert sein, sich um das Wohlergehen der einzelnen ProduzentInnen bemühen und einen Lohn bezahlen, der wenigstens dem landesüblichen Durchschnitt/Mindestlohn entspricht.

Grundsätze des fairen Handels

Fairer Handel hat nichts mit Almosen und Spenden zu tun. Die gepa handelt nach dem Grundsatz: Faire Preise für die Produzenten, Waren, die ihren Preis wert sind, für die Konsumenten. Der gezahlte Preis ist jedoch nur ein Baustein des fairen Handels. Dazu kommt ein ganzes Paket von Serviceleistungen, die für unsere Partner mindestens ebenso wichtig sind wie die Bezahlung, ja oft sogar erst die Voraussetzungen dafür schaffen, daß sie ein exportfähiges Produkt auf den Markt bringen können. Dazu gehören Produktberatung, Marktinformation, Hilfe bei der Umstellung auf ökologischen Anbau, Qualitätsprüfung und -verbesserung, Verpackungskonzepte. Alle diese Fragen sind nur mühsam schriftlich zu vermitteln und müssen häufig im persönlichen Kontakt geklärt werden. Sehr wichtig für viele Handelspartner ist auch die teilweise Vorfinanzierung der Lieferung oder die Vermittlung von zinsgünstigen Krediten. Fairer Handel soll keine «Eintagsfliege» sein, sondern beiden Seiten Planungssicherheit und Perspektiven bieten. Deshalb schließt die gepa mit ihren Handelspartnern Verträge ab, die eine langfristige Geschäftsverbindung garantieren. Selbstverständlich machen wir keine Spekulationsgeschäfte und bürden unseren Partnern keine Risiken auf, die sich aus Währungsschwankungen, veränderter Nachfrage und anderen Faktoren ergeben können. Auch unverschuldete Lieferengpässe (z.B. wegen Unwettern und Überschwemmungen) werden hingenommen und nicht den Partnern angelastet. Wo immer es möglich ist, bemühen wir uns darum, alle Verarbeitungsschritte einschließlich der Verpackung im Herkunftsland zu belassen. Oft müssen dafür erst in enger Zusammenarbeit zwischen gepa-Produktberater/innen und den Partnern die Voraussetzungen geschaffen werden. Durch unsere Bildungs- und Öffentlichkeitsarbeit schließlich bemühen wir uns darum, mehr Menschen in Deutschland für die Idee des fairen Handels zu gewinnen.

Wo gibt es Produkte von der gepa?

Die gepa-Regionalstellen sind Anlaufstelle für die Wiederverkäufer (Läden und Gruppen), die sich hier mit Waren und Informationsmaterial versorgen können. Viele Regionalstellen öffnen ihre Türen darüberhinaus auch für Einzelkunden.

«Fachgeschäfte des fairen Handels» sind die rund 600 Weltläden in der Bundesrepublik. Diese Läden, die zusammen mit über 4000 Aktionsgruppen die Hauptabnehmer für gepa-Produkte sind, arbeiten unabhängig (sind also keine «gepa-Filialen»). Sie bieten nicht nur Waren an, sondern auch Informationsmaterial, Bücher, Veranstaltungen zu entwicklungspolitischen Themen und vieles mehr.

gepa-Kaffee im Supermarkt? Was vor ein paar Jahren noch eine regional begrenzte Ausnahme war, setzt sich seit Anfang 1993 immer mehr durch: Mit der Einführung des TransFair-Siegels fiel der Startschuß für die bundesweite Lieferung an den Einzelhandel. Für die gepa Neuland, das von dem engagierten Team einer eigens dafür geschaffenen Vertriebsabteilung fleißig beackert wird. Tee, Kaffee, Quinua, Wildreis, Gewürze aus anerkannt ökologischem Anbau – solche gepa-Produkte finden sich häufig auch in den Regalen von Bio- und Naturkostgeschäften. Weil die gepa großen Wert auf die Verbindung von fairem Handel und Ökologie legt, ist es nur logisch, daß wir uns auch intensiv um die Positionierung unserer Bio-Produkte in den entsprechenden Fachgeschäften bemühen.

Adressen von Dritte-Welt-Läden können über die Arbeitsgemeinschaft Dritte Welt Läden (AG3WL) e.V., Geschäftsstelle, Elisabethenstr. 51, 64283 Darmstadt, erfragt werden.

Sandner/Sommer:
Banken, Kredite und die »Dritte Welt«
Band 1: Verschuldung als moderne Form der Ausplünderung

Ein gut lesbarer Klassiker zum Einstieg in die Verschuldungsthematik.

128 S., 14.80 DM, 4., aktualisierte, überarbeitete Auflage 1992, ISBN 3-926369-58-2

Band 2: Länderbeispiele — Tansania, Südkorea und Argentinien

An Beispielen werden die im ersten Band beschriebenen Mechanismen und Auswirkungen konkretisiert.

128 Seiten, 12 DM, 1988, ISBN 3-926369-54-x

Sandner/ Sommer:
IWF-Weltbank
Entwicklungshilfe oder finanzpolitischer Knüppel für die »Dritte Welt«?

Stark verbreitete Einstiegslektüre in Sachen internationale Finanzorganisationen, die aufgrund leichter Verständlichkeit gerade für sog. ökonomische Laien geeignet ist.

128 S., 12 DM, mit Register und Glossar, ISBN 3-926369-57-4,
7. Auflage 1992, Herausgeber: AK Entwicklungspolitik im BdkJ/Stuttgart.

AK Entwicklungspolitik im BdKJ/Stuttgart (Hg.)
EG-Entwicklungspolitik
Moderne Formen des Kolonialismus?

Stabex, Sysmin, Subventionen
GATT, Lomé und EG-Binnenmarkt

128 Seiten, DM 14.80, ISBN 3-926369-91

Kaffee-Kampagne El Salvador (Hg.):
El Salvador –
Die Kaffeekolonie von innen

Der Kaffee aus El Salvador: wie er dorthinkam; wie PflückerInnen und KleinbäurInnen ihn erzeugen müssen; wie die Kaffeebarone und ihre Agenten von ihm profitieren; was aus ihm werden soll.

256 S., 26,80 DM, mit 70 Fotos; Cartoons und Abb., ISBN 3-926369-67-1

Schmetterling Verlag